基礎から始める
ボート釣り入門

つり情報BOOKS

「堤防磯投げつり情報」編集部◎編

日東書院

親子で ボートフィッシング

まずは シロギス釣りから始めよう!

子供にはボート上で立ち上がらないよう、何度も言い聞かせよう

ボートの乗り降り時は意外と不安定で危険。ボート店の人にアシストしてもらって慎重に!

ボート釣りの装備

夏場は熱中症を予防するためにも帽子が必需品
ライフジャケットは絶対に必要な安全装備。ボート店で借りることもできる
暖かい時期はサンダルでもOK。ただし、子供には脱げにくいものを履かせよう

雨具の用意も忘れずに

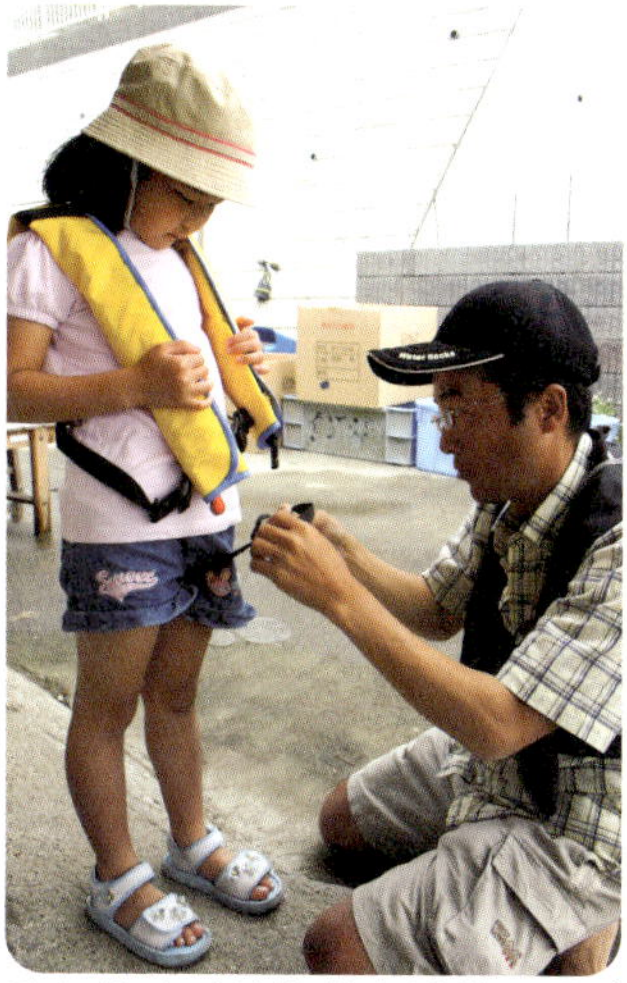
ライフジャケットは親がきちんと着せてあげよう

陸上の喧噪を離れて、プカプカと水面に浮かぶボート釣りは、大人だって非日常的な心地よさに酔う。海に浮かんだことのない子供にいたっては、感激まちがいなしだろう。ただ、子供連れの場合、とくに天候には気を付けよう。荒れ気味の日に無理をすると二度と付き合ってはくれないからだ。

「ボートに乗ったら絶対に立ち上がるなよ。ガサゴソ動き回らないで、座席の真ん中に座ってるんだぞ」……出船前にこれを何度も言い聞かせる。小さくて不安定な手こぎボートは、とにかくバランスが命。この約束だけは念を入れておかないと、親子で落水という憂き目にあう。

補足しておくと落水・転倒の意外な盲点はボートへの乗船時、そして下船時だ。立ったまま勢いこんで乗り込むと、ボートがガクンと傾いてボチャン。さぁ砂浜に着いたと不用意に腰を上げれば、ふらふら、ドボーン……。

乗船、下船時はとにかく焦ってはいけない。バランスが崩れないよう注意して、

子供用のボート釣りタックル

子供用のタックルは軽くて扱いやすいものを選びたい。かといって、竿先を折られる可能性があるから、超軽量の高級ロッドなんぞを使わせると心臓に悪い。おすすめは釣具店のバーゲン品（1000円程度）として売られているトラウトロッドなどだ。これなら1.3メートルと短いので、幼児にも取り回せる。

さらに穂先を折らせない工夫も施してみよう。道糸の先端にピンク色のナイロンラインを70センチくらい付け、「ピンク色の糸が見えたら、リールの巻き上げを止めるんだぞ！」と教え込む。巻き込み防止の簡単なアイデアだが、そのまま竿を立てればオモリが手元にくるという利点も計算してある。

初めての釣りでトラブルなく安全に遊ばせるためには、1本バリ仕掛けがおすすめ。市販のキスバリ(ハリス付き)を買って取り付ければOKなので、安上がりでもある。

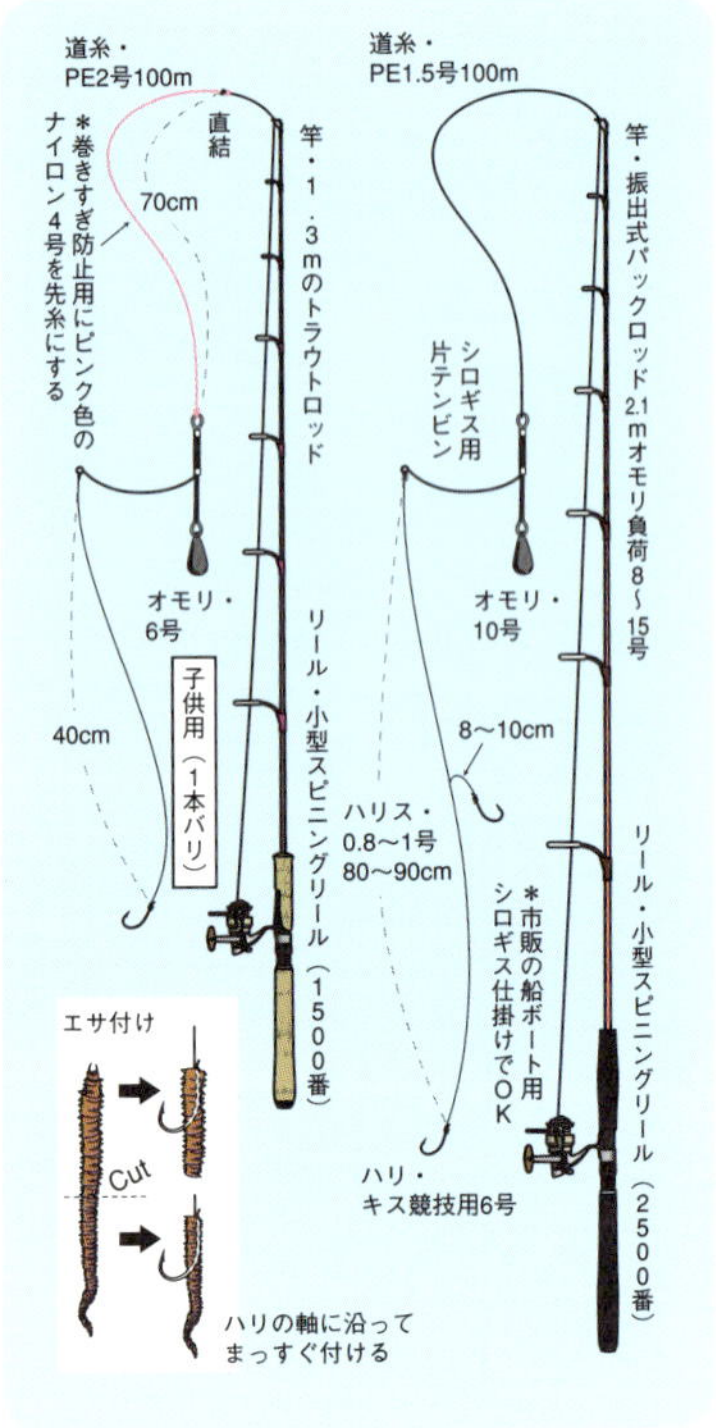

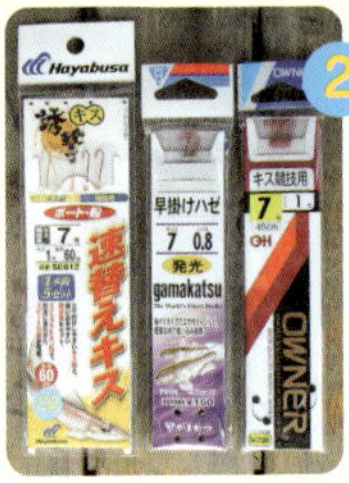

1.尻手ロープは必需品　2.仕掛けは市販仕掛けで十分。子供用にはトラブルの少ない1本バリ仕掛けがおすすめだ　3.エサはジャリメだけでいいだろう　4.念のため、乗り物酔いの薬を飲ませておくと安心だ

低い姿勢で乗り降りするのがコツだ。

さて、ボートをこぎ出し、「海のうえは気分いいねっ」と子供がニコニコしているのは最初の数10分だけ。魚が釣れないと、すぐに飽きてしまう。

そんなときの作戦として、まずは子供の竿を拾い上げ、くりくりとリールを巻いては打ち返す。

そしてここからが肝心。アタリがきたら軽く合わせて、釣れないねぇ……といいつつ、なにげに竿を置く。もちろんすでに魚が掛かっているので、竿先はプルプルと震え続けている。

「おーっ、先っぽ見て！　魚が食い付いてるぞ。巻け、巻けーっ！」

子供は夢中でリールを巻きはじめ、そしてシロギスが水面を割って舞い上がるという寸法だ。そして早めに切り上げることも大切。そこは親。子の顔を見ていれば、それとなく引き揚げ時が分かるものだ。疲れただの、オシッコだのと言い出す前に、頃合いを見て竿をたたむ。最初はコレが肝心で、心地いい思い出を残せば間違いなく次につながる。

魚が釣れれば子供は大はしゃぎ。いい思い出が残れば、次につながる

釣果はあまり欲張らず、子供が飽きる前に切り上げよう

シロギスは子供でも簡単に釣れる手軽な魚。ボート釣りの人気ターゲットだ

ボートで海に浮かぶ感覚は気持ちのいいものだ

アジ サバ イワシ

ボートで サビキ釣りを 楽しもう!

サビキ釣りの釣果は群れ次第。大きな群れに当たれば、アッという間にこの釣果

アジやサバなどの回遊魚は強い引きが楽しめる人気ターゲット

イワシもサビキ釣りでよく釣れる魚だ

ボート釣りではシロギスと並んでアジ、サバ、イワシといった回遊魚を狙うサビキ釣りも人気が高い。特に夏から秋の高水温期はもっとも釣りやすく、大きな群れに当たればクーラー一杯の釣果だって期待できる。

また、サバを狙っているとイナダやソウダガツオが釣れることがあり、引きが強いので休日にはたくさんのボートで賑わいを見せる。

食べてもおいしいアジは、お土産としても喜ばれる魚だ

ボートのサビキ釣り

　ボートから行うサビキ釣りは、基本的に堤防などからのサビキ釣りと同じ。コマセカゴの下に市販のサビキ仕掛けとオモリをセットするだけなので、ビギナーでも簡単に楽しめる。

　ただし、潮流の速さによっては重いオモリも必要となるので、色んなサイズのオモリを用意しておきたい。また、狙う魚のサイズによって仕掛けの太さなども変わるので、数種類を持参しておくと安心だ。

1.コマセカゴは金属製、ナイロン製のネットのどちらでもOK　2.サビキ仕掛けはハリスの太さ、バケ（擬餌針）の種類と大きさを基準に選びたい。種類をたくさん用意しておくと後悔しないだろう　3.オモリはナス型、小田原型のどちらでもOK。サイズは色いろ用意しておこう　4.コマセはアミエビが基本。冷凍ブロックで売られているので、バケツなどに海水をくんで袋ごと入れて解凍する　5.コマセは投入ごとに詰め、少しでも早く魚を寄せるようにしよう

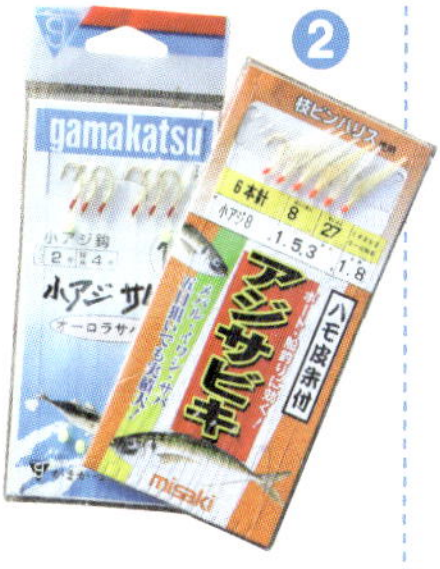

釣り場によっては、夏から秋に大型のサバがよく釣れる。引きは強烈だ

アジ サバ イワシ
ボートでサビキ釣りを楽しもう!

アジの仲間にはいくつか種類があり、マアジのほかムロアジが釣れることもある

小アジの群れを追ってワカシやイナダが釣れることもある

運がよければイナダクラスもヒットする

良型のアジは刺身やタタキにすると最高。専門に狙うベテランも多い

根魚からイカまで 何でも釣れる“ボート釣り”

ボート釣りで狙える魚は種類が豊富。ときには乗合船なみの大物がヒットすることもあり、大いなる可能性を秘めた釣りといえる。アオリイカなどのイカ類、カワハギなどはもちろん、釣れた小魚を生きエサにマゴチやヒラメといった大物を狙うのもおもしろい。さらに、水深のある釣り場ではオニカサゴ、アマダイなども狙うことができる。

水深のある釣り場では、オニカサゴなど乗合船で釣れる魚もヒットする

マゴチは生きエサで狙う大物の定番

エギで狙うアオリイカ釣りも
人気ターゲットだ

エギではコウイカ
もよくヒットする

釣り場を選べばカワハギもこんな大型がヒットする

お土産が高確率で
期待できるのもボ
ート釣りの魅力だ

BOAT釣り
ターゲット図鑑
a picture book of fish

ボート釣りで狙える魚種は非常に多く、それがボート釣りの魅力でもある。ここでは代表的な魚種にしぼって紹介しよう。

●マコガレイ
カレイ目カレイ科

北海道以南の日本各地でおなじみのカレイ。食味はカレイの中でも美味と言われ、大分の城下カレイも本種。最大60センチほどに成長する

●イシガレイ
カレイ目カレイ科

体表にウロコはなく、有眼側の背側部や側線付近、腹側部に石のような骨質板が並んでいる。最大80センチにまで成長する

●シロギス
スズキ目キス科

北海道以南の砂地に生息し、ほぼ周年狙うことができる。ボート釣りや投げ釣りの代表的な釣り物で、食味もよいので人気が高い。最大35センチほどに成長する

●アイナメ
カサゴ目アイナメ科

北海道から九州までの浅い岩礁帯に広く生息。体色は茶褐色や赤褐色だが、産卵期のオスは黄色になる。最大は60センチほど

●メゴチ
スズキ目ネズッポ科

ネズミゴチ、トビヌメリの２種類を関東地方ではメゴチと呼んでいる。シロギス釣りでよく掛かる魚で、体表にヌメリは多いが食味はよい

メバル

カサゴ目フサカサゴ科

ホンメバル、クロメバルとも呼ばれる。沿岸の岩礁帯に生息し、生息海域による体色、模様の差が大きい

マアジ

スズキ目アジ科

尾ビレの付け根から体側の中央にゼイゴと呼ばれるギザギザがあるのがアジ類の特徴。日本各地の堤防から沖合まで広く分布

カサゴ

カサゴ目フサカサゴ科

日本各地沿岸の岩礁帯に生息。個体によってかなり色合が異なる。お腹の中で卵が孵化する卵胎生の魚。最大は40センチほど

カワハギ

フグ目カワハギ科

硬い皮を剥いで料理するのが名前の由来。エサを器用についばむおちょぼ口が特徴

イズカサゴ

カサゴ目フサカサゴ科

関東以南に分布。通称オニカサゴと呼ばれ、成魚は深場に生息。エラブタの周りと背ビレに毒トゲがあるが美味な魚

マハゼ

スズキ目ハゼ科

基本的には1年魚で、釣期は夏から秋。釣り場は内湾や河口の砂地、砂礫地、運河など汽水域

ワカシ・イナダ

スズキ目アジ科

出世魚の代表格。関東では体長20～30センチをワカシ、30～45センチをイナダ、60センチ級をワラサ、80センチ以上をブリと呼ぶ

シログチ

スズキ目ニベ科

東北以南に分布し、近似種のニベとともにイシモチと呼ばれる。よく似ているが、エラブタに黒い斑点があるので区別できる。最大は35センチほど

ヒラソウダ

スズキ目サバ科

日本各地に分布。体型は紡錘形でやや側扁している。有鱗域が第一背ビレと第二背ビレまでしかない。刺身で美味

マダイ

スズキ目タイ科

日本各地に分布し、4～6月が産卵期で浅場に入ることから乗っ込みダイと呼ばれる。通常は水深50～150メートルに生息

マサバ

スズキ目サバ科

背は暗緑色でサバ独特の模様がある。日本各地に分布し、表層～海底近くまで回遊層が広い。秋～冬に釣れる大型は脂が乗って美味

イサキ

スズキ目イサキ科

東日本以南に分布。若魚にははっきりとした縞模様があり、ウリンボと呼ばれる。5～7月の産卵期が旬で高根の周りに集まる

マゴチ

カサゴ目コチ科

沿岸の浅い砂泥地に生息し、産卵期の初夏以降は特に活発にエサを追う。最大は70センチほど

カンパチ

スズキ目アジ科

関東以南に分布。アジ科の魚の中では最も大型に育つ。1キロ未満はショゴと呼ばれ浅場にも回遊してくる

ヒラメ

カレイ目ヒラメ科

体型はカレイに似るが、目の位置が逆。さらに、獰猛なフィッシュイーターであり歯は鋭い。最大は1メートルほど

ホウボウ

カサゴ目ホウボウ科

北海道以南に分布。胸ビレ下部の軟条で海底を歩くように移動する。大きな美しい胸ビレが特徴

シマアジ

スズキ目アジ科

東北以南に分布。体色は銀色、若魚は黄色の帯がはっきりしていて、浅い岩礁帯を回遊することもある。美味で超高級魚

マハタ

スズキ目ハタ科

東日本以南の岩礁帯に生息。若魚は7本の縞模様が鮮やかだが、成長にしたがい薄れる。最大は1メートルほど

イイダコ

八腕形目イイダコ科

日本各地に分布。手のひらサイズのタコで、足の付け根に金色の輪が2つ付いているのが特徴。産卵期には頭(胴)の中に飯(いい)のような粒状の卵を抱える

アカアマダイ

スズキ目アマダイ科

本州中部以南に生息。アマダイの仲間は数種いるが、ボート釣りでよく釣れるのは本種。尾ビレ上部に黄色い縞模様がある。最大は55センチほど

アオリイカ

ツツイカ目ジンドウイカ科

北海道以南に分布。体型はコウイカに似るが甲はなく、丸みを帯びた大きなエンペラを持つ。イカ類でもっとも沿岸性が強い

ソコイトヨリ

スズキ目イトヨリダイ科

本州中部以南に生息。4本の黄色い縞模様と尾ビレ上端が細長く糸状にのびるのが特徴。近似種のイトヨリダイと同じ海域で釣れる。最大は35センチほど

マルイカ

ツツイカ目ジンドウイカ科

東日本以南に分布し、標準和名はケンサキイカ。関東では小型をマルイカ、大型をアカイカと呼ぶ

マダコ

八腕形目マダコ科

日本各地に分布。沿岸に近い岩礁を好み、おもに好物のカニなどをエサにする。0.5～1キロ級がよく釣れるが、大型は5キロにもなる

楽しさいっぱい！
ボート釣りへの世界
ようこそ

ボートに乗って沖へこぎ出すと、
そこは別世界。
忙しい日常生活から解放され、
ゆったりとした時間が流れる。
自分でポイントを探し、魚を釣る。
海中の様子をイメージしながらボートをこぐうちに、
日ごろの運動不足も解消され、清々しい気分で帰路につくことができるだろう。
そんな素晴らしいボート釣りワールドへの入口が本書である。

基礎から始める
ボート釣り入門

CONTENTS

002 親子でボートフィッシング
006 ボートでサビキ釣りを楽しもう！
017 はじめに
010 何でも釣れるボート釣り
012 ボート釣りターゲット図鑑

第1章 ボート釣りの基本 021

022 ボート釣りの魅力
024 ボート釣りではたくさんの魚種が狙える！
024 浅場狙い
026 砂地狙い
030 イケス周り
032 深場狙い
033 根周り狙い
036 貸しボートの利用法
037 ボート各部の名称
038 ボートのこぎ方と注意点
042 ロープワークの基本的
044 安全対策・マナー・気象について
048 アンカリングと潮流について
052 子供連れ釣行の船酔い防止策

第2章 ポイントの探し方 053

054 ポイントの決め方と山ダテ
056 流し釣りでポイントを探る

059 METHOD.1 ノーアンカーでの流し釣り
061 METHOD.2 アンカー引きずりの流し釣り
062 METHOD.3 アンカーリングしての流し釣り
064 METHOD.4 パラシュートアンカーでの流し釣り

第3章 ボート釣りタックル&アイテム 067

068 ボート釣りに適した竿とは
070 ボート釣りに使うリールと道糸
072 ボート釣りで使うハリ
074 ボート釣りのエサ
078 テンビンとオモリ
080 その他のアイテム

第4章 糸の結び方 085

・外掛け結び ・内掛け結び ・漁師結び ・ブラッドノット ・電車結び ・ユニノット
・クリンチノット ・チチワの作り方 ・チチワの接続 ・枝ハリスの出し方

第5章 マイボートフィッシング 091

092 マイボートの岸払いと注意事項
094 マイボートの種類
096 小型船舶操縦免許を取ろう

BOAT

CONTENTS

第6章 ボート釣り入門者Q&A 097

第7章 ターゲット別の釣り方 105

106 ボート釣り対象魚カレンダー
108 シロギス（料理／シロギスのおろし方／メゴチのおろし方／シロギスのカルパッチョ姿盛り）
114 カレイ（料理／カレイの空揚げ）
117 アイナメ（料理／アイナメの中華風甘酢あんかけ）
120 アジ、イワシ（料理／アジのタタキ、ナメロウの盛り合わせ）
124 カワハギ（料理／カワハギのちり鍋）
128 マハゼ（料理／ハゼの天ぷら）
131 メバル（料理／メバルの塩焼き）
134 カサゴ（料理／オニカサゴのしゃぶしゃぶ）
138 イシモチ（料理／イシモチの焼き煮）
141 マダイ（料理／マダイの兜煮）
146 イサキ（料理／イサキの姿造り）
150 ワカシ、イナダ（料理／ワカシ・イナダの煮付け）
154 ワラサ、青物（料理／カツオのたたき）
158 マゴチ、ヒラメ（料理／マゴチの洗い）
161 シマアジ（料理／シマアジのカルパッチョ）
164 アマダイ、イトヨリ（料理／アマダイの興津干し）
167 マダコ、イイダコ（料理／マダコの刺し身）
170 アオリイカ、マルイカ（料理／マルイカのイカそうめん）
174 釣った魚はおいしく食べよう
175 覚えておきたいボート釣り用語

BOAT

第1章

ボート釣りの基本

手こぎボートの釣りは、だれでも手軽に楽しめるレジャーだが、
基本的なことを知らなければ、釣れる魚も釣れない。
ここでは、ボート釣りの基本を解説しよう。

BOAT

ボート釣りの魅力

手軽に遊べて釣れる魚種も多彩。少ない費用で楽しめる！

手こぎボートでも沖釣りなみの釣果も期待できるのが魅力だ

ボート釣りはいいことずくめ！

海づりの中で、ボート釣りほど自由に楽しめる釣りはほかにない。しかも、色いろな魚種が狙える、魅力いっぱいの釣りである。

好きな釣り場を選び、目的の魚にポイントを合わせ、自分で釣り方を決める。それが好釣果につながった場合、これほど釣りの醍醐味を感じさせてくれる釣りはない。

ボート釣りで一番手軽なのはシロギスを中心とした小物釣りであるが、場所と時期を選べば、乗合船や仕立船の沖釣り顔負けの大物や高級魚がいっぱいという釣果も決して夢ではないのである。

混雑した乗合船で、オマツリを気にしながらの釣りに比べて、そんな心配をまったくせずに、のんびり釣れるのもボート釣りのよいところ。それに費用が乗合船の3分の1程度と割安なこともありがたい。

2人でボート釣りに行ったとして、場

所によってはボート代のほかに交通費、エサ代を入れても1人3000円前後で1日たっぷりと楽しめる。しかもすばらしいお土産となれば、ボート釣りの魅力に取り付かれること請け合いである。

　ボート釣りは、健康面から見ても運動不足を解消してくれる恰好のスポーツである。ボートをこぐこと自体が全身運動で、天候に恵まれ一日竿を振り、空気のよい海上で過ごすことで、身も心もリフレッシュできる。普段、仕事で忙しいサラリーマンにとって、実にピッタリなのがボート釣りなのだ。

　そこで本書は、ボート釣りの入門にピッタリのシロギスからマダイ、シマアジ、ワラサといった大物高級魚まで、ボート釣りの魅力を、釣り方、場所選び、注意事項などに細分して紹介してみた。

シロギスは手軽なターゲット。入門者からベテランまで人気が高い

高確率でお土産が！

　釣りの魅力の一つとして、満足な釣果に恵まれるということは、すべての釣りに共通した第一条件である。

　乗合船でも、目的とした魚が釣れず、ガッカリということはしばしばあることだ。ボート釣りの場合、狙う魚の釣れる時期（釣期）、それに場所選びが適切であれば、まずボウズがないのがうれしい。

　場所選びというと、その海での好ポイントを選ぶということも大切であるが、もっとも重要なことは、目的の魚が釣れている海（海域）を選定することである。次にその海でポイント選びができるようになれば、好釣果が望めることは間違いない。

　釣りの諺に「1場所、2エサ、3にコツ」という言葉がある。これは釣りで1番重要なことは場所選びであり、2番目に重要なのがその魚が好むエサを使うこと、コツは3番目であって、1と2が適切であれば、たとえ初心者でもそれなりに釣果があるという、釣りの実状をうまく表現している。

　好みの釣り場と狙える魚種を確認のうえで、仕掛けやエサを準備すれば、お土産は確実である。出かけるときはくれぐれもクーラーを忘れないようにしてほしい。

ボート釣りは釣り場選びと仕掛け、エサが適切ならば、高確率で釣果が期待できる

BOAT

ボート釣りではたくさんの魚種が狙える！

小物から大物まで、釣り場を選べば色いろな魚が釣れる

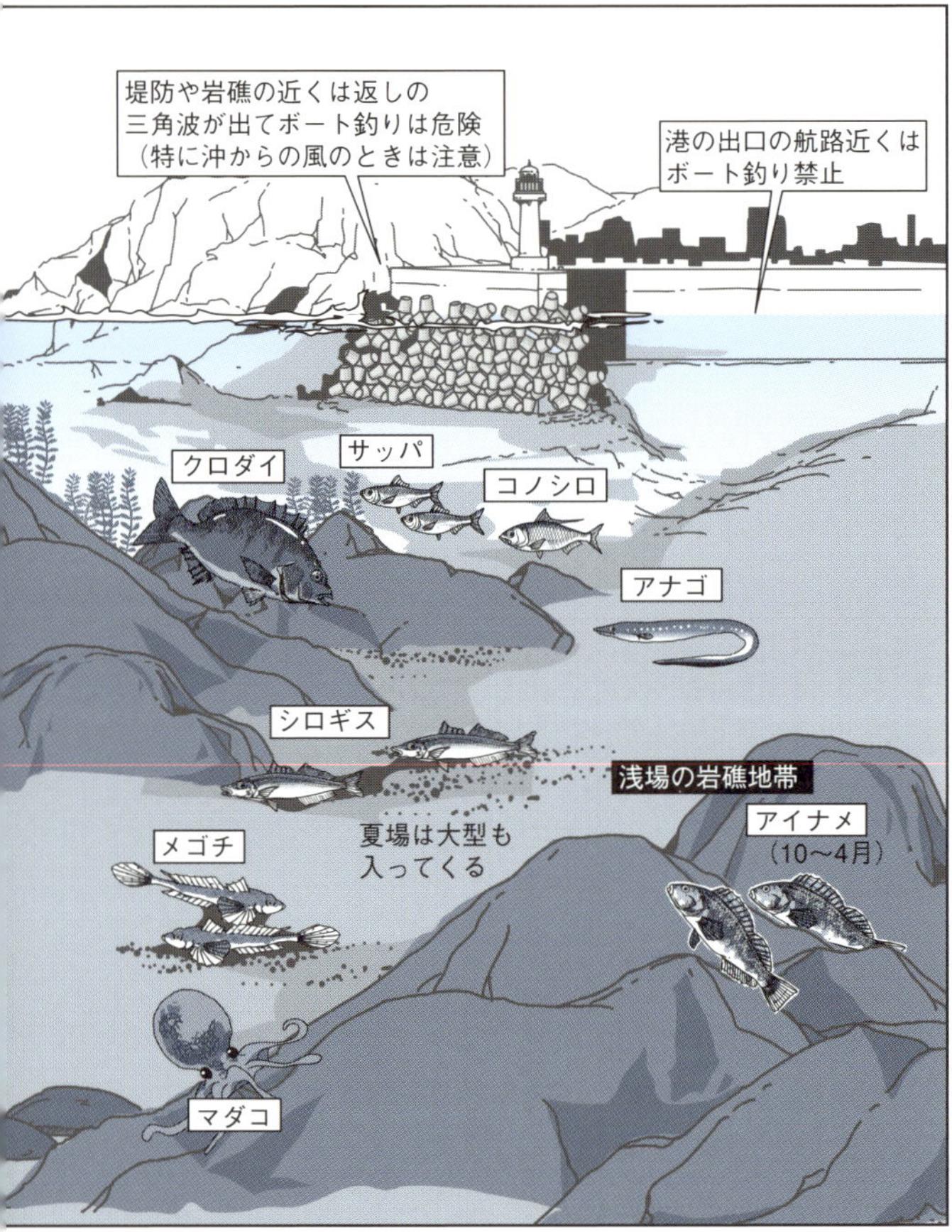

堤防や岩礁の近くは返しの
三角波が出てボート釣りは危険
（特に沖からの風のときは注意）
港の出口の航路近くは
ボート釣り禁止
クロダイ
サッパ
コノシロ
アナゴ
シロギス
浅場の岩礁地帯
アイナメ
（10〜4月）
メゴチ
夏場は大型も
入ってくる
マダコ

［浅場狙い］

季節によって様ざまな魚種が狙える

初夏のころから、砂地の浅場ではシロギスがおもしろくなる。水温が上昇してくると、深場に落ちていたシロギスは浅場で活発な動きを見せ、大変釣りやすくなるからだ。ビギナーのボート釣り入門に最適な対象魚である。

浅場はどうしても小〜中型が中心となりがちだが、夏場になるとジャンボギスもけっこう交じるようになり、浅場ゆえにハリ掛かりしてからの引き味は格別である。

シロギスは砂地帯に広く分布し、3〜4尾の小さな群れで行動している。ちょっとカケ上がりになった所（海底の起伏）は特によいポイントで、大きな群れが回遊してくる。

慣れてくるとボートから軽く投げて色

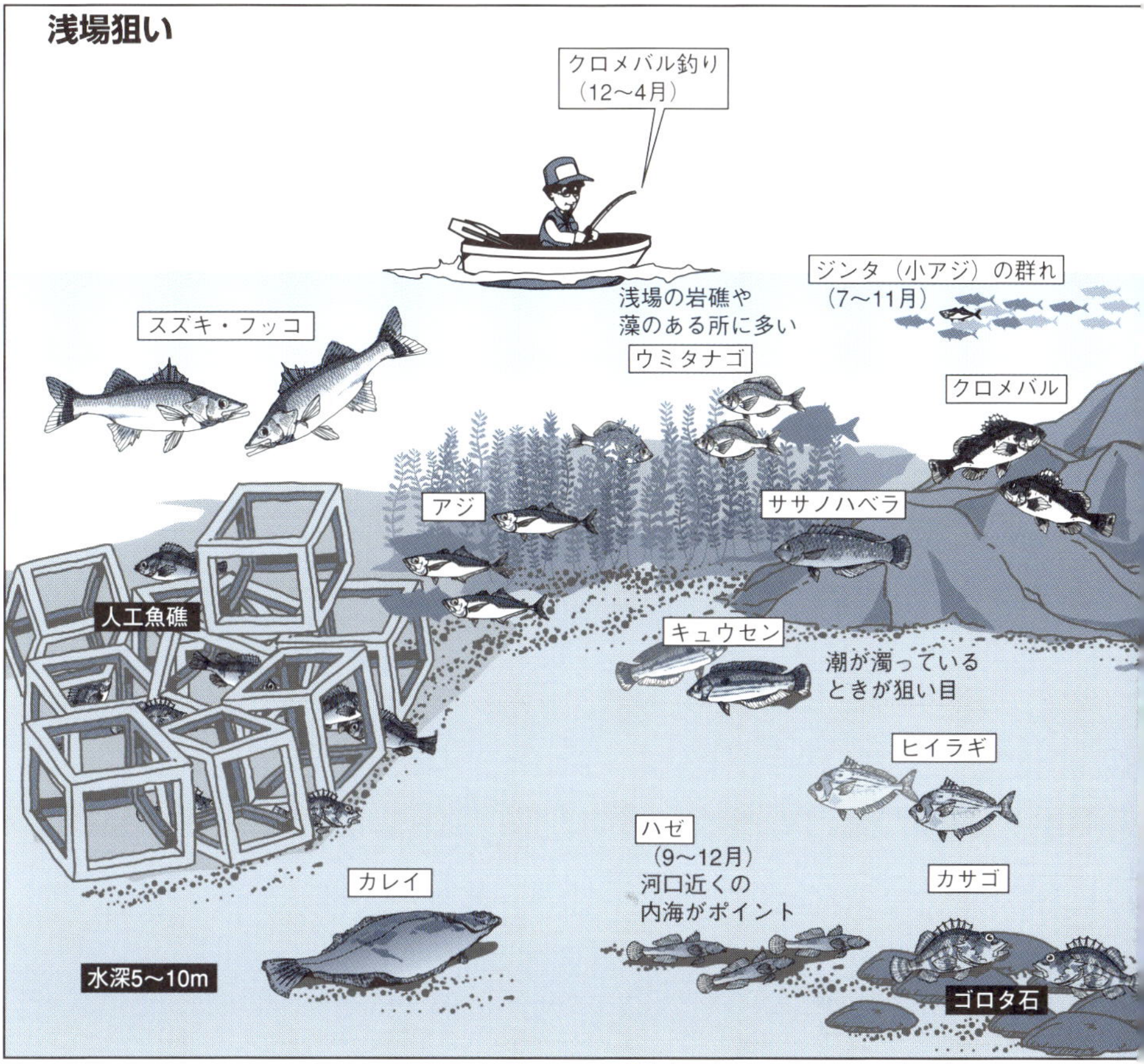
浅場狙い
クロメバル釣り（12～4月）
ジンタ（小アジ）の群れ（7～11月）
浅場の岩礁や藻のある所に多い
ウミタナゴ
スズキ・フッコ
クロメバル
アジ
ササノハベラ
人工魚礁
キュウセン
潮が濁っているときが狙い目
ヒイラギ
ハゼ（9～12月）河口近くの内海がポイント
カサゴ
カレイ
水深5～10m
ゴロタ石

いろな方向を探り、仕掛けを引いてくる感じでカケ上がりの感触をつかむことができるようになる。そのような所を見つけて狙うと、連続してヒットすることが多い。

砂地ではシロギスのほか、メゴチ、水温が低い時期はカレイ、潮色に濁りのあるときはイシモチ、アナゴなどがハリ掛かりしてくる。

藻場や根（岩礁）の近くではキュウセン、根に入るとササノハベラ、さらにカサゴなどが釣れ、このようなポイントではカワハギなども狙える。

夏場のカワハギはエサを求めて砂地にも回ってくるため、シロギス狙いの仕掛けによくヒットし、その鋭い引きで驚かされることがある。

根の場所が発見できれば、7～11月にはサビキ仕掛けでの小アジ釣りがおもしろい。堤防の近くにもアジは集まるが、ボートのほうがよく釣れるし、他の魚も釣れてくるので楽しい。

秋から冬には岩礁帯でアイナメが狙え、冬～初夏にはクロメバルもよく釣れる。

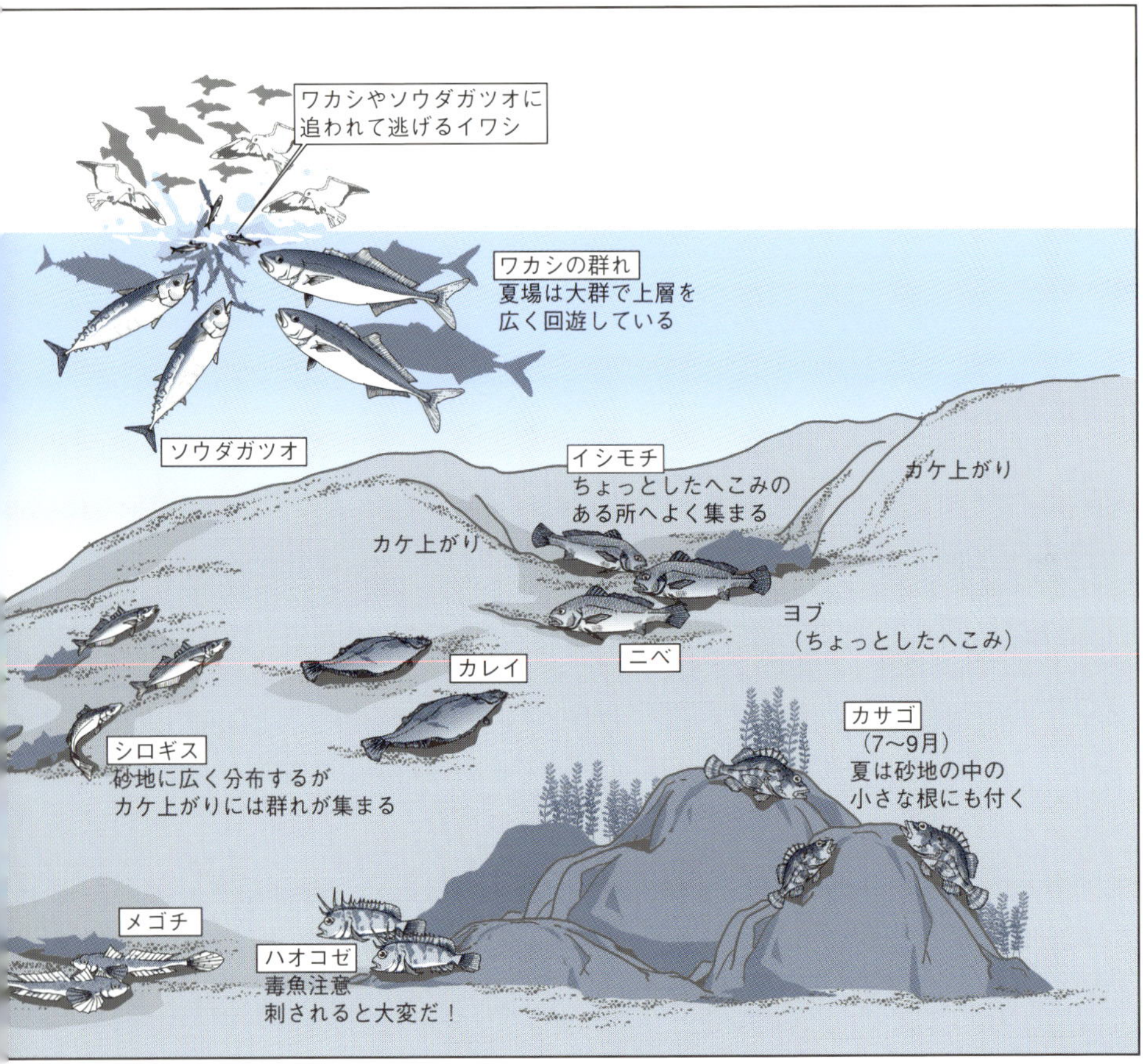

ワカシやソウダガツオに
追われて逃げるイワシ
ワカシの群れ
夏場は大群で上層を
広く回遊している
ソウダガツオ
イシモチ
ちょっとしたへこみの
ある所へよく集まる
カケ上がり
カケ上がり
ヨブ
（ちょっとしたへこみ）
ニベ
カレイ
カサゴ
（7〜9月）
夏は砂地の中の
小さな根にも付く
シロギス
砂地に広く分布するが
カケ上がりには群れが集まる
メゴチ
ハオコゼ
毒魚注意
刺されると大変だ！

［砂地狙い］

シロギスなどのほか マゴチなどの大物も！

砂地に生息する魚がよく釣れるポイントは、ちょっとしたカケ上がりやヨブ、根際の砂地など、海底に変化がある場所が最良だ。しかし、これはあくまで基本的なことである。

このようなポイントはいつでも入れ食いで釣れると思うのは大きな間違いで、いくら好ポイントと言われる所を一日中攻めても、ボウズに終わることだってある。

魚は種類によって様ざまな習性を持っており、年間を通して1魚種を追っていくと、1つのサイクルを持っていることが分かる。産卵期になるとそれに適した場所に集まるし、産卵前や産卵後は食欲旺盛になりエサの豊富な所へ集まってくる。こういった〝荒食い〟の時期を狙う

砂地狙い

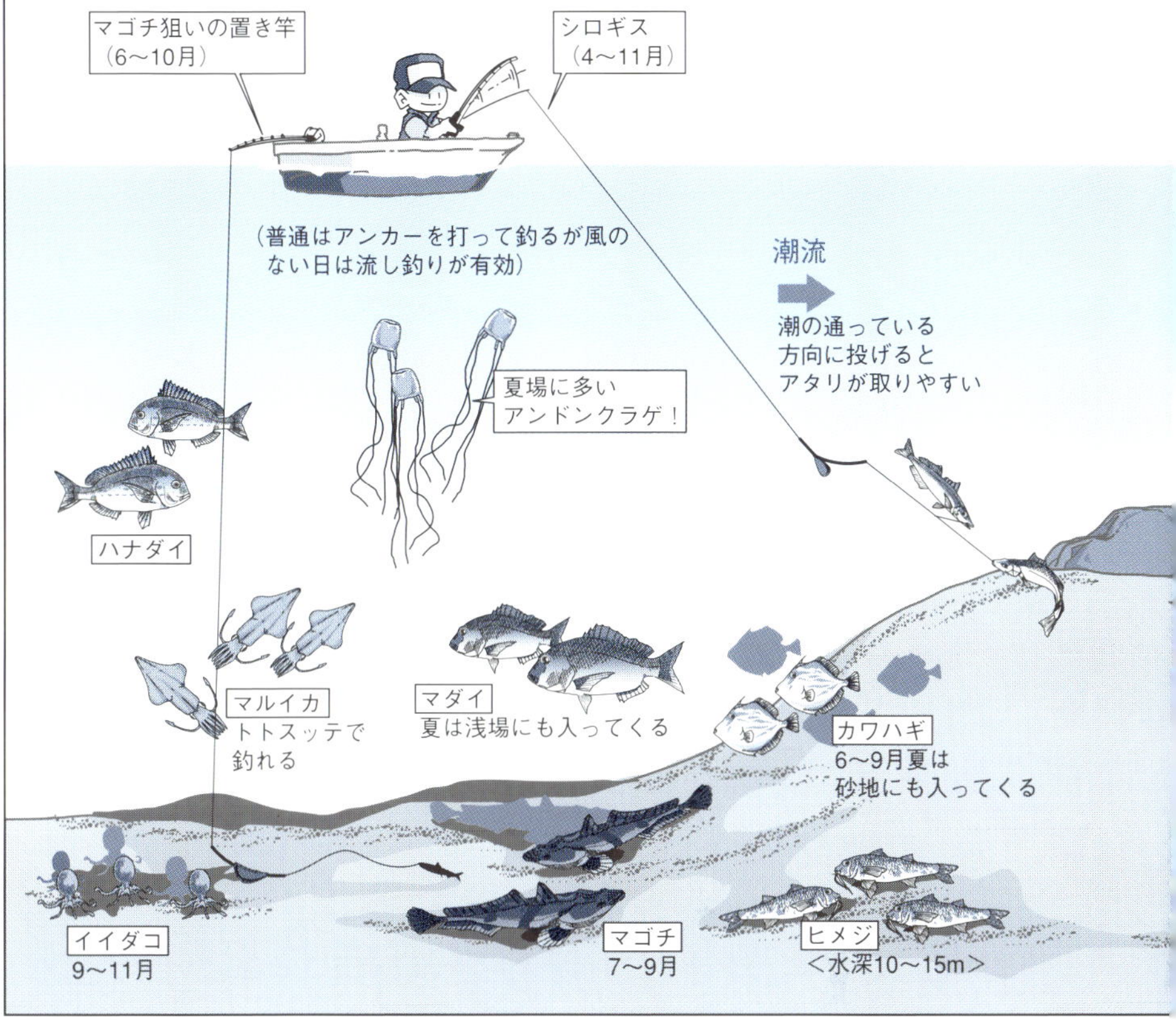
マゴチ狙いの置き竿
（6～10月）
シロギス
（4～11月）
（普通はアンカーを打って釣るが風のない日は流し釣りが有効）
潮流
潮の通っている
方向に投げると
アタリが取りやすい
夏場に多い
アンドンクラゲ！
ハナダイ
マルイカ
トトスッテで
釣れる
マダイ
夏は浅場にも入ってくる
カワハギ
6～9月夏は
砂地にも入ってくる
イイダコ
9～11月
マゴチ
7～9月
ヒメジ
＜水深10～15m＞

ことも大切だ。

けれども、荒食いの時期でも連日バカスカ釣れるわけではない。魚は潮流や水温の変化に対しても敏感で、この2つに釣れ具合が大きく左右されるからである。

「今日は底潮が動かないから魚が口を使わねーよ」などという言葉を乗合船の船長さんから聞くこともよくある。

水槽で魚を飼って観察してみるとよく分かるが、ポンプが正常に働いて水（酸素）がよく循環し、水温が適度ならばエサをよく食べ元気に泳ぐ。だが、ポンプが止まったり水温が急に下がったりすると、魚は底のほうでじっとしてあまり泳がなくなるはずである。

海の中だって潮が流れなかったり、水温が低すぎたり高すぎたりすれば、魚は元気がなくなってエサも食べなくなってしまう。

季節によって水温の変化も当然起こるが、砂地に生息する魚に共通して言えることは、水温が低い時期は深場、高い夏季～秋季は浅場に移動するケースが多いということだ。

また、低水温でも産卵期には比較的浅場にくる魚もいる。例えばカレイやホウボウなどは冬~春に浅場の砂地で良型が釣れる、といった魚の習性も知っておきたい。

もう1つ知っておいてほしいのは、魚は〝短期間の水温の変動に敏感である〟ということ。

四季に応じた長期間の水温変化には魚も徐々に対応していくから問題はないが、わずか1日で水温が2~3度も変化するとエサをまったく追わなくなることが多い。目指すボート釣り場の海水温の変化にも気を配る必要があるわけだ。

良型シロギスのよく集まる好ポイント推定図

岩礁に囲まれた直径40m前後の砂地がベスト。
潮が岩礁から砂地へ流れ込むときが最も食いがよい。

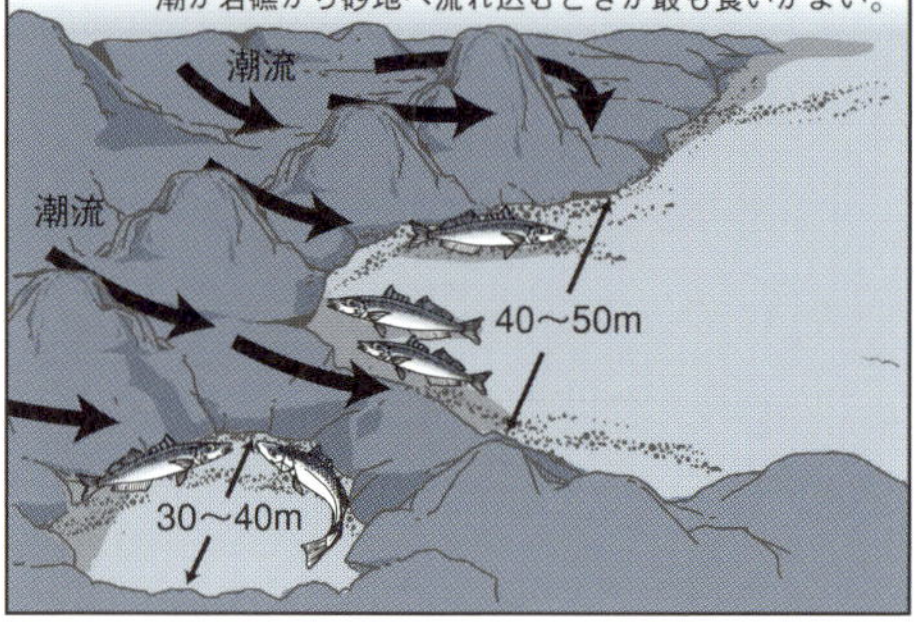

砂地のメインはシロギス

シロギスは海域を選べば、ほぼ年間を通して釣れる。冬~早春はおおむね水深15メートル以上、海域によっては40メートル以上の深場がポイントになる。この時期の水温は相模湾や伊豆では15度を切っているし、東京湾などは10~12度以下になっている。

4月半ばになると水深はグングン上がりだし、5月前には20度近く(相模湾の場合)に上昇する。水温が17~18度以上になると水深10メートルより浅い海域でも活発にエサを追うようになり、5~7月の盛期を迎える。

このころが最もシロギスの数釣りができる時期で、10~12センチ級のピンギスも多く交じる。

けれども、小型を数釣るより大型を選んで釣りたいもの。中小型を30~40尾も釣るより、22~25センチの大型ばかりを10尾も仕留めたほうが満足度ははるかに大きいし、このようなポイントでは大型のカワハギやホウボウも交じりやすいものである。

こうしたベストポイントを見つけるのもボート釣りの技の1つ。根際の砂地が好ポイントで、良型シロギスはさらにコの字型の岩礁に囲まれた小さな砂地でよく釣れる傾向が強い。

魚群探知機がなければ難しいかもしれないが、水深15~20メートルにある直径30~50メートル程度の岩礁に囲まれた砂地を探してみてほしい。また、こういうポイントで好釣果を得やすいのは、潮が岩礁側から砂地へ向かって下るように流れているときである。

その海に通いつめたボート釣り師のみが発見できるピンポイントであり、当然ボートはアンカーを打って釣ることになるので、もし見つけたらGPSガイド機に記録したり正確に山ダテして覚えておこう。

ボート釣りではたくさんの魚種が狙える!

ベストポイントを探し当てる難しさはやがて楽しさに変わるのでぜひチャレンジしていただきたい。

冬から春はカレイ

ボートで狙うカレイは冬の産卵期前から産卵後の春、そしてゴールデンウイークごろまでが釣期。水深は10メートル前後が中心となるが、1~2月初旬の産卵期は5メートル前後の浅場に寄っているケースもある。

砂地と小さな根が入り交じる場所や、やや沖合ならば大きな岩礁周りの砂地がポイントになる。また漁港の堤防近くの航路周りなど、カケ上がり付近も狙い目だ。

この時期に釣れるのは30センチオーバーの良型が多い。数釣りは望めないが、強い引き味、そして食味は病みつきになるほどの魅力がある。

生きエサではマゴチ・ヒラメ

ボートで狙う大物として人気のマゴチは、4~8月に各地のボート釣り場で狙える。6~7月ごろが盛期で浅い海域でもよく釣れ、カケ上がりの砂地や岩礁近くの砂地など、潮流に変化が起きやすい場所が好ポイントになる。

砂地を代表する釣り物といえばシロギスだ

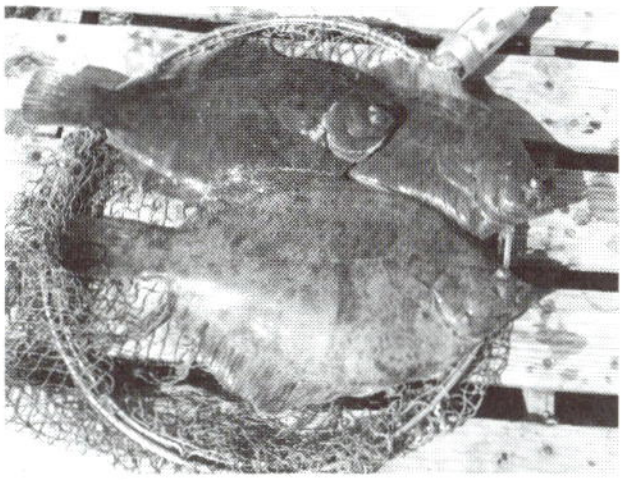
冬場～春はカレイ狙いがおもしろい

釣った小魚を生きエサにするとマゴチも狙える

海の透明度がよいときには、岸近くの水深5~6メートルの砂地にマゴチのエサとなる小型のメゴチがたくさん寄り集まっている姿が見えることもある。こういうときはチャンスで、小型のメゴチを釣って、すぐ沖側のカケ上がりになっている場所を狙うと、大型が釣れることがある。

マゴチと同様の生きエサ仕掛けではヒラメ狙いも可能で、これは冬~初夏によくヒットする。砂地でも根の近くとか、平らな岩盤の交じるような所がヒラメのよいポイントとなる。

イシモチも砂地に住む魚であり、東京湾などは特に多く、水深15メートル以上がポイント。そのほかホウボウやヒメジ、夏場は場所によってマダイやハナダイも釣れることがある。

7~9月ごろは、状況次第で砂地でも上層にイワシ類の大きな群れが見られることがあり、アミコマセを使ったサビキ仕掛けでよく釣れる。

このようなときは中~上層でワカシやイナダ、シイラやソウダガツオなどがイワシを追って回遊してくることもあり、カッタクリ仕掛けで狙うことができる。

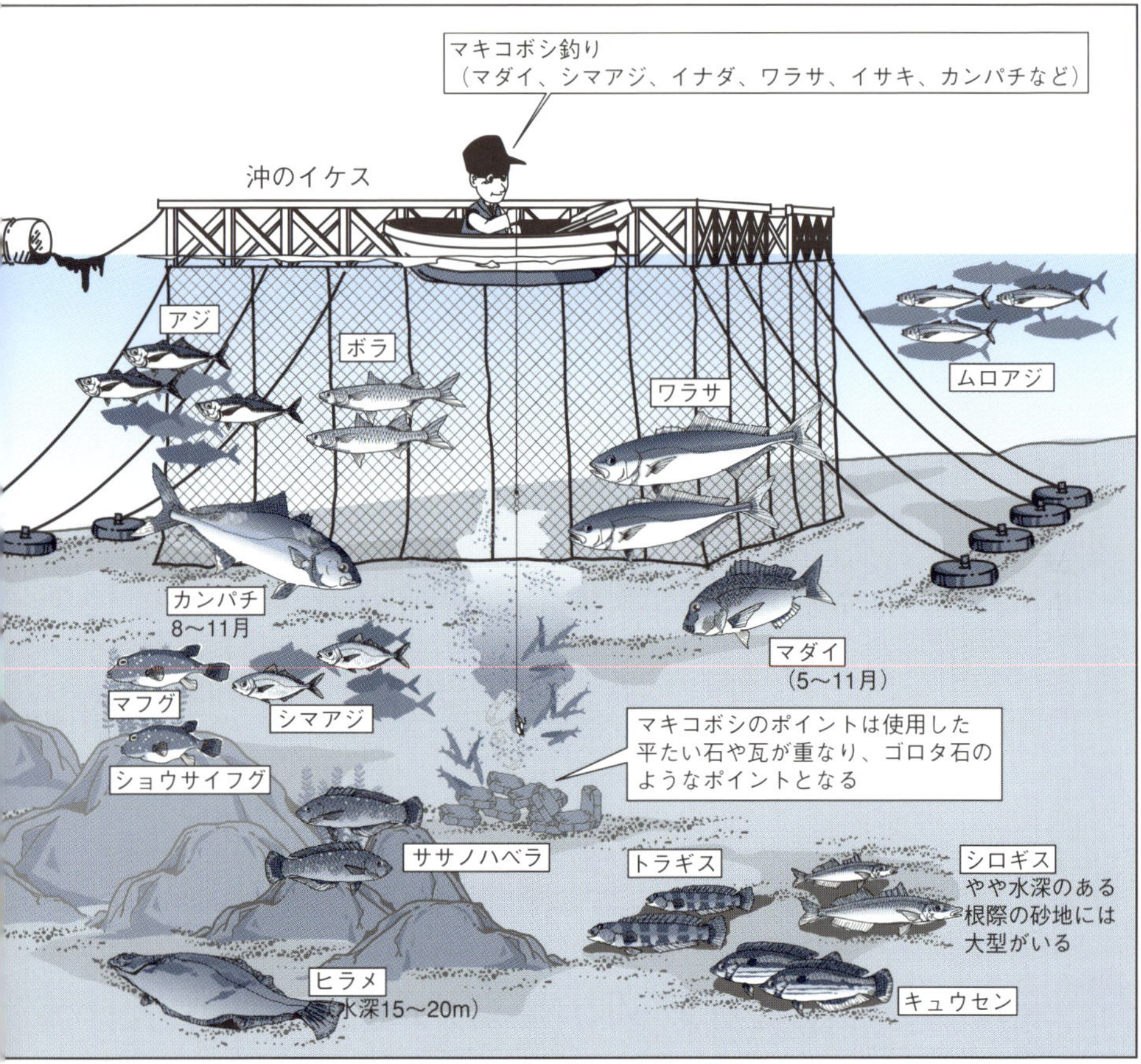

マキコボシ釣り
（マダイ、シマアジ、イナダ、ワラサ、イサキ、カンパチなど）
沖のイケス
アジ
ボラ
ワラサ
ムロアジ
カンパチ
8～11月
マダイ
（5～11月）
マフグ
シマアジ
マキコボシのポイントは使用した平たい石や瓦が重なり、ゴロタ石のようなポイントとなる
ショウサイフグ
ササノハベラ
トラギス
シロギス
やや水深のある根際の砂地には大型がいる
ヒラメ
（水深15～20m）
キュウセン

［イケス周り］

マダイなど高級魚中心に狙えるのが魅力！

ボート釣りのできる波静かな湾内には、ワラサ、アジ、マダイなどの養殖用のイケスが設置してある所がある。

これらのイケスには、毎日定期的にイワシのミンチなどのエサが大量に与えられており、このエサがイケスの網目から外に流れ出す。そして、これを食べに天然の魚たちもイケスの周りにたくさん集まってくる。これらの魚を狙うのが、イケス周りの釣りである。

静岡県の西伊豆から沼津方面のイケス周りでは、古くからマキコボシ釣りという独特な釣り方が盛んで、実績を上げている。これはハリと糸、それに平たい石を使ってコマセ（寄せエサ）を海底近くまで沈めるという、いたって簡単、原始的（？）な仕掛けの釣りである（マダイ

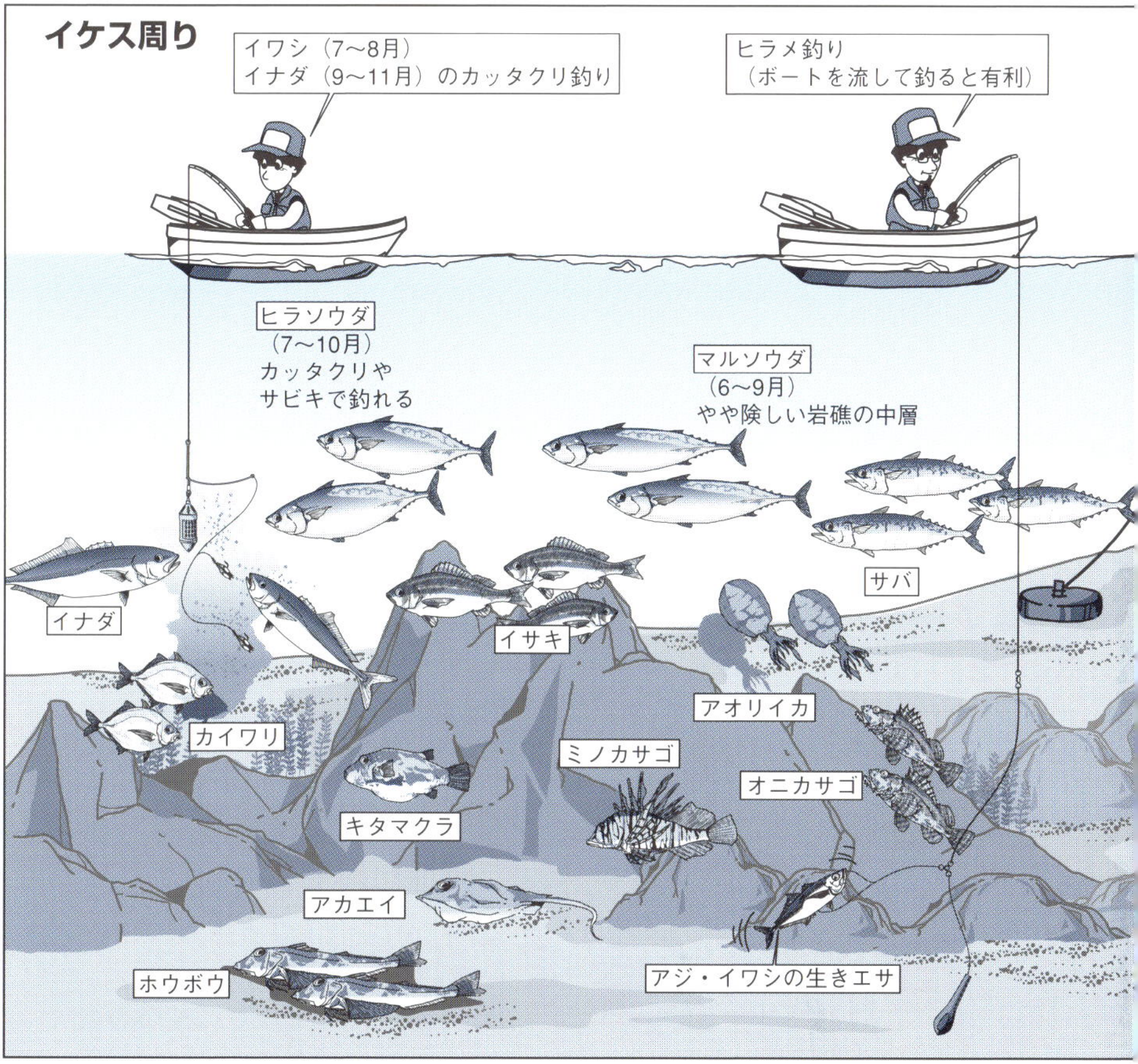
イケス周り
イワシ（7～8月）
イナダ（9～11月）のカッタクリ釣り
ヒラメ釣り
（ボートを流して釣ると有利）
ヒラソウダ
（7～10月）
カッタクリや
サビキで釣れる
マルソウダ
（6～9月）
やや険しい岩礁の中層
サバ
イナダ
イサキ
アオリイカ
カイワリ
ミノカサゴ
オニカサゴ
キタマクラ
アカエイ
アジ・イワシの生きエサ
ホウボウ

釣りの項を参照）。

慣れないとちょっと戸惑うが、魚がハリ掛かりしたときにダイレクトに手に伝わる感触は格別で、一度味わうとこの釣り方のとりこになる人も多い。

狙える魚もマダイ（大ダイもかなりの確率で釣れる）やワラサ、潮によってはシマアジやカンパチなどの高級魚が中心となるのも魅力である。そのほかには、マアジやムロアジ。それに海底ではマキコボシに使ったたくさんの石や瓦が根の役目をするためか、カワハギや夏場はカサゴなども釣れることがある。

なお、ボートをイケスに係留するのは原則禁止であり、イケスなど漁業施設周りでのボート釣りは、特別に許可された釣り場に限られる。ほとんどの場合、ボート店がイケスや定置網を所有しているケースが多い。

また、貸しボートではイケスや漁業施設周りの釣りが許可されていても、車載ボートやプレジャーボートなどは禁止されているので、この点も十分注意してほしい。

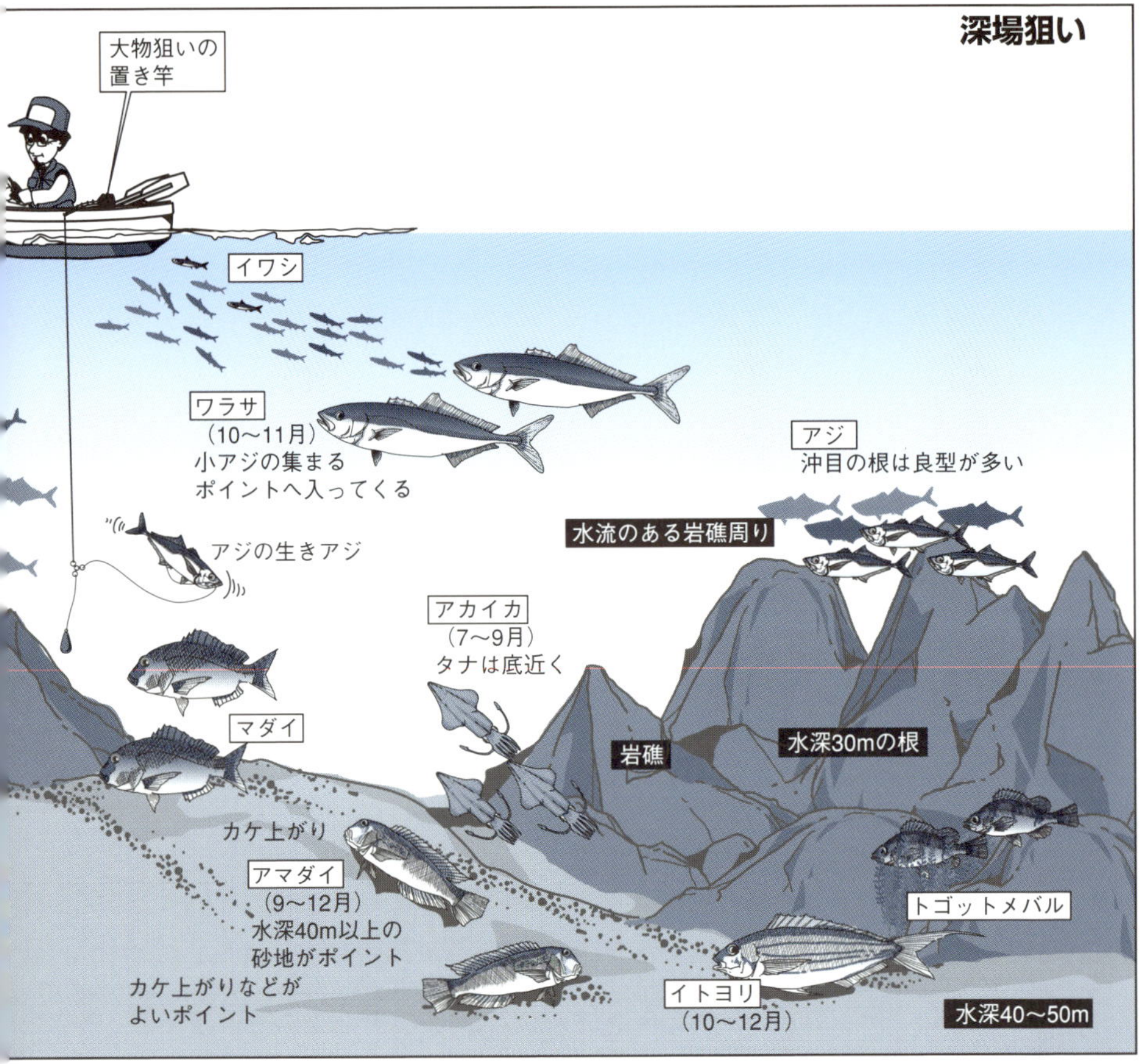
深場狙い
大物狙いの置き竿
イワシ
ワラサ
（10～11月）
小アジの集まる
ポイントへ入ってくる
アジ
沖目の根は良型が多い
水流のある岩礁周り
アジの生きアジ
アカイカ
（7～9月）
タナは底近く
マダイ
岩礁
水深30mの根
カケ上がり
アマダイ
（9～12月）
水深40m以上の
砂地がポイント
カケ上がりなどが
よいポイント
トゴットメバル
イトヨリ
（10～12月）
水深40～50m

［深場狙い］

無風ベタナギ限定だが、穴場も多い！

ボートで深場狙いといっても水深は40～50メートル（一部地域は70メートル以上）くらいまでである。

このようなポイントにアンカーを打つとすると、ロープは60メートル以上も必要になる。これではあまり一般的でなくなるため、このような釣り場では風のないベタナギの日に流し釣りで狙うことになる。

しかし乗合船や仕立船があまり入らない場所なので、穴場的なポイントも多い。イトヨリ、アマダイそしてちょっと根のあるような所ではオキメバルが狙え、大アジなどもよく釣れる。

水深があるのでオキメバルも狙える

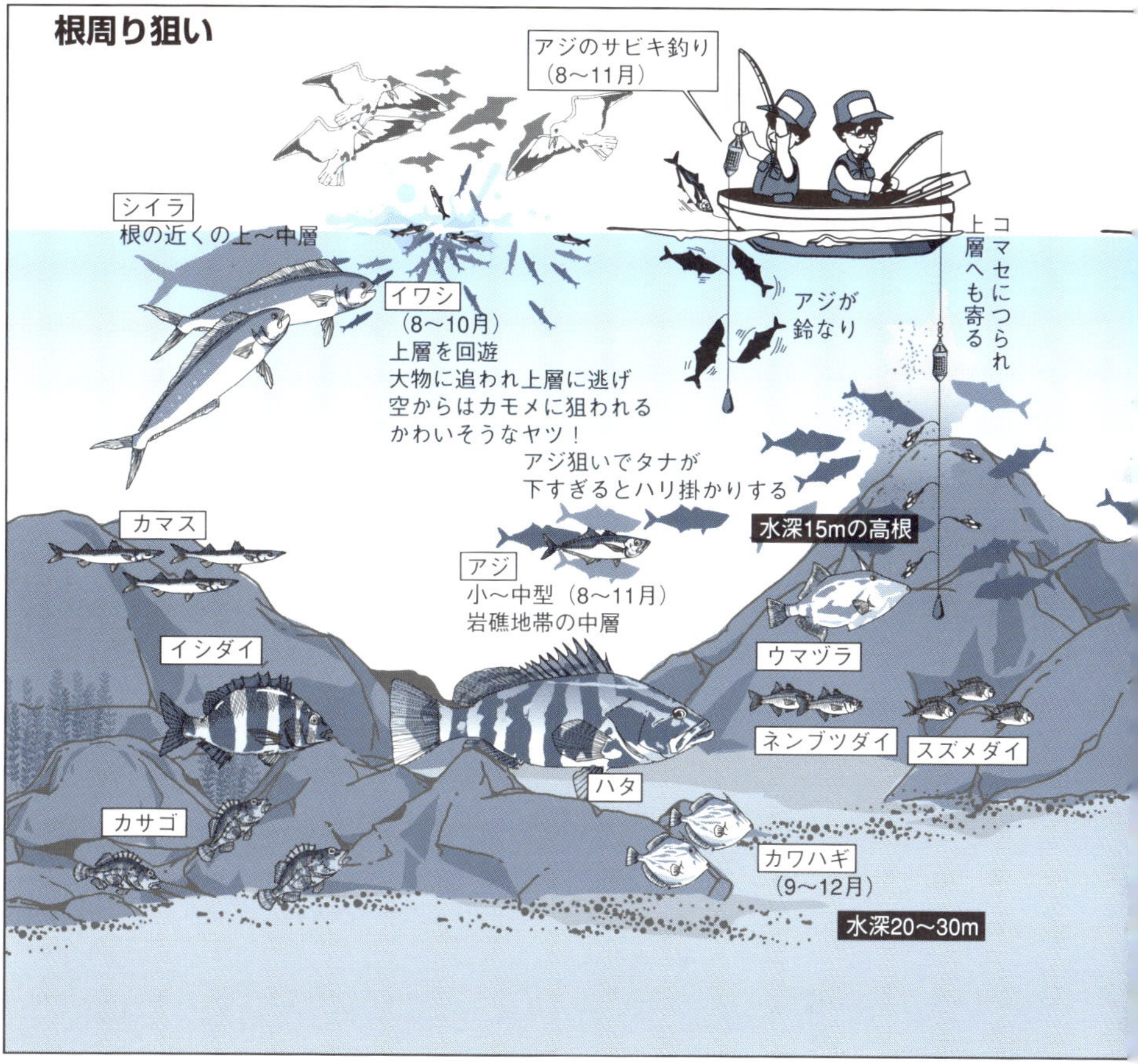
根周り狙い
アジのサビキ釣り（8〜11月）
シイラ
根の近くの上〜中層
イワシ
（8〜10月）
上層を回遊
大物に追われ上層に逃げ
空からはカモメに狙われる
かわいそうなヤツ！
アジが鈴なり
コマセにつられ上層へも寄る
アジ狙いでタナが
下すぎるとハリ掛かりする
水深15mの高根
カマス
アジ
小〜中型（8〜11月）
岩礁地帯の中層
イシダイ
ウマヅラ
ネンブツダイ
スズメダイ
ハタ
カサゴ
カワハギ
（9〜12月）
水深20〜30m

［根周り狙い］

岩礁はボート釣り場の一大拠点

岩礁帯（根）と言っても磯場に続く沿岸の岩礁帯や、少し沖合にポツンと点在する根など様ざまな形態がある。形状も高低差のない岩盤状の平根、ゴロタ石や小さな岩が一帯に広がっている岩礁帯、かなり高低差のある険しい高根など色いろなタイプがある。

沖合にある高根には回遊魚のアジやイサキが群れやすく、秋にはワラサ、カンパチなどの大物もやってくる。ゴロタ石の多い岩礁帯ならカサゴ、藻が生えている根周りにはクロメバルも着いている。

カワハギなどは岩礁と砂地の境目、いわゆる根際に多く集まるし、凸凹の多い浅い岩礁帯にはアイナメが好んで住み着く。さらにアオリイカは初夏の産卵期、藻がたくさん生えた岩礁帯に集まってき

アジなどの回遊魚も根周りが好ポイント

カサゴ、メバルは代表的な根魚

たりする。

このように、岩礁帯の形や状況でその環境に適した魚種が群れたり住み着いていたりすることを念頭に、それなりの仕掛け、エサを使い分けて釣らなければならない。

こう書くと岩礁帯の釣りは難しそうに思えるが、どんな岩礁であれ、まずはアミコマセを使ったサビキ仕掛けを下ろしてみるといい。アジや小型イサキ用の胴つき仕掛けでも、カサゴやメバル、カワハギだって食ってくる。

さらにサビキの下側の2～3本のハリにイソメエサを付けてやれば、根魚やカワハギが食ってくる確率はグーンとアップする。

サビキ仕掛けでそのポイントで多く釣れる魚が判断できたら、専用の仕掛けとエサで狙えばいいわけだ。

岩礁の形状の判断は慣れないとやや難しいので、できれば小型の携帯魚探を使ってほしい。最近は沖釣りで使う小型の電動リールと同程度の値段で購入できるようになったので、ボート釣り師を自任するならばぜひ持ちたい道具の1つである。

魚探がない場合は〝流し釣り〟で、岩礁帯を見つけることから始める。潮が澄んでいる冬季なら少し高台から海を眺めたり、ボートの上から海底を覗き込むと、水深10メートル程度までなら砂地（白く見える）か岩礁帯（黒っぽく見える）かの判断もつく。

岩礁帯の存在が確認できたら、その形状を判断するわけだが、最も重要なのは高低差の変化をチェックすること。これはメートル単位で印が付いているPEの道糸で水深を調べながら、少しずつボートを流して探るとよく分かる。

急なカケ上がりを見つけたらその付近の水深を細かく調べ、一番高い所（浅い所）を見つけ出して山ダテやGPSで記録してほしい。このような高根はアジなどを狙う基本ポイントであるし、ここを基点に周りの岩礁がどんな状況かを知れば色いろな魚種狙いに役立ってくる。

次に潮の流れる方向をしっかりと読むことも大切で、一般に魚は根の潮下側に集まる傾向がある。また、水温が下がって食いの落ちる晩秋～冬は、魚が集まるポイントが狭くなることも覚えておいていただきたい。

食い渋り期に入るとアジなどの回遊魚をはじめとして、カワハギなども特定の場所に固まる傾向が出てくる。水温の高いときは高根の頂上付近に群れていたアジも、水温の低下とともにタナが下がり、やや深場の根周りにこぢんまりと群れ固まるようになる。

同じく、夏には浅場でも釣れていたカワハギも、冬は少し深場の根際のごく狭い所に身を潜めていたりする。いずれも高根を中心として潮下側にいることが多い。

わずか数十メートルしか離れていないのにあちらのボートは入れ食い、こっちはオデコといったこともよくあること。悔しい思いをしないためにも、ベストポイントの選定はマメに行ってほしい。

アジ・青物は高根周り

岩礁帯の釣りでポピュラーな狙い物はアジ。夏〜秋の水温が高い時期は、ちょっと険しい岩礁帯を見つけさえすればアミコマセを使ったサビキ仕掛けで、その付近一帯のあちこちで簡単に釣れたりもする。

こんな経験をすると「この辺がアジのポイントだ!」などと、大ざっぱな覚え方をしがちだが、食い渋り時や晩秋に水温が下がってくる時期に思ったとおりの結果が得られなくなってしまう。前記のとおり、このようなときのためにも高根の存在を知り、潮を読むテクニックを身に付けておくことが重要である。

アジ以外のイナダ、カンパチといった青物も、高根周りがベストポイントとなり、秋も少し深まるころにはワラサなどの大物もアジの群れを追って高根にやってくる。

産卵期のアオリイカは藻の生えている岩礁帯がポイント

メバル・カサゴは険しい岩礁帯

沿岸に近い岩礁帯に生息するクロメバルは早春のころが産卵期で、岩礁周りに生える藻場の周りに群れたりする。すぐそばが険しい岩礁帯であればベストポイントであることが多い。

なお、藻場は魚探でもその様子は判断できるが、魚探がなくてもタナを取ったあと仕掛けが藻に引っぱられるように根掛かりするので判断できる。

カサゴは一般には周年狙え、夏〜秋はゴロタ石のポイントや、平根から険しい岩礁に潜んでいる。風がなければこんなポイント上を流し釣りで狙うとおもしろい。

アオリイカは岩礁周りの藻場

アオリイカは水深7〜15メートルの沿岸部を中心に生息するイカで、春〜夏の産卵期が一番おもしろい。秋も好期で数釣れるが小型が多い。比較的に潮の澄んだ海域に多いため、日中よりも朝夕のマヅメ時が狙い目になる。

産卵期は藻の生えている（藻に卵を生み付ける）岩礁周りがベストポイントとなり、藻の上や藻の際に沿ってボートを流しながら狙うといい。

なお、伊豆半島などではアオリイカの釣りを禁止しているボート釣り場もあるため、出かける前にボート店で確認しておきたい。

BOAT

貸しボートの利用法

営業時間などはボート店によってまちまち。事前の確認を！

ボート釣りには貸しボートとマイボートでの釣りとがあるが、一般的には貸しボートの釣りが圧倒的に多いので、ここでは貸しボートの利用法や注意事項を考えてみることにしよう。

現在の貸しボートはＦＲＰ製が主流。2人乗りが一般的で、一部には3人乗りも用意されている。

ボートの借りられる時間（営業時間）は地区や店によりまちまちだが、例えば相模湾や三浦半島方面では午前7時（夏場は6時）から午後3〜4時まで、伊豆方面では日の出から日没までといったケースもある。

なお、ボートは先着順で貸し出すのが普通なので、何時までに到着すれば借りられるかを聞いておこう。駐車場、エサや氷の有無、天候や釣況の確認も兼ねて、前日に電話で問い合わせておくとよい。さらにボート店によっては、ポイントまでの曳き舟サービスを行っているところもあるので、こちらも聞いてみるといいだろう。

貸しボートの付属品としては、オール2本（1組）とそれを支えるクラッチ、それにアンカーとアンカーロープがある。ボートを借りるときに注意しなければならないのは、アンカーロープの長さである。

一般にはそのボート釣り場の水深の1.5〜2倍は用意されているが、借りるときに長さを確認しておくほうが安心である。

例えば沼津地区から西伊豆方面のボート釣り場では、アンカーが用意されていないことも多く、イケスやブイにボートを係留して釣ることになる（マキコボシ釣り主流の地域）。

しかし、それらの地区でも、イケスに関係なくよいポイントのある所は多い。その海の状況が分かったら、アンカーとロープを持参すれば好釣りにつなげられることもある（ただし、小さい湾でも水深が50メートルもある所があるので注意）。

曳き舟サービスのあるボート店なら、好ポイントまで案内してもらえる

BOAT

ボート各部の名称

ボート各部の名称を覚え、こぎ出す前に点検を！

安全に釣りを楽しむため、出船前には一通りボート各部のチェックを行いたい。特にアンカーロープやクラッチなどは重要。手こぎボートの構造はシンプルなので、各部の名称も覚えておいたほうがよい。

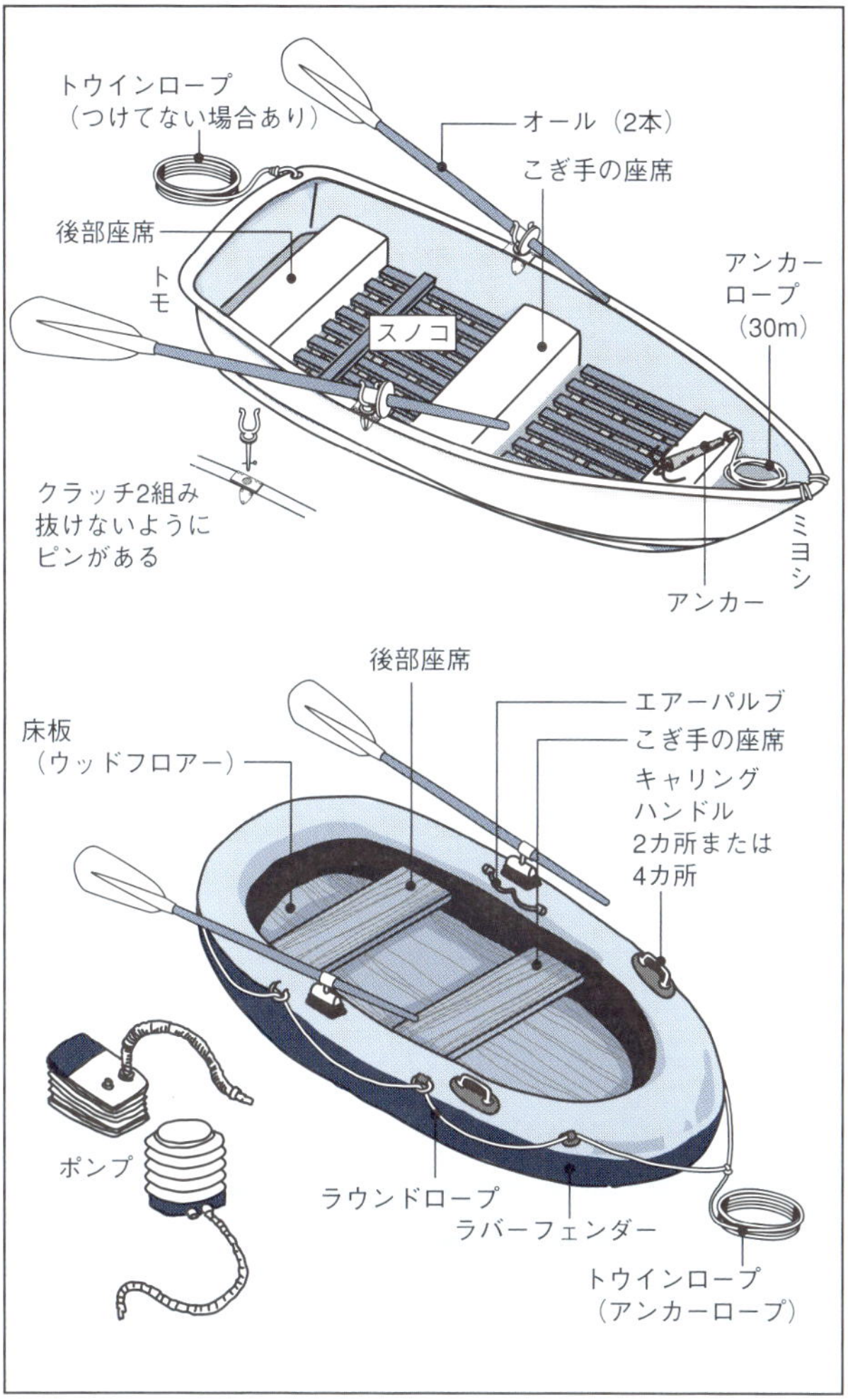
トウインロープ
（つけてないい場合あり）
オール（2本）
こぎ手の座席
後部座席
トモ
スノコ
アンカー
ロープ
（30m）
クラッチ2組み
抜けないように
ピンがある
ミヨシ
アンカー
後部座席
エアーパルブ
こぎ手の座席
床板
（ウッドフロアー）
キャリング
ハンドル
2カ所または
4カ所
ポンプ
ラウンドロープ
ラバーフェンダー
トウインロープ
（アンカーロープ）

アンカーは釣り場の水深や底質に応じて異なり、様ざまなタイプがある。左からイカリ型、コンクリート、天然石

BOAT

ボートのこぎ方と注意点

全身を使ってこぐのが基本。離岸、着岸時は要注意！

さて、釣り場に到着してボートを借り、海へ向けてこぎ出すわけだが、その前に、まず荷物、釣り道具の整理をすべきだろう。

なにしろ限られた小さなスペースでの釣りである。釣るときの状況を考え、能率よく行動できるように、置き方をよく考えることも重要だ。

波しぶきを受けることもあるから、濡れるとまずいものは大きなビニール袋などにきちんとまとめ、ボートのトモか、ミヨシの陰などに置く。

仕掛けを入れた道具箱は、腰掛けの下。クーラーやエサ箱、コマセを入れるバケツなどは両足の間か横。竿やタモは両サイドのトモかミヨシ寄り、といった具合に整理しておくとよい。

離岸、着岸時の注意

ボートに乗り込む場合、まずボートの8割ほどを水に浮かせ（波打ち際から沖へ垂直に向けておく）、ミヨシを岸に着けたままの状態で乗り込むのが普通である（波のある海岸などでは、ミヨシを沖に向け、トモから乗り込むケースもある）。

乗り込んだら決して立ち上がることなく、腰を低くしてトモ側（沖側）へ移動する。すると乗った人の重みで沖側が少し沈み、岸側が持ち上がることになり、そのときボート店の人に、沖へ向けてすみやかに押し出してもらうとよい。

また、2人で釣行のときは一人が先に乗り込んでトモに座り、次にこぎ手がボートを沖へ押し出しながら、素早く乗り込むことになる。

着岸時はボート釣りで一番危険をともなうタイミング。特にくずれ波が大きなときに岸と平行になったりすると転覆したり波を被る恐れもある。このような海岸では、波がくずれる少し沖でボートを180度旋回させ、少しこぎにくいが、ボートの後部（トモ）から着岸させるとよい。

沖へこぎ出す前には、道具を使いやすいように荷物を整理しておこう

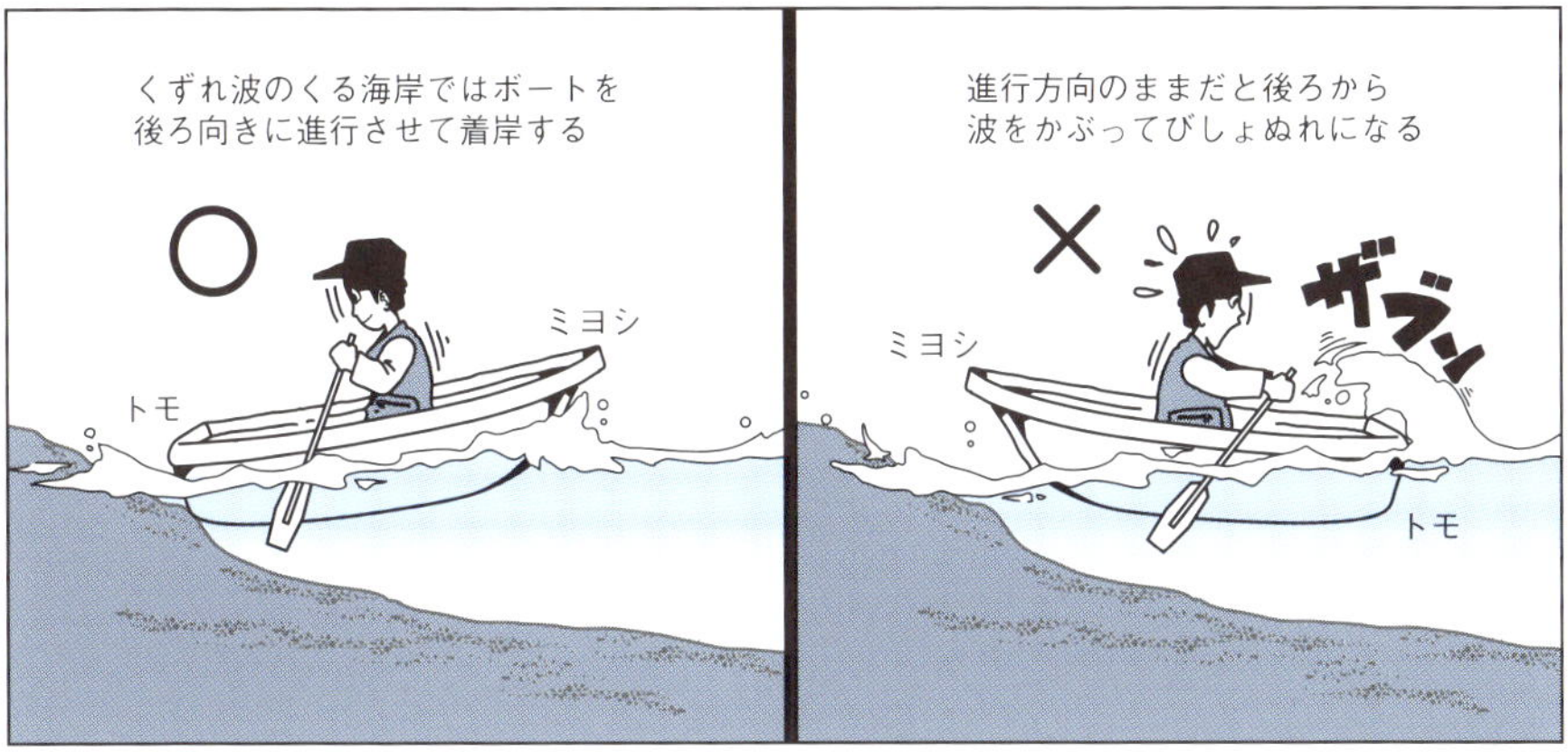

くずれ波のくる海岸ではボートを
後ろ向きに進行させて着岸する

離岸、着岸時はボート店の人のアシストを受けるのが基本

ボートのこぎ方

ボートのこぎ手は、進行方向に背中を向けてこぐのが一般的である。2人で乗った場合はトモに座っている人が進行方向を向いているので監視をしてもらえるが、こぎ手は絶えずその方向の安全確認をしなければならない。5～10メートル進むごとに進行方向（後ろ）を振り向いて、前方の障害物を確認する。これは決して怠ってはならない。

こぐのに慣れていないと、目的の方向がいつのまにか狂ってしまうこともある。これを防ぐには、目的地と一直線上に対峙する目印2点を決め、その2点が左右にズレないように（いわゆる山ダテの要領）こぐと、比較的真っすぐに進める（次ページの図を参照）。

こぎ方の基本は、ボートは決して腕だけでこがないということ。言いかえればボートは全身でこぐのが基本であり、一番疲れない方法なのである。以下、41ページの図を参照しながら具体的にレクチャーしよう。

①こぎ始め

足の踵をボートに敷いてあるスノコなどの足止めに掛け、ひざが軽く曲がる（120度前後）程度に座る。オールの端から4～5センチあたりを軽く握り、スムーズに水を捉えるように水かきの角度を調整する。

ミヨシ

進行方向のままだと後ろから
波をかぶってびしょぬれになる

ザブン
ミヨシ

2本のオールが八の字を描くように構え、腕を真っすぐのばしながら前かがみ

目的地へ真っすぐ進むコツ

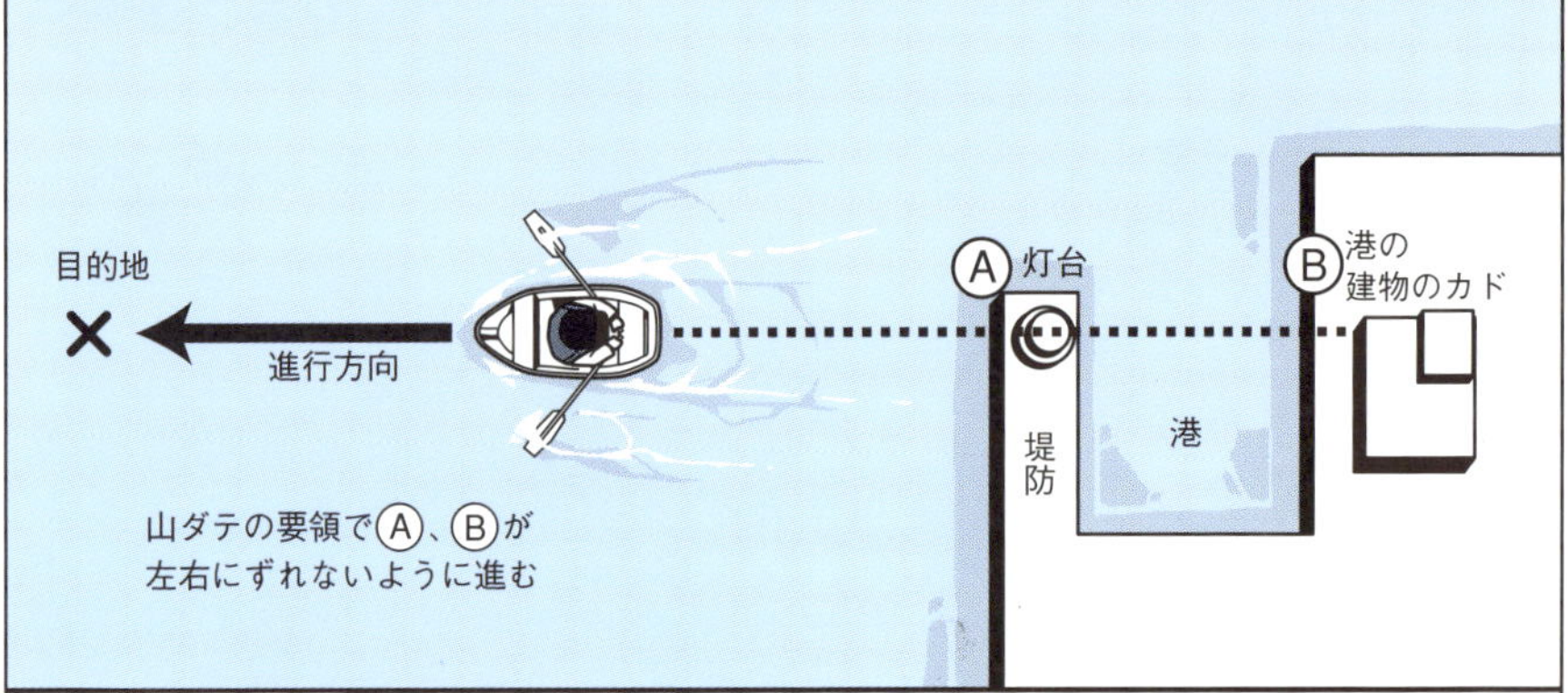
目的地
進行方向
Ⓐ灯台
Ⓑ港の建物のカド
堤防
港
山ダテの要領でⒶ、Ⓑが
左右にずれないように進む

ボートの重量配分を変えてラクにこぐ

向い風
追い風
向い風のときは前部を重くして
ボートを水平またはやや前傾させる
追い風のときには後部に重量
をかけて船首を上げて進む

になる。

②オール着水

腰を支点にして上半身を起こしながら腕を引き、オールを着水させる。着水時は、水かきの入水角度を90度前後に保ち、できるだけ水しぶきが立たないようにする。

③オールで水をかく

足を踏んばって上半身を後ろへ倒しながら水をかく。最も力が入るところだが、体を倒す反動を利用すればムダな力を使わずにすむわけだ。このときの腕はオールの水かきの角度などをコントロールする、補助的な役割でよい。

もう一つの大切なポイントは、水かきの位置を水面近くにキープしながらこぐ、ということ。「オールを水中深く差し込んでこぐと速く進む」と勘違いしている方も多いが、実は全然速くならないし、体力のムダ使いである。要は水かき部分だけが水中に浸っていればいいわけで、オールの棒の部分までドップリ水中に入れると余計な水の抵抗がかかるだけでなんのメリットもない。

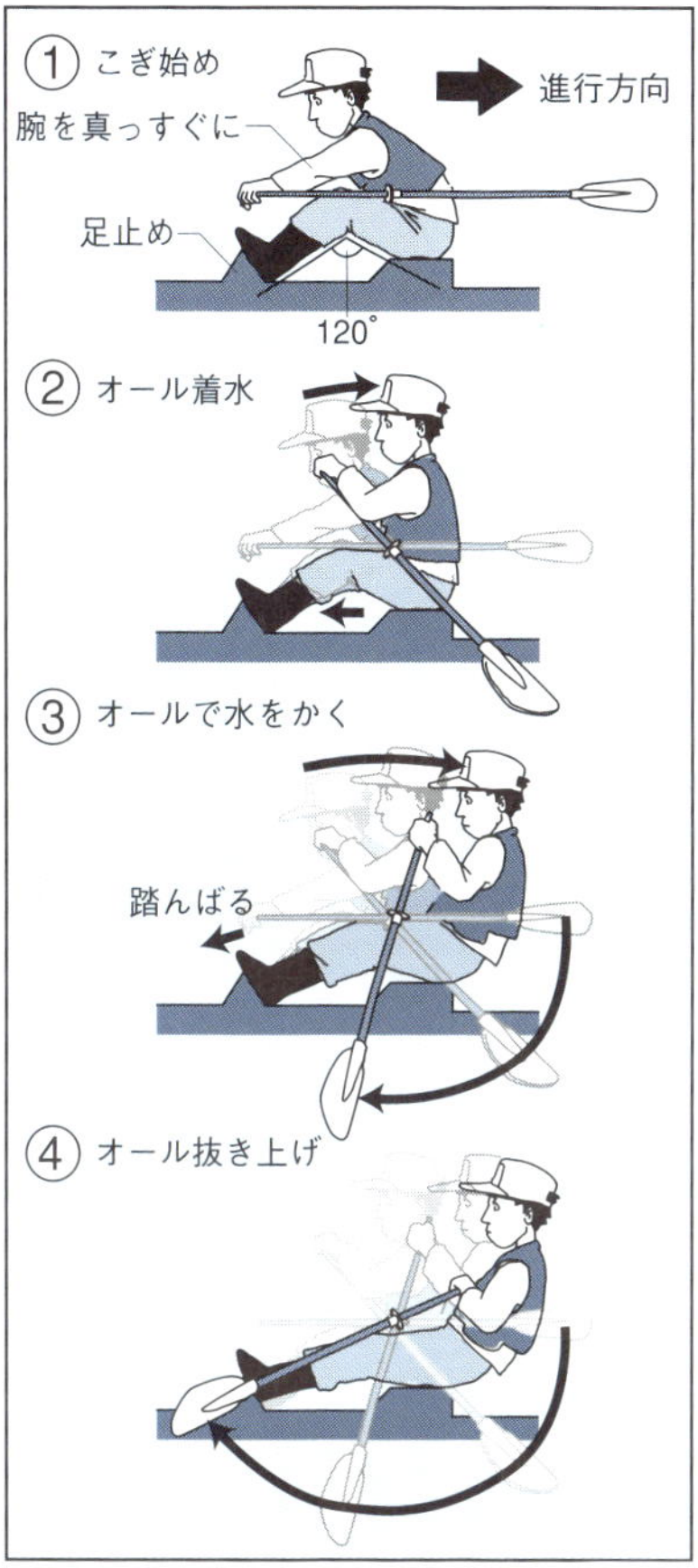
①こぎ始め
進行方向
腕を真っすぐに
足止め
120°
②オール着水
③オールで水をかく
踏んばる
④オール抜き上げ

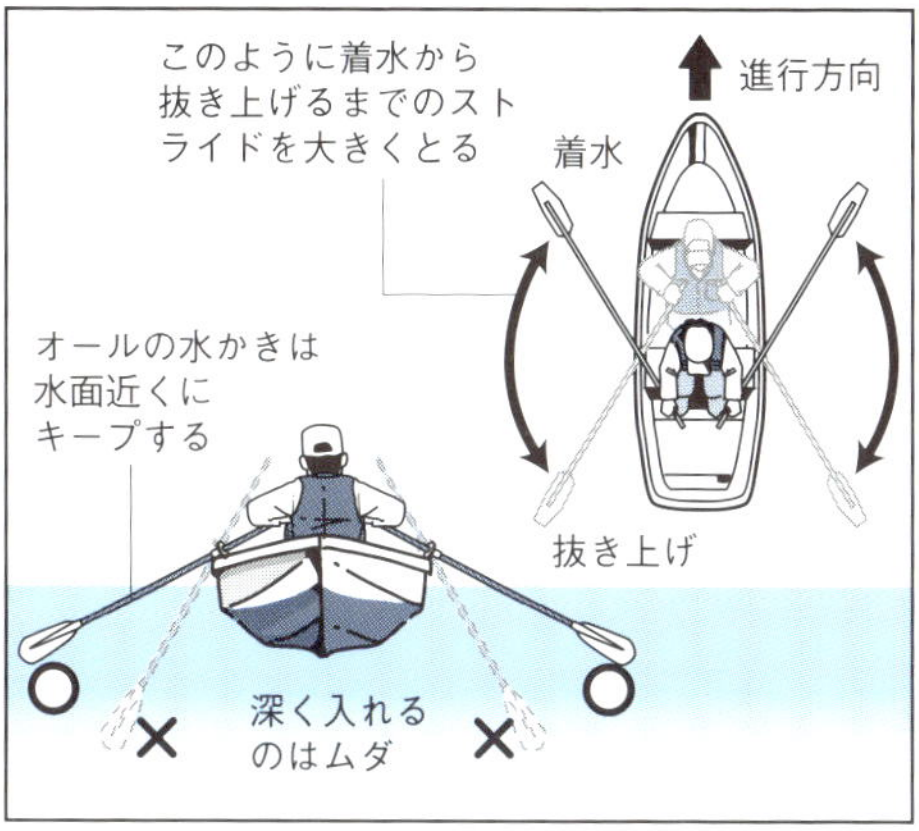
このように着水から抜き上げるまでのストライドを大きくとる
進行方向
着水
抜き上げ
オールの水かきは水面近くにキープする
深く入れるのはムダ

また、オール着水から抜き上げまでのストライドを大きくとると、一こぎで進む距離を稼げる。

④オール抜き上げ

目一杯、体を倒しながらこぎ切ったら、水しぶきを立てないようにオールを抜き上げる。抜き上げたオールは、水面上を平行に移動させつつ①の体勢に戻る。

以上、①～④をリズミカルに繰り返せば、ボートはスムーズに水面を滑っていく。コツは〝上半身を振り子のごとく〟使い〝きれいな弧を描くようにオールをさばく〟ことにある。

「オールはしっかり握って……」というのも誤解で、強く握りしめるほど腕力だけでこぐことになり、筋肉痛や手マメに泣く。オールは滑らない程度に軽く握ればいいのだ。逆に言えば、先の要領をマスターすれば「強く握る必要はない」ことが分かるはずである。

マメの防止には、慣れないうちは軍手をするとよい。

62
ボートをこぐ時は腕力ではなく、全身を使うのがコツ

ロープワークの基本

必要最低限のロープの結び方を覚えておこう!

アンカーロープの長さ調節

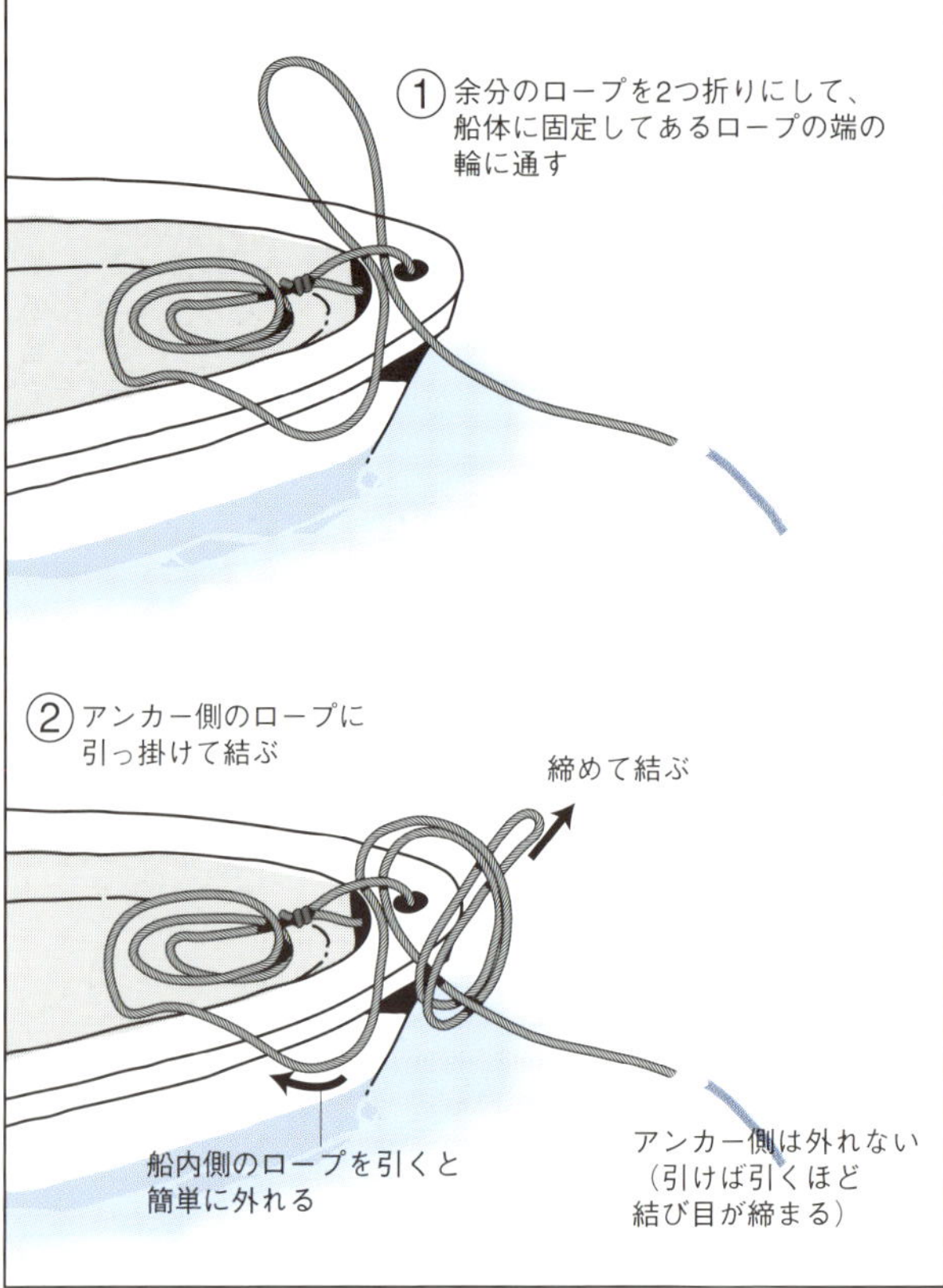
①余分のロープを2つ折りにして、船体に固定してあるロープの端の輪に通す
②アンカー側のロープに引っ掛けて結ぶ
締めて結ぶ
船内側のロープを引くと簡単に外れる
アンカー側は外れない(引けば引くほど結び目が締まる)

手こぎボートで使用するロープといえば、アンカーロープだ。貸しボートに取り付けられているアンカーロープの全長は、釣り場の平均水深の約3倍といったところ。平均水深10メートルなら、約30メートルのロープが備えつけてあるわけだ。

けれども、釣り場によって平均水深よりも浅場にアンカーを打つときも多く、そんな所でロープを長ながと出しきってしまうのは無駄である。アンカーロープはポイントの水深に見合った長さに調節するほうが効率的なのだ。

意外に知らない方も多いようだが、ロープ長の調整は図のようにボートの舳先に固定されているロープの輪に、余ったアンカーロープを縛り付けるだけで簡単に行える。単純な結び方だが、手こぎボートならこれで十分だ。

たまに、ボートの横側(オールをとめるクラッチの部分など)にロープをくくり付けている人を見かけるが、これは大変危険。アンカーに引っ張られてボートが傾きがちになり、強い横波を受けると

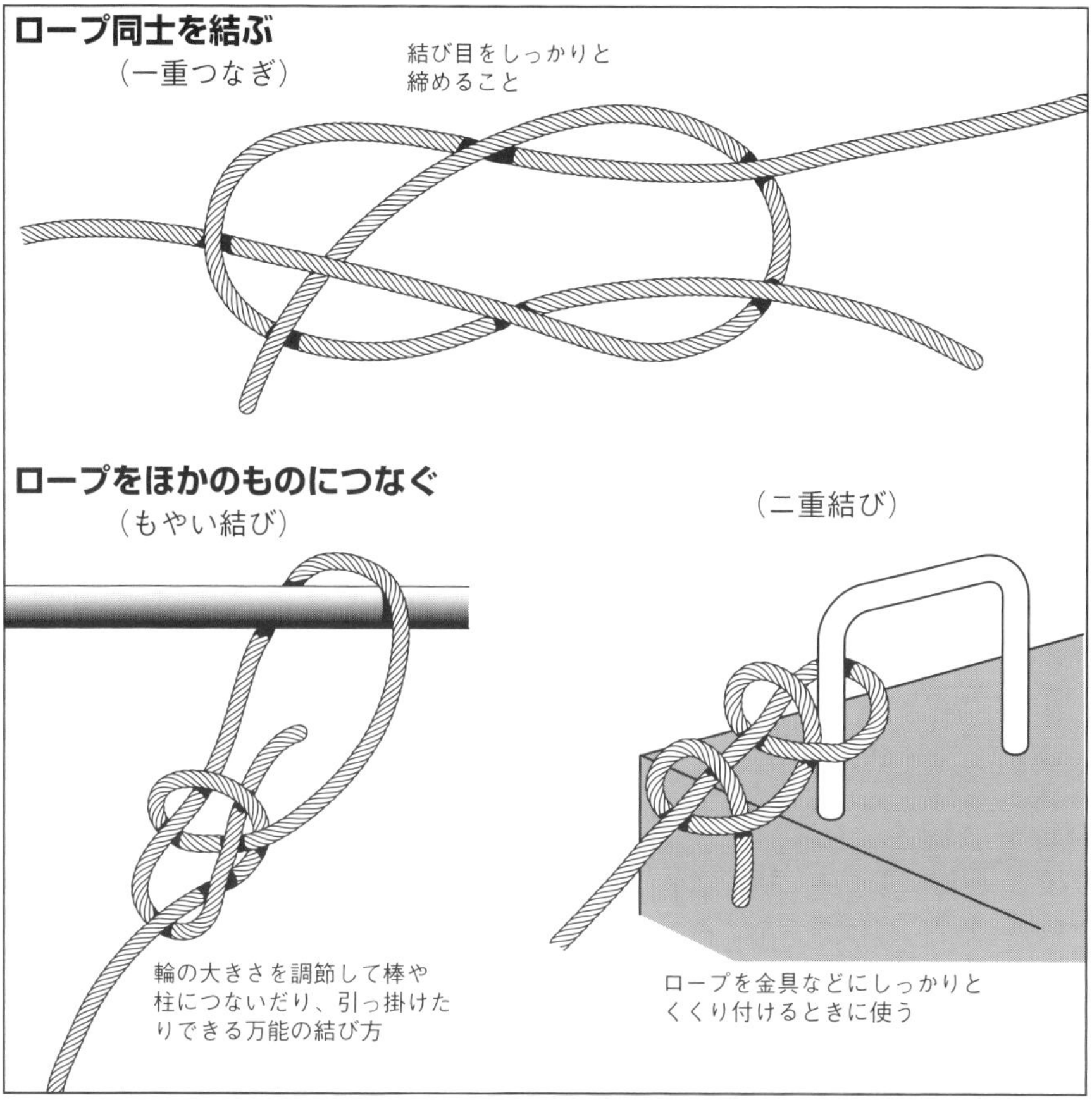
ロープ同士を結ぶ
（一重つなぎ）
結び目をしっかりと
締めること
ロープをほかのものにつなぐ
（もやい結び）
（二重結び）
輪の大きさを調節して棒や
柱につないだり、引っ掛けた
りできる万能の結び方
ロープを金具などにしっかりと
くくり付けるときに使う

転覆する恐れもある。アンカーロープは必ずボートの先端から出さなければならない。

また、上図に示した「ロープをほかのものにつなぐ」方法は、堤防や砂浜などにあるボートの係留用金具や棒、係留が許可されているブイなどにくくり付けるときなど、様ざまな場面で役に立つしっかりした結び方なので覚えておこう。「ロープ同士を結ぶ」方法もいざというときに便利だ。

貸しボートのアンカーとロープは、はじめからボートにきちんと取り付けられているのが常識ではあるが、借り手側としても出船前にロープの結び具合や傷などをチェックしておくと万全といえる。

アンカリングはロープの長さを調整して行おう

BOAT

安全対策・マナー・気象について

ボート釣りは安全が第一、天気図の読み方も覚えよう

どんな釣りでも、いつも危険と隣合わせであるということを決して忘れてはならない。特に手こぎボートは風や波に弱いため、ボート釣りの安全対策を考えることは大変重要なのである。

ボート店の注意事項は厳守しよう

ボート店ではその海の状況に合った安全対策や注意事項を色いろ決めている。漁業者とのトラブルを避けるために決められたルールもあるので、それを厳守することはボート釣り師の基本的なマナーである。

まず、ボート店で決めている海域外へは、たとえ風のないベタナギの日でもこぎ出すことは慎むこと。沖は潮流が速かったり、陸の近くでは風が弱くても、沖では意外に強かったりして、岸へ戻れなくなることがあるからだ。決められたボート釣りエリアは絶対厳守。さらに万が一のために携帯電話を持っていると安心だ。「118」をダイヤルすれば海上保安庁へ救助を求めることもできる。

ボート釣りエリア内であっても、本船航路は釣り禁止となっているので注意したい。港の出入口（堤防）、あるいは狭まった湾口部前後の200～300メートル、幅50～100メートルくらいが航路の目安だが、事前にボート店で確認しておこう。

ボートの上では絶対に立ち上がらないこと。特に狭いボートでルアー釣りをするときは動きにくく、つい立ってしまいがちなので注意したい。

漁業施設へボートを係留しないこと

釣り場にはゴミなど捨てないこと。不要になったものは、ビニール袋やバケツにまとめて持ち帰り、岸へ揚がってから所定の所へ捨てる。

堤防や岩場の突端は潮の流れが複雑なので、あまり近づかないこと。さらにイケスやワカメ棚など漁業施設にボートを係留しないことはもちろん、それらの近くには固定用のロープが張り巡らされていることにも注意したい。

ボートの上では絶対に
立ち上がらない！
ゴゴ
ゴゴ

（陸地）
ボートが
進まないよ
陸方向からの風が強くなってきたら、
港へ帰るのが大変！早めに岸の近くへ戻ろう

堤防の先端は潮の流れが複雑であり危険なので、あまり近づかないこと

天気図の読み方と天候判断

ボート釣りの安全対策では、天候を判断するということも大変重要なことである。一日をボート釣りで楽しくすごすためには、天気に関しても色いろ勉強しておくことが肝心だ。

ボート釣りで最も注意しなければならないのは、風の状況だ。ボートは風に一番弱い船である。その日の風の変化は的確に判断できるようになりたい。

陸から沖へ向けて吹く風の場合、岸近くでは弱くても、沖へ行くにしたがって風の強さは増してくる。ちょっと風があるな、という日は、あまり沖へこぎ出すことはひかえること。そして、地形的に山や島の陰になって、風をさえぎられるような場所を選びたい。

沖から陸への風の場合は、沖からの波が風の力で増幅されて高くなり、その力も増してくる。

いずれにせよ風が強い日は、ボート釣りは中止したほうが得策だ。たとえ風を避けて近場の安全な所へ出ても、あまりよい釣果は望めない。風速3〜4メートル、風力2以内が安全で楽しいボート釣りができる目安である。

こんな天気図がボート日和！

日本列島が夏の太平洋高気圧に覆われて、安定した夏型の気圧配置が続いているとき。日中の暑さは少々つらいかもしれないが、日焼けにさえ気をつければ、こんな日は一日安全にボート釣りが楽しめる。

朝のうちは北寄りの風でも、日中にな

るとベタナギか南寄りの風となる。南向きの海岸ならボートは追い風を受けながら沖へ向かい、午後は逆の追い風の力を借りて岸へ帰ることができる。ボートをこぐには理想的な状況である。

　春と秋は、周期的に天気が変化していくケースが多い。この時期一番安全なのは、高気圧が移動性となり、日本付近をすっぽりと覆う形となる日。このような天気図の日も、朝のうちは北寄りの風、日中は南寄りの風、または無風ベタナギとなる。

ボート釣りは無風ベタナギがベスト。天気の知識は釣り場選びなどの判断をするときに役立つ

　特に9～10月は水温も高く、ボート釣りの対象魚が一番にぎやかなころでもある。岸から近い所にも回遊魚がたくさん入り込むので、よい釣果が期待できる。

　なお、移動性高気圧が張り出してきても、やや北へ片寄ると日中は北東風が収まらず雲が多い一日となる。こんな日は、北東から北側に山があるような地型の釣り場を狙うといいだろう。

　冬はボート釣りには厳しいシーズンとなるが、日和と場所を選び、しっかりと防寒対策をすれば十分に楽しむことができる。

　西高東低の冬型の気圧配置が続いているときは北西風や西風が強く、ボート釣行は絶対に避けるべきだ。だが、その気圧配置がゆるむと、冬の強風が止んでくる。朝のうちにまだ北寄りの風が残っていても、日中はピタリと収まり、一日たっぷりと釣りができる。

　しかし、このような天気図の後は西から本州の南岸沿いに低気圧が進んできて、北東の風が出てくる。また、冬の終わりごろは日本海に低気圧が入ってきて、寒冷前線が西から東へ移ってくるので要注意だ。

こんな天気図のときは注意

　さきに説明した冬型の気圧配置が続いているとき、冬の終わりに日本海に低気圧が入ってくると、やがて春一番の南西の強風が吹き荒れる。このような日の前日には、朝鮮半島方面に低気圧が出てきて日本海で発達する、という予報が出ているので、ボート釣りは中止である。

　夏から秋の台風シーズンも、十分注意が必要だ。台風の大きさ（強さ）、進行方向とその速度などを、的確に判断しなければならない。天気予報で見る台風の雲のうずまきの大きさと、時間ごとに進行してくる方向などを見て判断するとよい。

　大型の台風だと、日本から2000キ

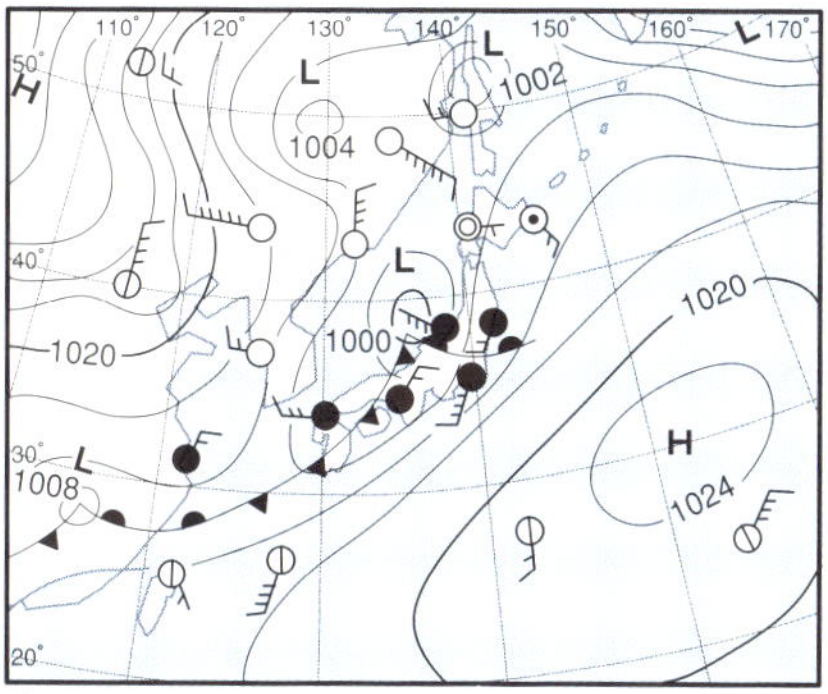

春一番の突風が吹く

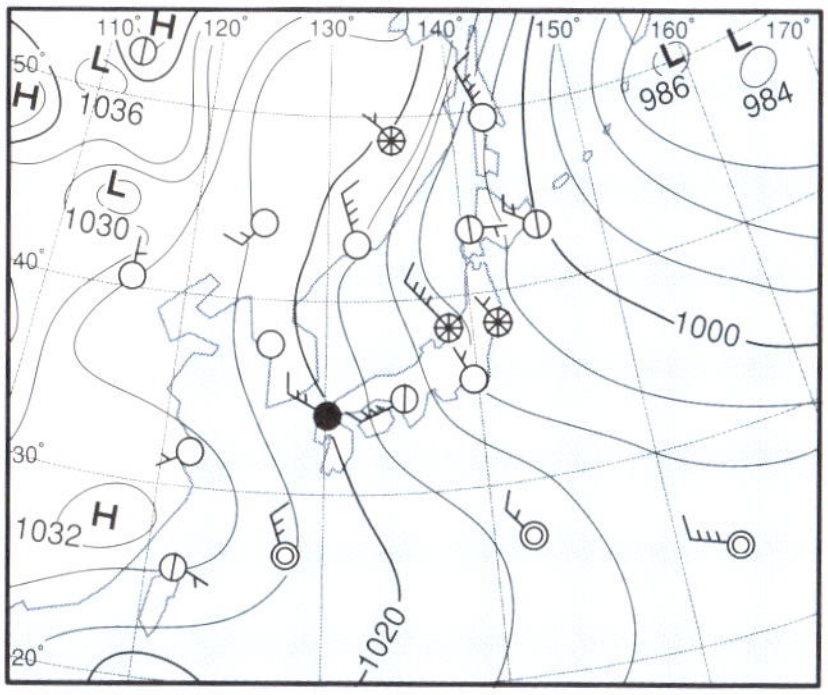

冬型の西高東低の気圧配置
（西または北風が強い）

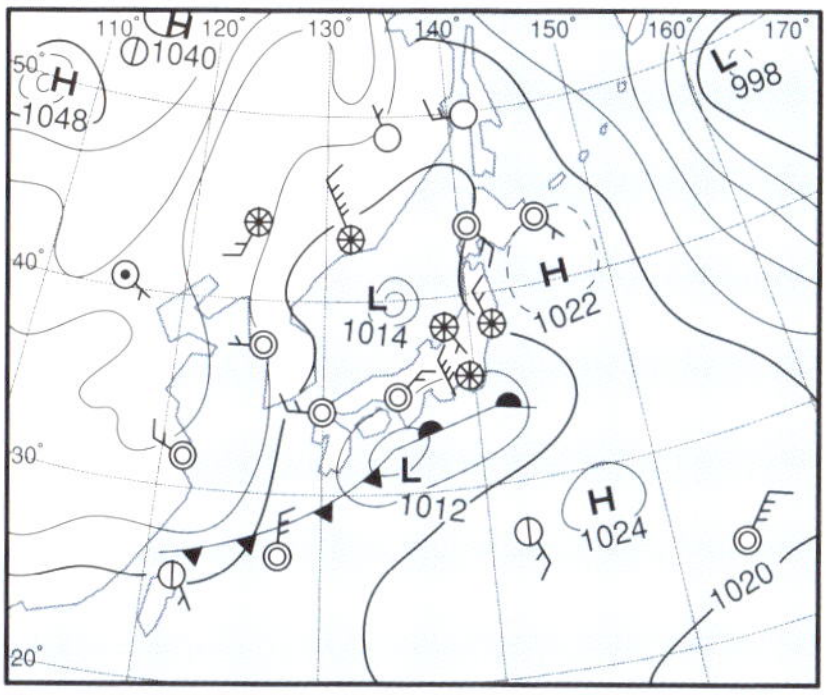

西から太平洋岸を低気圧が進んでくる
（天気はしだいに悪くなる）

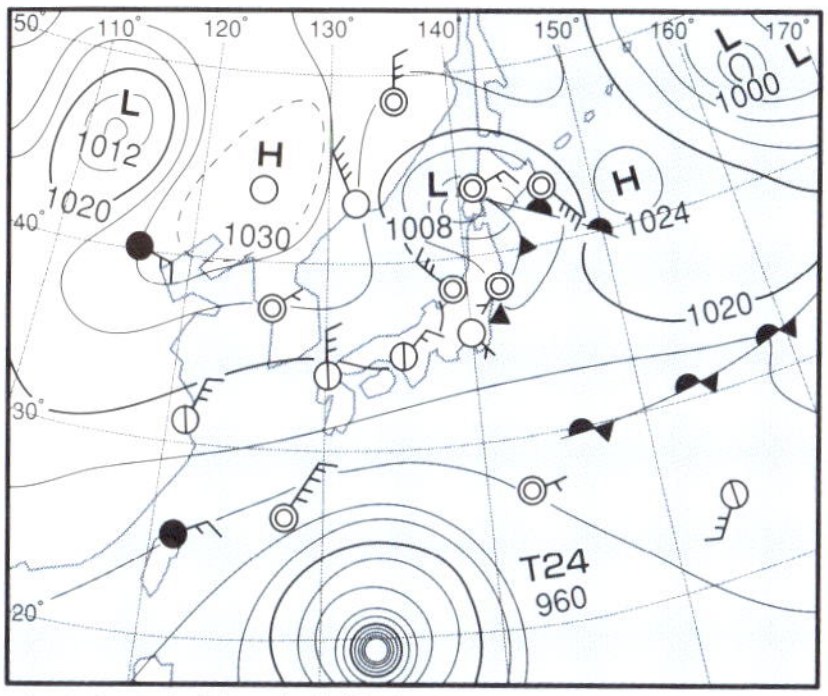

南からの台風に十分注意

（天気図は気象庁観測による）

ロも離れていても、けっこう大きなウネリがやってくる。風は弱く、まだボート釣りができそうだが、地形によっては岸に近い岩場などで大波がくずれ、大変危険である。

また、砂浜からボートをこぎ出すような所では、朝のうちは波が小さくても、夕方の接岸時にはウネリが高くなり、むしろ岸の近くでボートが転覆などということにもなりかねない。台風が日本の南の海上にあるときは、十分注意しよう。

中型の台風でも、その距離が１５００キロ以内となったときは注意したい（関東地方の場合）。台風が沖縄地方まで進んできて、その進路が北から北々東に変わってきたら、やがて進むスピードが増してくる。このようなときはボート釣りはできないと判断すべきである。

なお、ＮＨＫの天気予報やインターネットの天気予報では波の大きさ、それに風向きと強さがイラストで表示される。波の大きさが青色、風の強さが白い矢印の日は、一応ボート安全日。黄色の場合は要注意日というのも目安となる。

アンカリングと潮流について

好釣果を得るためには潮の流れを知ることも重要

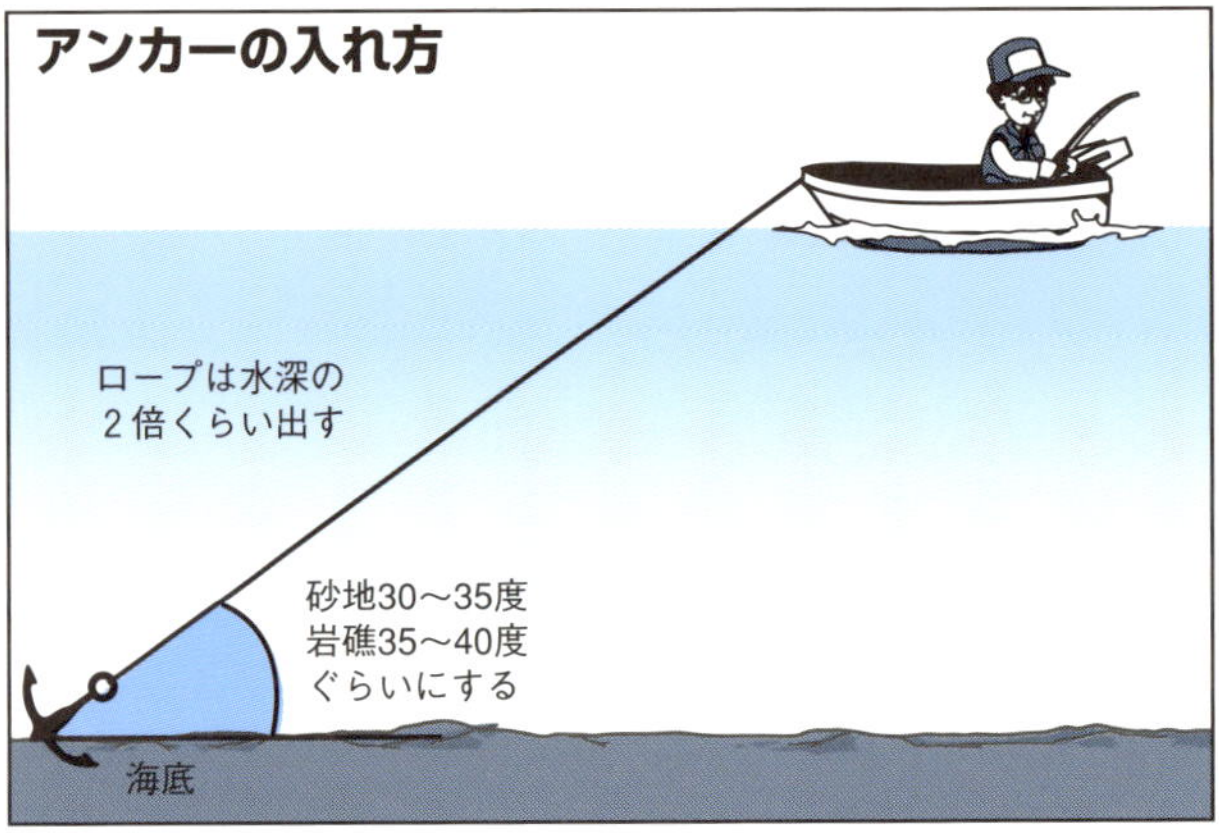
アンカーの入れ方
ロープは水深の
2倍くらい出す
砂地30～35度
岩礁35～40度
ぐらいにする
海底

ボート釣りでは、風のまったくないベタナギのとき以外はアンカーを打って釣ることになる。ポイントを決めたらミヨシにあるアンカーを投げ入れるが、この場合に注意しなければならないのは、そのロープが絡まないようにすること。

ボート店では出船前にきちんとロープをそろえて、その上にアンカーを置いてくれるので、よほど乱暴に扱わない限りロープが絡むことはない。しかし、ポイントを変え自分でアンカーを上げたときは、次の投入を考えてきれいにロープをまとめるようにすることが大切だ。

また、ロープに仕掛けのハリが引っ掛かったりしないよう、竿と仕掛けを置く場所も注意しなければならない。うっかりしていると、ハリスがロープに絡んだままアンカーを投入し、竿先を折ってしまった、などというアクシデントも起こりかねない。

アンカーが着底したら、ある程度ロープをのばしてボートを止める。このときロープの角度が急過ぎるとアンカーが効かず、ボートは風や潮流で流されてしまう。海底が砂地のときはアンカーが効きにくいので、その場合ロープを長めに出し、海底からのロープの角度を30～35度以上とする。岩礁地帯ではアンカーがよく効くので、35～40度ぐらいでよい。

アンカーの根掛かり対策

場所変えや釣りを終えて、いざアンカーを上げようというとき、海底の岩礁などにアンカーがくい込み、外れなくなってしまうことがある。この場合、力まかせにロープを引いて外そうとするとボートが傾き、横波などを受けると大変危険である。

そんなときは次の2つの方法で対処してほしい。

①ボートを反対側に移動して1人は力い

アンカーが外れなくなったときの対処法

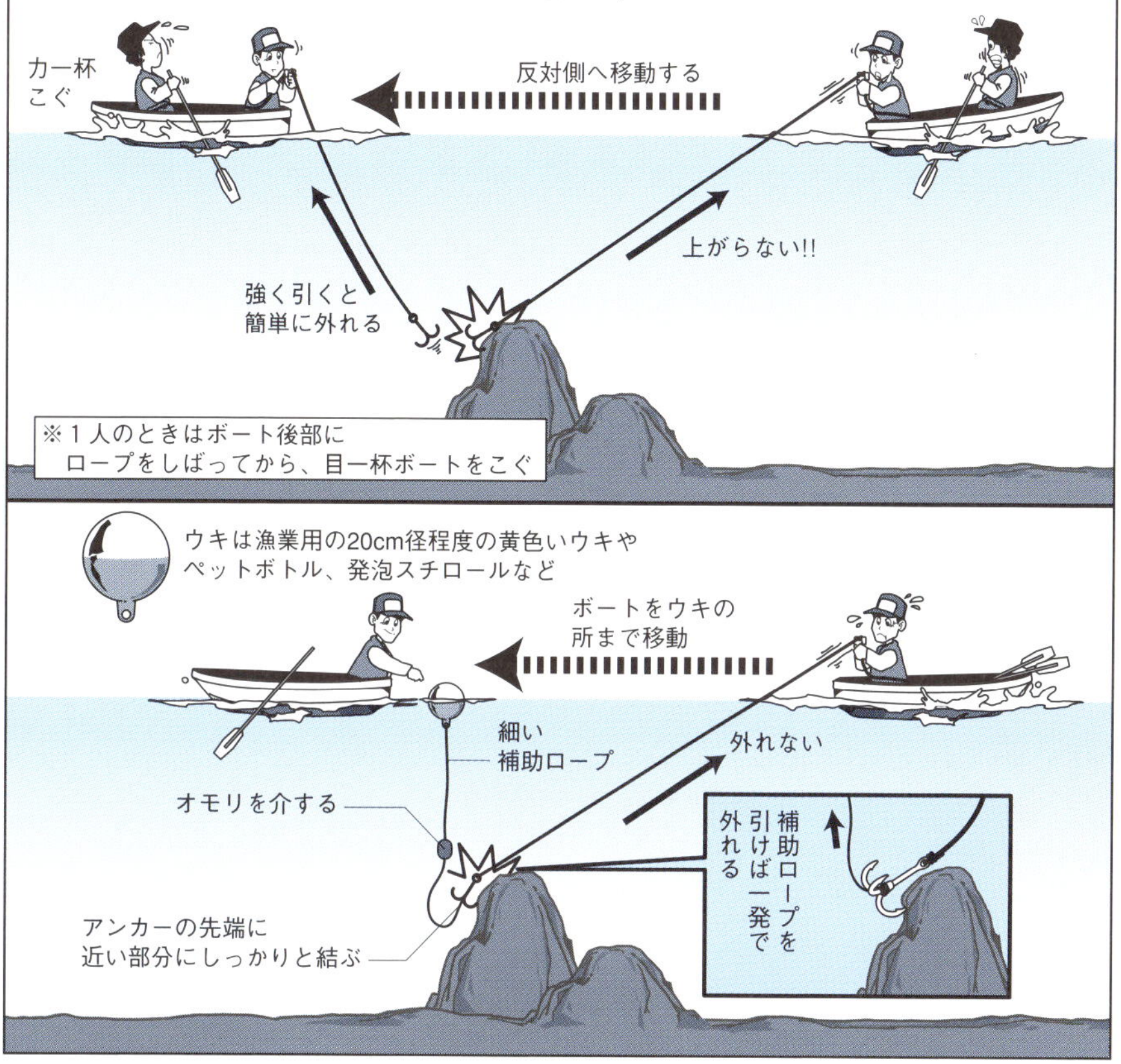
カ一杯
こぐ
反対側へ移動する
上がらない!!
強く引くと
簡単に外れる
※１人のときはボート後部に
ロープをしばってから、目一杯ボートをこぐ
ウキは漁業用の20cm径程度の黄色いウキや
ペットボトル、発泡スチロールなど
ボートをウキの
所まで移動
細い
補助ロープ
外れない
オモリを介する
補助ロープを
引けば一発で
外れる
アンカーの先端に
近い部分にしっかりと結ぶ

っぱいボートをこぎ、もう一人がボート後部からアンカーロープを強く引っ張るとほとんど外れる。1人のときは同様に移動したあと、ボート後部にアンカーロープを縛りつけて目いっぱいボートをこぐ。

②根掛かり対策として、上の図のようにあらかじめアンカーの支柱先端に細い補助ロープを取り付け、ウキ（ペットボトルや発泡スチロールでよい）を使って水面に浮かべておく。

この補助ロープを引けば、根掛かりしたアンカーを逆方向から抜き去ることになるので、まず100パーセント外れる。岩礁周りにアンカーを打って釣る場合はぜひ行っていただきたい。

なお、海底にロープが張ってある定置網やイケスのそばでは、絶対にアンカーを打たないこと。このロープや網などにアンカーが複雑に絡むと外れなくなる恐れがある。

ほか、マナーの問題として、周りのボートの邪魔にならない場所でアンカーを打つことも大切だ。

岩礁帯でのアジ狙いなどは、とかく1

カ所に好ポイントが限られてボートが集団になってしまう。こんなときは他のボートとアンカーロープの長さ（角度）を統一する必要がある。

長さが違うと、図のように風や潮流の向きが変わったときに隣のボートに接近したりロープが絡んだりすることもあるからだ。

もしそうなったら、先着のボートを優先させて、すみやかにアンカーを打ち直すのもマナーである。

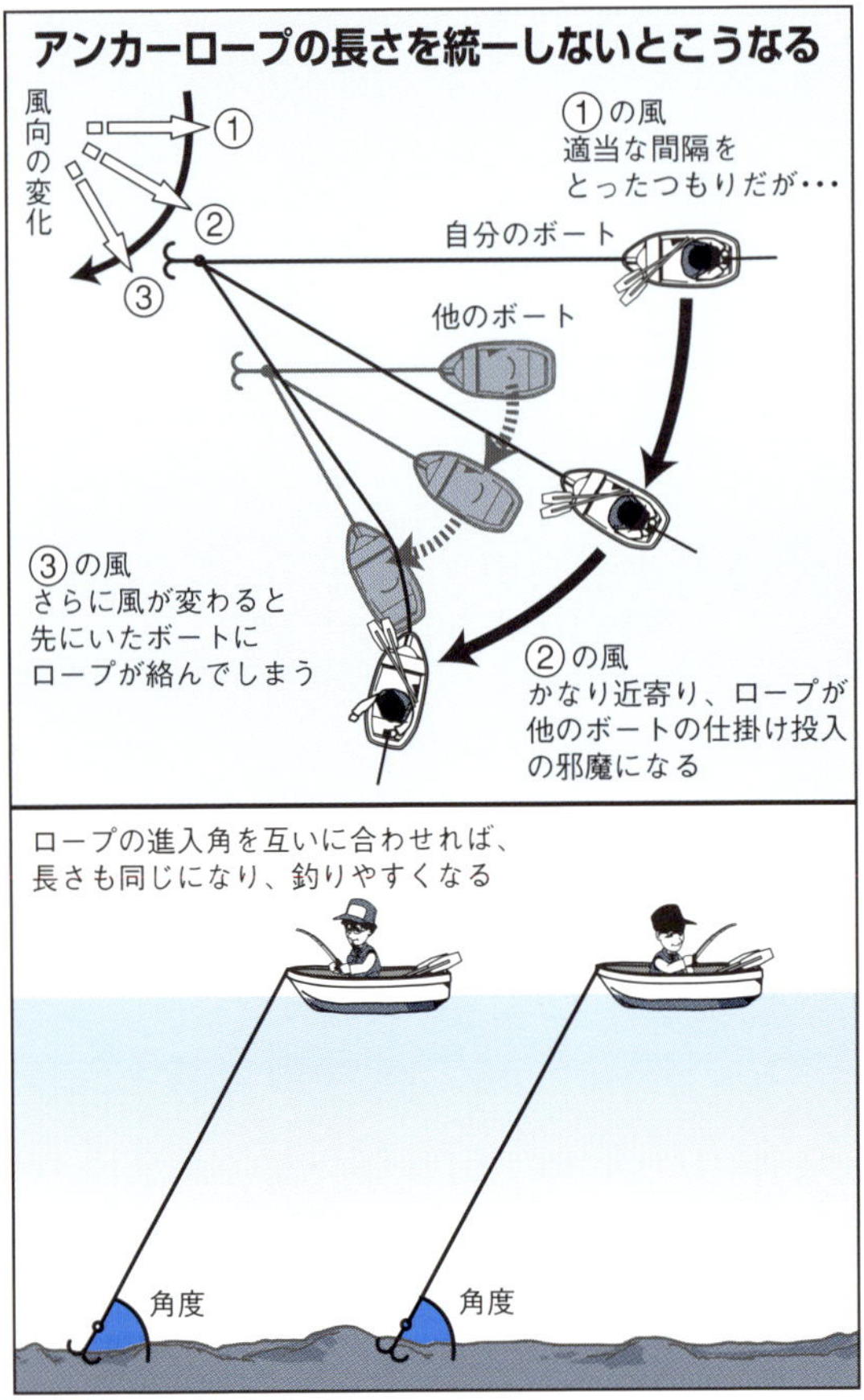

アンカーロープの長さを統一しないとこうなる
風向の変化
①
②
③
①の風
適当な間隔をとったつもりだが・・・
自分のボート
他のボート
③の風
さらに風が変わると
先にいたボートに
ロープが絡んでしまう
②の風
かなり近寄り、ロープが
他のボートの仕掛け投入
の邪魔になる
ロープの進入角を互いに合わせれば、
長さも同じになり、釣りやすくなる
角度
角度

潮読み

アンカーを打ったら、いよいよ釣りの開始である。シロギスを中心とした釣りの場合、仕掛けをボートから軽く投げて釣ることになる。

仕掛けが着底したら道糸を張り、魚のアタリを取るわけだが、このとき潮流の方向に投げたほうがアタリも取りやすく、能率よく釣ることができる。

潮流に逆らって投げ入れると、道糸もエサの付いたハリスもたるみ気味になり、アタリも取りにくい。エサだけ取られたり、たとえハリ掛かりしてもハリを深く飲み込まれたりして、能率が悪くなってしまう。

アンカリングしている場合、海面付近は風の影響で、ボートの後ろ方向に潮が流れているように見えるが、中層から海底は、かならずしも風と同じ方向に流れているとは限らない。

仕掛けの投入方向は、潮下方向（潮の流れている方向）プラスマイナス45度へ行うのが理想。潮の流れる方向を判断するのはけっこう難しいことなのである。

釣果は潮の読み方に大きく左右される

潮の流れの判断と仕掛け投入の方向

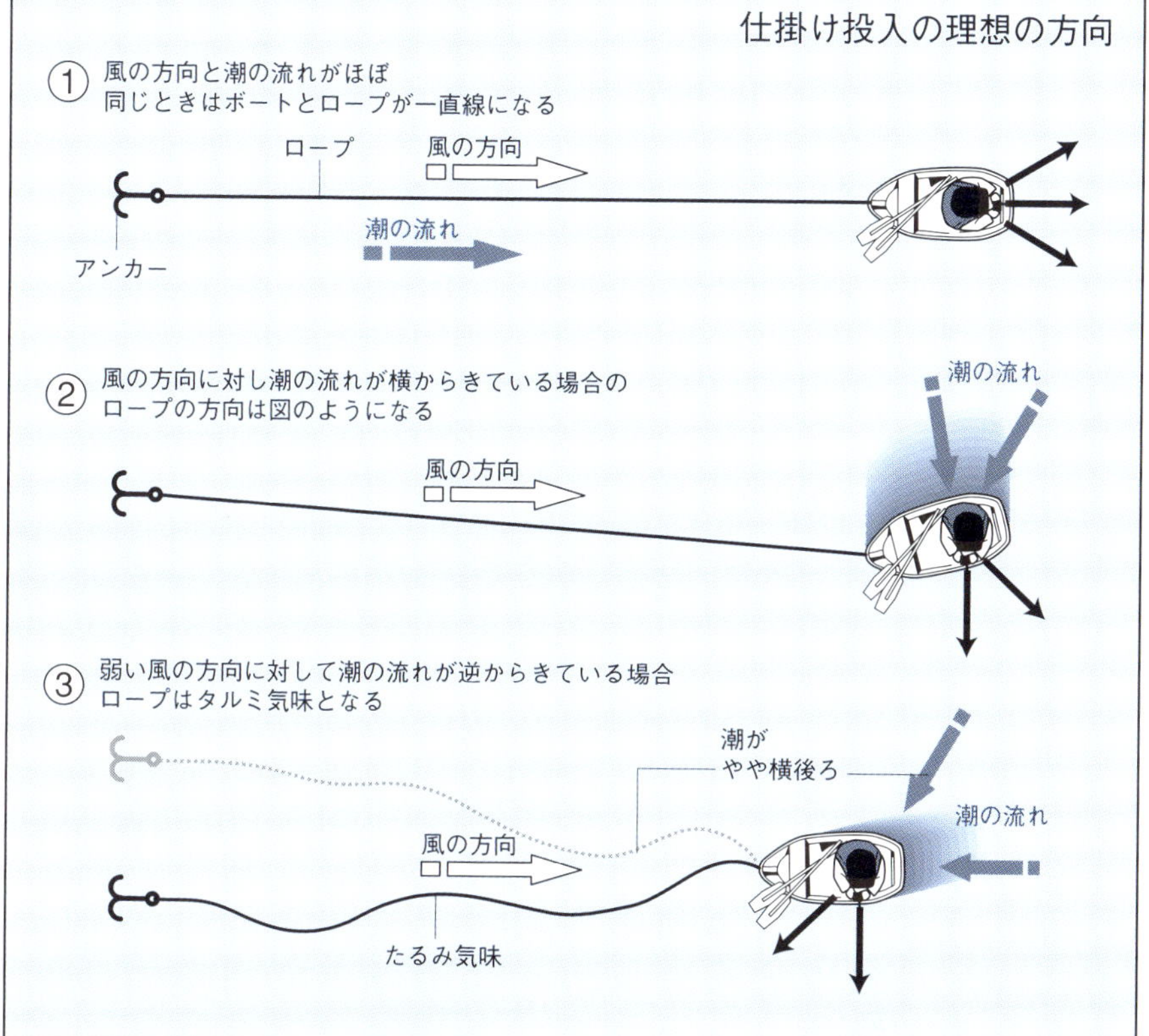
仕掛け投入の理想の方向
①風の方向と潮の流れがほぼ
同じときはボートとロープが一直線になる
ロープ
風の方向
潮の流れ
アンカー
②風の方向に対し潮の流れが横からきている場合の
ロープの方向は図のようになる
潮の流れ
風の方向
③弱い風の方向に対して潮の流れが逆からきている場合
ロープはタルミ気味となる
潮が
やや横後ろ
潮の流れ
風の方向
たるみ気味

ハリスの方向で
潮の方向をみる
砂を手でつまんで
海へ落としてみる
沈み具合で潮の
流れる方向をみる

BOAT

子供連れ釣行の船酔い防止策

船酔いしないためには、風向きを読んで釣り場を選ぶのもコツ

ボート釣りでは波の高い海へ出るということはまずないので、めったに船酔いすることはない。それでも子供は、ちょっとした揺れで船酔いをすることも考えられるので、それに対する知識も必要である。

　船酔いは個人差があり、子供のころからまったく酔わない人、電車やバスに乗っただけでもすぐ酔ってしまう人と様ざまである。

　船酔い（乗物酔い）は、自律神経の失調で起きるものである。人間（動物）は自分で動くのがあたりまえで、飛んだり跳ねたり、自分の意志で動く場合には決して酔うことはない。

　しかし、機械や自然界の力が乗物を動かし、人間がそれによって動かされた場合、体の動きと心の動きが逆方向へ働いてしまう。

　たとえば、人間が自分の力で走りながら右へ曲がれば、体も心も右へ向いている。乗物に乗って乗物が上下に激しく動いたり、曲がったりすれば、体は反対方向へ動かされ、ひっくり返ったりしてしまう。

　要するに、むだなエネルギーが体に働いているわけで、これが自律神経をマヒさせ、精神的な不安が生じて酔ってしまうというわけである。

　船酔いは精神的なことで大きく左右されるので、その状況によって、症状がずいぶん異なるものである。親が波を怖がったり、ボート釣りは危ないなどと、子供に心理的な不安を与えることがければ、船酔いの心配はまずないはずだ。

　それでも心配な場合は、乗り物酔い止めの薬を用意しよう。また、絶対安全な日和を選んで出かけたり、3方向を山や大きな堤防に囲まれている湾など懐が深く、風や波の出にくいボート釣り場を選ぶのもよい方法だ。

　ただし、このような釣り場でも港への漁船の航路近くは、船の通過時にけっこうな波が出る。航路近くでは釣りをしないようにしよう。

波の出にくいボート釣り場を選ぶことも、船酔い対策として重要

BOAT

第2章
ポイントの探し方

広大な釣り場の中でも、魚がよく釣れるポイントというのは限られている場合が多い。
ここでは、そのようなポイントを探し出すための
様ざまな方法について詳しく説明してみよう。

BOAT

ポイントの決め方と山ダテ

山ダテがうまくできれば名船頭。この善し悪しで釣果に差が出る

ボートをこぎ出したら、どこで釣るかが一番大切。よいポイントを探し当てるということは、その日の釣果に大きく影響し、釣りの楽しさを大きく左右する要因となるからだ。

初めての釣り場の場合、ボートをこぎ出す前にボート店の人にポイントの概要を聞くというのが普通である。しかし、最初のうちはそれだけでは、なかなかポイントをうまくつかめない。

砂地の魚を狙うか岩礁帯にいる魚を狙うかで、まず大きく分かれるわけだが、ボート釣り場の70パーセント前後は砂地である。残りが岩礁や岩盤、ゴロタ石、それに藻のある所となる。

岩礁帯、いわゆるよい根のあるポイントを見つけるのは大変難しい。そのため、初めての海ではシロギスを中心とした釣りから始めるのが無難だ。

シロギスは砂地に広く分布し、水温が高くなると、どんどん浅場に入ってくるため狙いやすくなる。ボート釣り入門にはピッタリの魚である。

砂地に広く分布しているといっても、たくさんのシロギスが集まる所や大型がよく釣れるポイントがある。その釣り場に精通したベテランは、そのようなポイントへピタリとボートを入れ、すばらしい釣果を上げている。

初めての釣り場であまり釣果が上がらない場合は、決してあきらめず、マメにポイントを変えたり、周りの釣れ具合をよく観察することが大切だ。

よく釣れているポイントには、自然とボートが集まっているもの。そのようなポイントを見つけたら、先に入っているボートのじゃまにならないよう考慮し、ひと言あいさつしてから近くで釣るのが好釣果につながる方法だ。

また風のないベタナギの日は、アンカーを上げ、ボートを流しながらポイントを探すのもおもしろい。

砂地で釣っていても、いつのまにか根のあるポイントに入っていたりして、たとえシロギス仕掛けでも色いろな魚が釣

よく釣れるポイントには自然とボートが集まるものだ

山ダテの方法

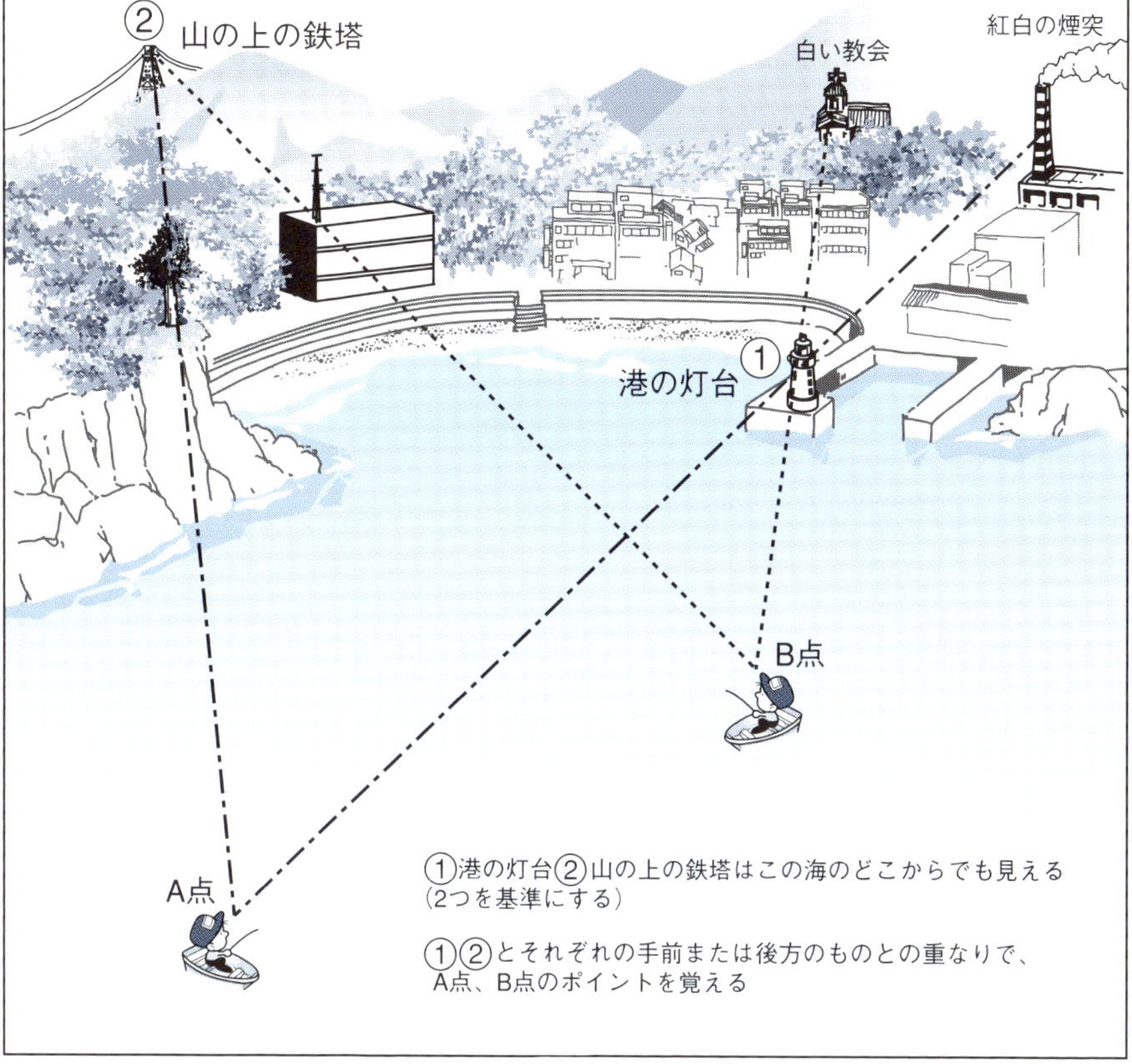
②山の上の鉄塔
白い教会
紅白の煙突
①港の灯台
B点
A点
①港の灯台②山の上の鉄塔はこの海のどこからでも見える
(2つを基準にする)
①②とそれぞれの手前または後方のものとの重なりで、
A点、B点のポイントを覚える

れてくる。

釣れてくる魚の種類や根掛かりの状態で、海底の状況も判断できるようになり、アジのポイントを発見するということにもなる。

このようにしてよいポイント、自分の気に入ったポイントを見つけたら、その場所を正確に覚えることが、次回の釣行に大いに役立つ。

大体この辺だという覚え方では、広い海の上のこと、次回にそこへ入ったつもりでも大きく狂っていて、こんなはずじゃなかった、ということになってしまう。よいポイントは、昔から漁師が行っている「山ダテ」という方法で正確に覚えるようにしよう。

そのポイントから陸地に向かって2方向（90度前後が望ましい）の目立つ2つのもの（建物、燈台、鉄塔など）を決め、それに重なる他のもので、その場所を正確に定める。これが山ダテである。

このとき必ずメモを用意して記録する。これが次回の好釣果につながるのだ。山ダテのメモはぜひ作りたい。

BOAT

流し釣りでポイントを探る

流し釣りは好ポイントを発見する最も有効な手段だ

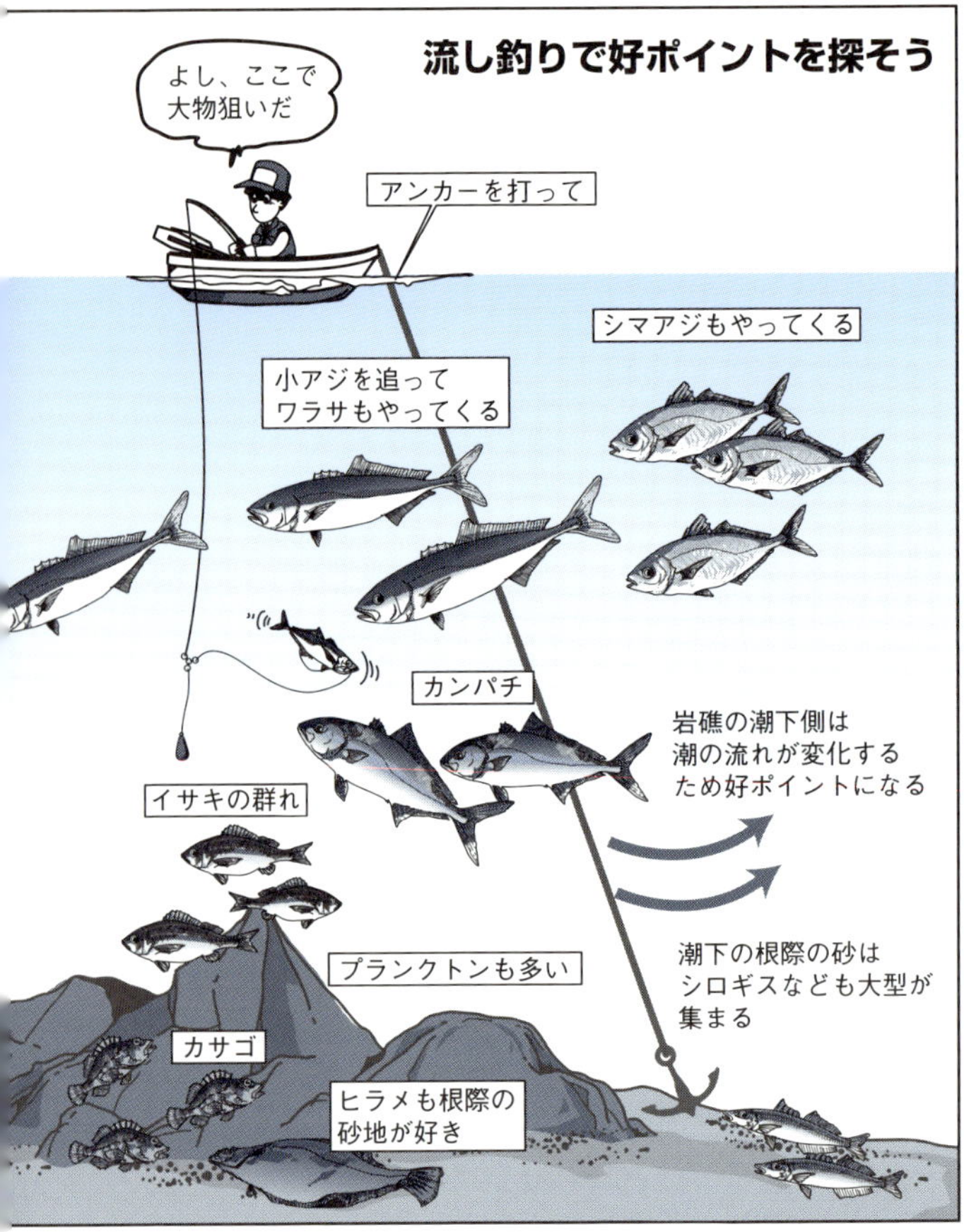

流し釣りで好ポイントを探そう
よし、ここで大物狙いだ
アンカーを打って
シマアジもやってくる
小アジを追ってワラサもやってくる
カンパチ
岩礁の潮下側は潮の流れが変化するため好ポイントになる
イサキの群れ
プランクトンも多い
潮下の根際の砂はシロギスなども大型が集まる
カサゴ
ヒラメも根際の砂地が好き

海底は大きく分けると砂地と岩礁帯があり、それらの環境に合った魚が住み分けている。ところが、砂地を好む魚でも平坦で何の変化もない砂地よりも、ちょっとしたカケ上がりやヨブ、岩礁の周りの砂地（根際）など変化がある所に集まることが多い。

海底に変化があると潮流が渦を巻いたりして、プランクトンなども溜まりやすい。そんな場所には環虫類や小さなエビ類も集まり、当然それを食べる魚も寄ってくるわけだ。

くぼみや岩陰は魚が身を隠す場所にもなるし、岩礁周りに生える藻場は魚たちの産卵場所にもなっている。

そして、ぜひ見つけ出したいのが高低差のある険しい岩礁帯（高根）である。プランクトンも豊富に湧き、様ざまな小動物の住み家になる。つまり、魚たちのエサの宝庫なのだ。

こうした魚たちの一大拠点となる岩礁帯を見つける最も有効な方法が、ボートをゆっくりと流しながらの「流し釣り」である。ただし、この方法は風のほとん

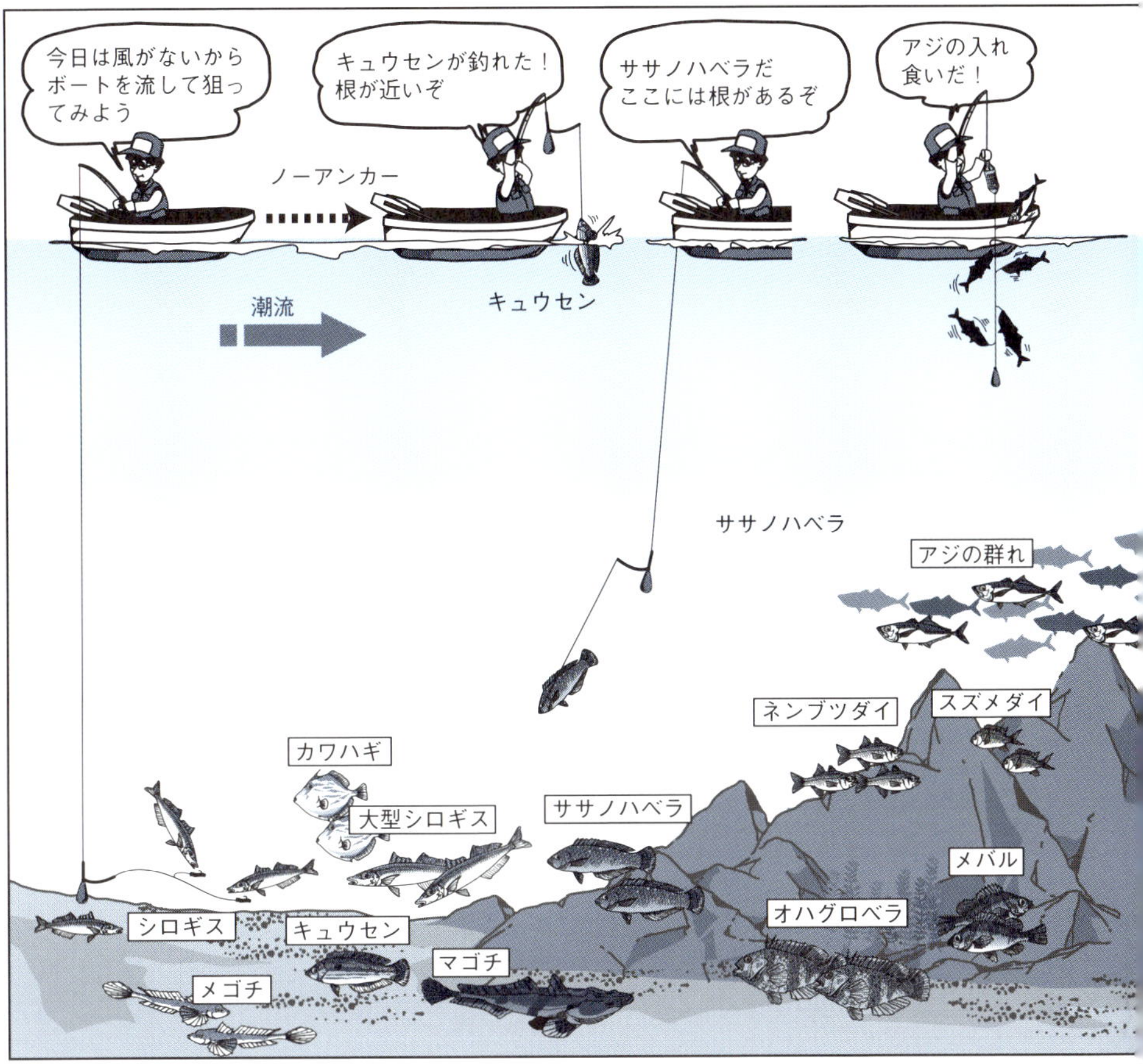

どないナギの日に行うのが原則。風が強いとボートがどんどん流されて危険だし、道糸が斜めに入ってしまう（ボートに仕掛けが引きずられる）ので、まったく釣りにならない。

用意するのは小型の片テンビンに2本バリを付けた、ごく普通のシロギス仕掛け。これを船下に沈め、ボートを流しての探り釣りのスタイルをとる。

マメにオモリで海底を確認してやると、砂地ならトントンと軽い感触があるし、泥地ならズボズボとオモリが埋まる感じがする。もちろん、岩礁になればコツコツと硬い。

根掛かりした場合、引っ張ってもビクともしないならば岩礁、ジワーッと重たい感触ならば藻場といった具合に判断できる。これは経験を積むほど細かく識別できるようになってくる。

釣れた魚で海底を判別する

釣れ上がる魚種でも砂地、根際、岩礁と、ある程度は判別できる。砂地ならシロギスはもちろん、メゴチやヒメジが釣れてくるし、根際に近づくとカワハギのヒット率が高まる。

　特におもしろいのがベラ類で、キュウセンが根の近くの砂地に数多く生息しているのに対し、ササノハベラは険しい岩礁の中や根際に生息している。

　つまり、この2種の釣れ具合で岩礁周りの砂地か、岩礁帯の中なのかをある程度判断できる。

　付け加えるとベラ類でもちょっぴりグロテスクな姿のオハグロベラも岩礁の中

同じベラの仲間でもキュウセンは砂地に多く生息する

に住むが、さほど険しい岩礁ではなくなく、藻が生えているような場所を好む傾向があるようだ。
　岩礁の真上にボートが入ると、ベラ類のほかカサゴやメバル、中小型のハタ類が釣れたり、ネンブツダイやスズメダイなどの小魚もうるさいほど釣れてくることがある。
　流し釣りでは水深の変化をこまめにチェックするのも大切で、道糸は1メートルごとにマーキングされているＰＥなど

よく釣れるポイントには自然とボートが集まるものだ

を使いたい。特に岩礁帯は高低差が大きくなり、ときに4～5メートル以上の急なカケ上がりがある。

　このような所はアジや小型のイサキが群れやすい好ポイント。もし仕掛けに食いついてきたら、すぐに山ダテしてポイントを覚えるか、ＧＰＳに記録しておくこと。

　さらに、アジなどが群れている岩礁帯はかなり高低差のある有望な根であるケースが多いので、最も高い根（高根）を探し出したい。高根の周りはアジやイサキが最も群れやすいし、季節によってはワラサやカンパチなどの大物も狙えるベストポイントだからだ。

　少しずつボートを左右、前後、あるいは小さく輪を描くように進めて、水深だけをチェックしながら高根を探し当てたら、しっかりと山ダテやＧＰＳでそのポイントを正確に記録する。これで、あなたのボート釣りの大きな財産が1つ増えることになる。

　次のページからは具体的な流し釣りの方法を数種紹介しよう。

METHOD 1 ノーアンカーでの流し釣り

無風に近い穏やかな日に行える、最も気軽な方法

ボート釣りはアンカーを打って行うと決めつけている方も多いが、風のほとんどない日はアンカーを上げ、ノーアンカーの流し釣りをすると思わぬ好釣果が得られることがある。

ポイントが広く探れるので、砂地で釣れるシロギスなども、入れ食いになるポイントに出あったりもする。

しかし、この流し釣りは、天候や海況をしっかり把握していないと危険をともなうこともある。強風下ではもちろん行ってはならないし、風はなくても潮流が速いとけっこう大きく移動し、気づかないうちに定置網や、ノリ棚、ワカメ棚などに近づいてしまったり、沖へ流されてしまうこともある。

港近くでは漁船や貨物船の本船航路へ近づくことも大変危険であるため、周りの山や陸地の目印を見て、ボートがどの方向へ、どのぐらいの速さで流れているかをよく把握していなければならない。

また、多数のボートがひしめきあっている場所では、迷惑がかかるので流し釣

ノーアンカーの流し釣りは無風ベタナギが条件

いくら釣れても、強い風のときは流し釣りをしてはいけない。どんどん流されて、岸へ戻れなくなる。

りはやめるように。

　さて、流し釣りの最中に好ポイントを見つけても、そのままボートを流しっぱなしにしては意味がない。すみやかにボートをポイントの上側へ戻して付近を徹底的に探ってみる。運よく入れ食いになれば、自分で見つけた極秘ポイントとし、必ず山ダテをメモしたりGPSに記録することを忘れないように。

　次回の釣行で、風が少しあって流し釣りに不向きの日に当たっても、迷うことなく山ダテしたポイントに向かいしっかりとアンカリングして釣れば、自分だけが入れ食いなどということもある。

　ごくまれなケースだが潮流、風とも動かずボートがぜんぜん流れないことがある。こんなときは魚の食いも悪いことが多いので、少しでもハリのエサを魚にアピールするために仕掛けを投げて誘いをかけたり、生きのよいエサを選んだり、付けエサの量を多くするなどの食い渋り対策をとってみる。

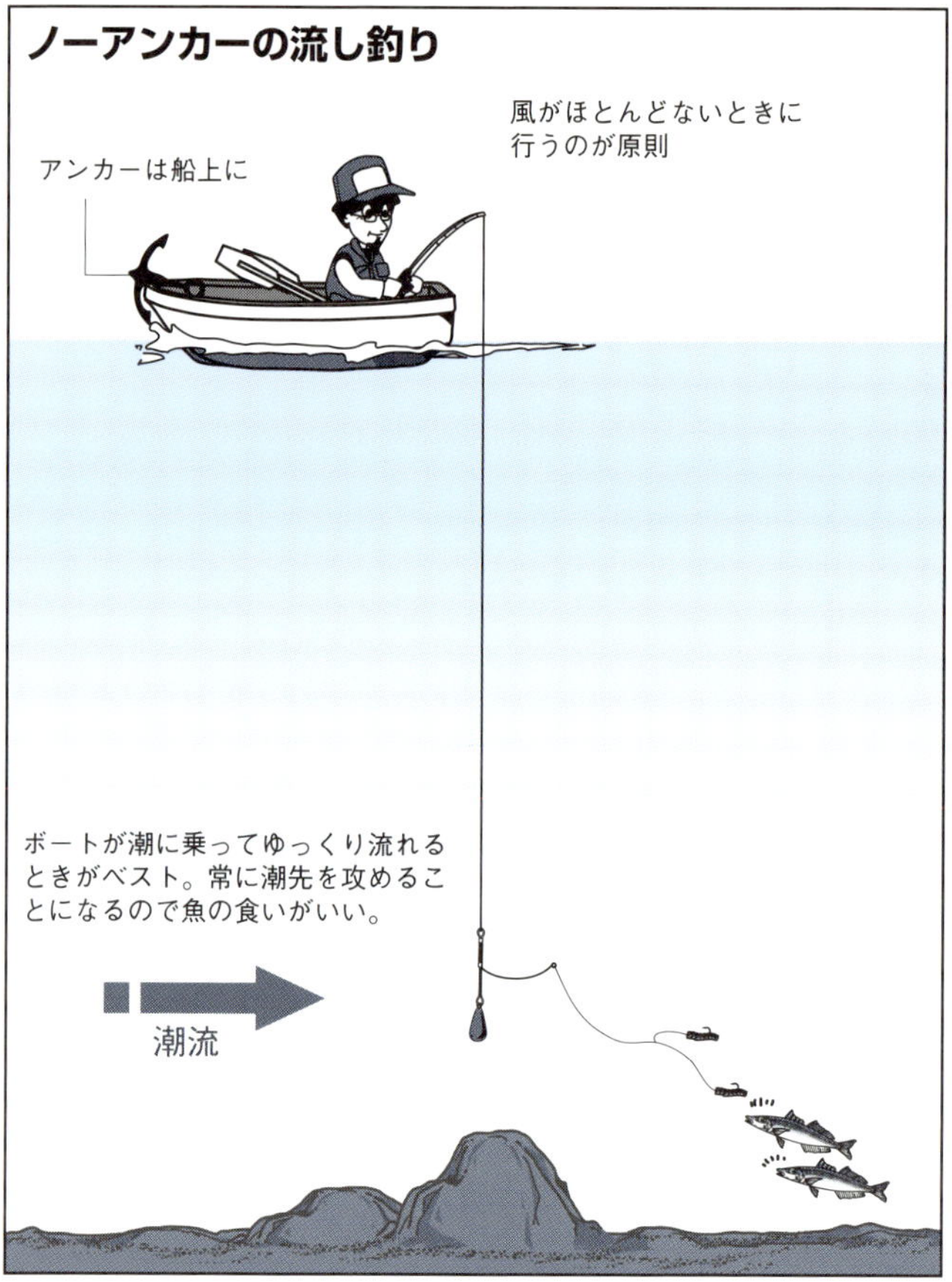
ノーアンカーの流し釣り
風がほとんどないときに
行うのが原則
アンカーは船上に
ボートが潮に乗ってゆっくり流れる
ときがベスト。常に潮先を攻めるこ
とになるので魚の食いがいい。
潮流

本船航路付近での流し釣りは危険

METHOD 2 アンカー引きずりの流し釣り

砂地でボートをゆっくりと流したいときに有効

文字どおりアンカーを海底に引きずりながらボートを流す方法。多少、風や潮流が強くてもゆっくりとボートを流すことができる。ただし、海底にロープが入っている漁業施設の周りや起伏の激しい岩礁帯では当然ダメ。ほぼ平らな砂地のポイントでの限定釣法である。アンカーも重量があって設置面積の大きい石、ブロック、コンクリート製のものに限ると言っていい。

通常はアンカーを真下に着底させてロープを張り、底を引きずるようにする。それでもボートの流れ方が速すぎるときは少しだけロープを出し、やや斜めにアンカーを引きずると効きがよくなる。

注意したいのは、浅場から深場に向かって流される場合、深くなるにつれアンカーが海底から浮いてしまい、ほとんど効かなくなってしまう。逆に深場から浅場に流されると、アンカーが引っ掛かってボートが止まってしまう。つまり、水深の変化に絶えず気を配り、アンカーが常によい状態で接地するようにロープで調節すること。

釣りの際に気をつけたいのは、魚が掛かったら仕掛けが絡まないよう、できるだけロープから離してヤリトリすること。マゴチなど大物狙いの置き竿もロープから離れた場所に出す。

アンカー引きずりの流し釣り

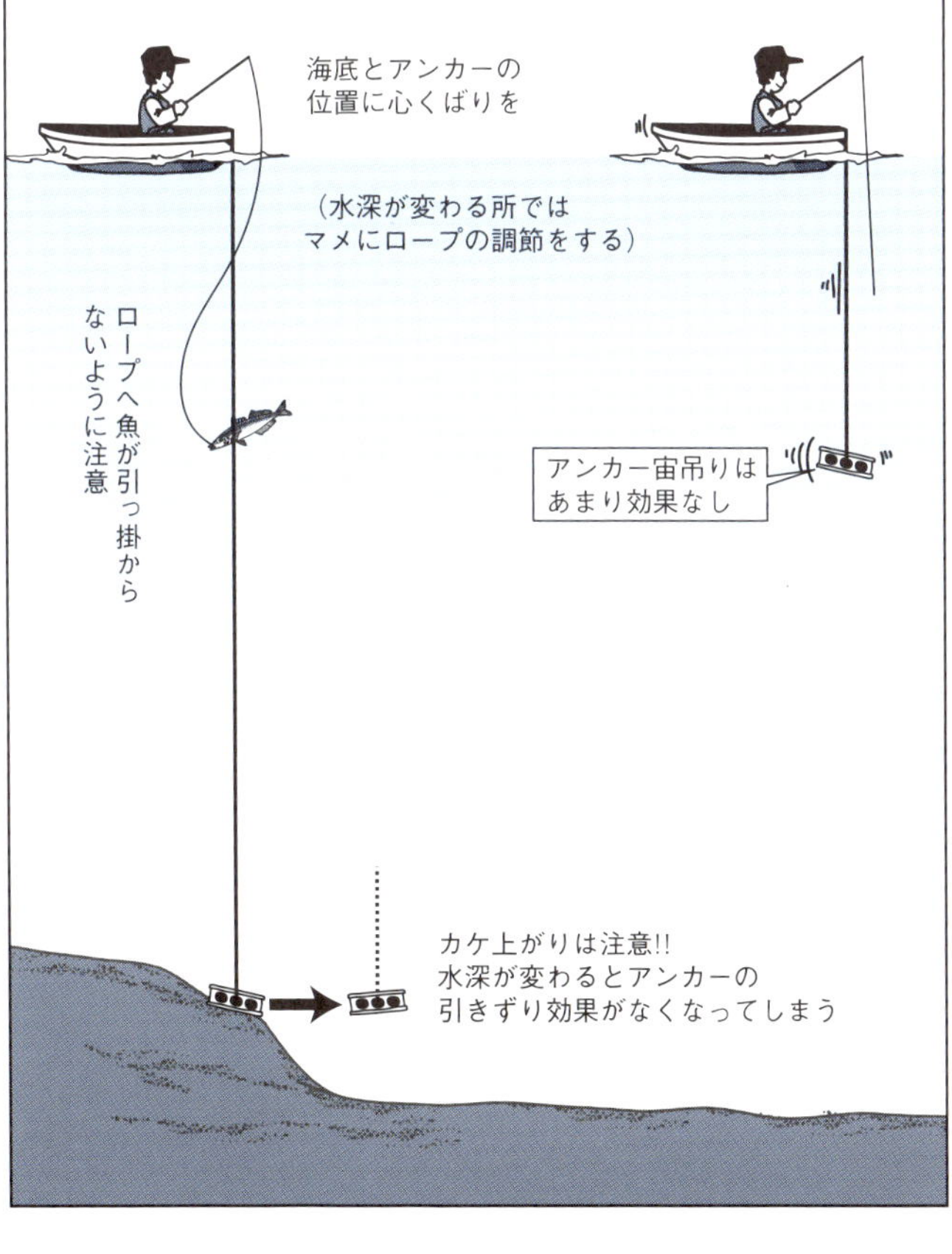
海底とアンカーの
位置に心くばりを
（水深が変わる所では
マメにロープの調節をする）
ロープへ魚が引っ掛からないように注意
アンカー宙吊りは
あまり効果なし
カケ上がりは注意!!
水深が変わるとアンカーの
引きずり効果がなくなってしまう

METHOD 3

アンカリングしての流し釣り

一定の範囲を集中的に攻める!!
カワハギ、カサゴ狙いに威力を発揮

アンカーを打って流し釣り!? アンカーを打ったらボートが固定されてしまうから流し釣りなんてできないよ、と思う方もいるだろう。

ところが、ロープを出し入れする動作を利用すれば、小範囲ながらポイント上を流して狙うことができるのだ。

ここぞと思う好ポイント上を繰り返し攻めるのにピッタリで、根際にいるカワハギや岩礁帯のあちこちに潜んでいるカサゴ釣りなどで威力を発揮する。方法は図を見ていただければ一目で分かるだろう。

あまり深い海域ではやりにくいが、水深10～15メートル以内なら効果は十分に望める。ただし、ボートが多数集まっている所では、迷惑をかけるので行ってはならない。

水深10～15メートルのポイントを流すなら、アンカーロープの全長は30～40メートル程度はほしい。ボートに備えつけのロープが短いときは、ボート店に取り替えてもらうなり、持参するなりしたい。

この場合、アンカーを打った場所を基点にすると、30メートル前後の距離を流し釣りすることができる。さらに風向や潮流の変化でボートが左右に振られるおかげで、実際には図のように扇形の範囲を広く深れるのである。

風のないときであればアンカーの基点よりさらに上側までボートを戻し、より広範囲を攻めることもできる。なお、ロープがボートの真下（船首から船尾方向）に入ると仕掛けが引っ掛かってしまうので、絶えずロープが斜め横に見えるように操船しながら竿を出してほしい。

この流し釣りは、風あるいは潮流が強くてボートが速く流れすぎる場合でも、ロープに抵抗をかければ簡単にスピードをコントロールできるという利点もある。

根際を狙えばカワハギも釣れる

足でロープを押さえたり、片手に竿、片手にロープを持って少しずつ送り出すなどして、釣りやすいスピードでボートを流せるわけだ。魚がヒットしたらロープを止めて、じっくりとヤリトリを楽しむこともできる。

言うまでもないが、狙ったポイントを

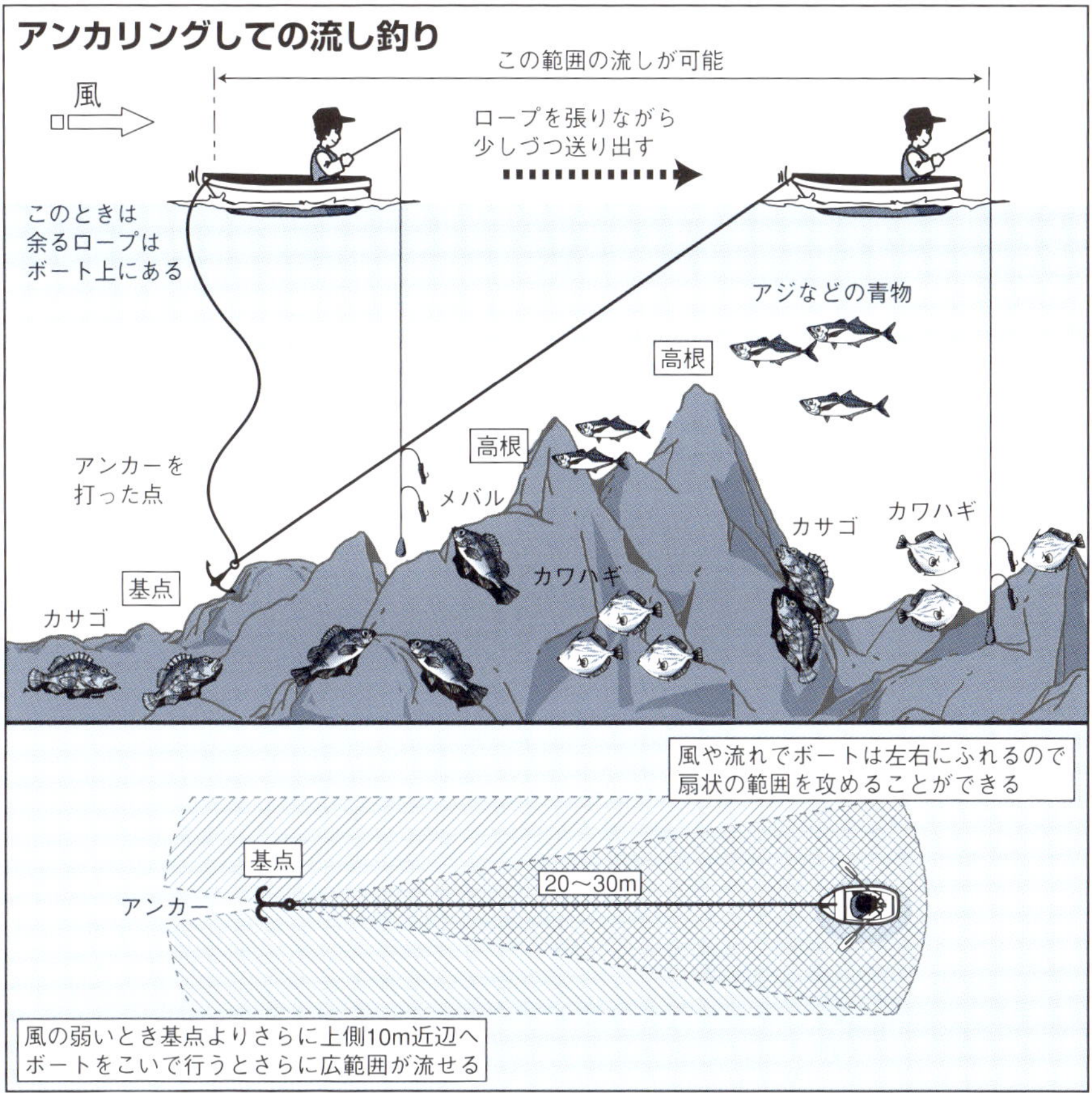
アンカリングしての流し釣り
この範囲の流しが可能
風
ロープを張りながら
少しづつ送り出す
このときは
余るロープは
ボート上にある
アジなどの青物
高根
高根
アンカーを
打った点
メバル
カサゴ
カワハギ
カワハギ
基点
カサゴ
風や流れでボートは左右にふれるので
扇状の範囲を攻めることができる
基点
20〜30m
アンカー
風の弱いとき基点よりさらに上側10m近辺へ
ボートをこいで行うとさらに広範囲が流せる

ボートが通過するように、アンカーはその風上、潮上に打つこと。例えば、カワハギなら根際に沿うように、カサゴなら岩礁やゴロタ石が広がっている真上を流れるように、アジなどの回遊魚狙いなら険しい高根を通過するように、潮流と風向を読んでアンカリングしたい。

高根を通過するように流せばアジも狙える

METHOD 4

パラシュートアンカーでの流し釣り

効果はバツグン。深場も狙えるおすすめアイテム

ボートを海上に浮かべるとボートはいずれかの方向へ少しずつ、あるいは意外に速く流されていく。ほとんどは風によって押し流されるわけだが、潮流によっても当然流される。

風に押されて流されると、船下に下ろした仕掛けは次第に斜めに引きずられ、あまりボートが速く流されると仕掛けが海底に届かなくなってしまう。

風がなく単に潮の流れによってボートが流される場合は、けっこう潮が速くても仕掛けも潮に乗って流されるので、船下に真っすぐ入り釣りやすい。しかも魚もよく釣れることが多い。

そして、風があってもその影響を抑え、潮に沿ってボートを流す役割を果たしてくれるのがパラシュートアンカーである。海中にパラシュート型の布を広げて入れると、風で流されていくボートにブレーキをかけると同時に、潮の流れに乗ってボートを引っ張っぱろうとする力が働くわけだ。これなら、アンカーの届かない深場でも流し釣りを楽しめる。

風の強さとボートの大きさ、そしてパラシュートアンカーの大きさにより効き目は変わるが、手こぎボートで使うのに適したパラシュートの大きさは、直径1〜1.5メートルくらい。

パラシュートは図のように、中央に海中に沈めるためのオモリを付け、ウキを使って宙層に帆を張る形にする。ウキとパラシュートの間のロープの長さは、2〜2.5メートルは取ること。短すぎると水面近くを漂うことになり、風や波の影響で効きが悪い。

また、パラシュートが大型になるほど効きがいい反面、船上に引き上げるのに重労働となるため、ウキに引き上げ専用ロープを付けておくと便利だ。

ウキに引き上げ用ロープを付けた型のものは、水中に流し入れるときはまずウ

パラシュートアンカーを使えば、風があってもボートが潮に乗ってゆっくり流れるので釣りやすい

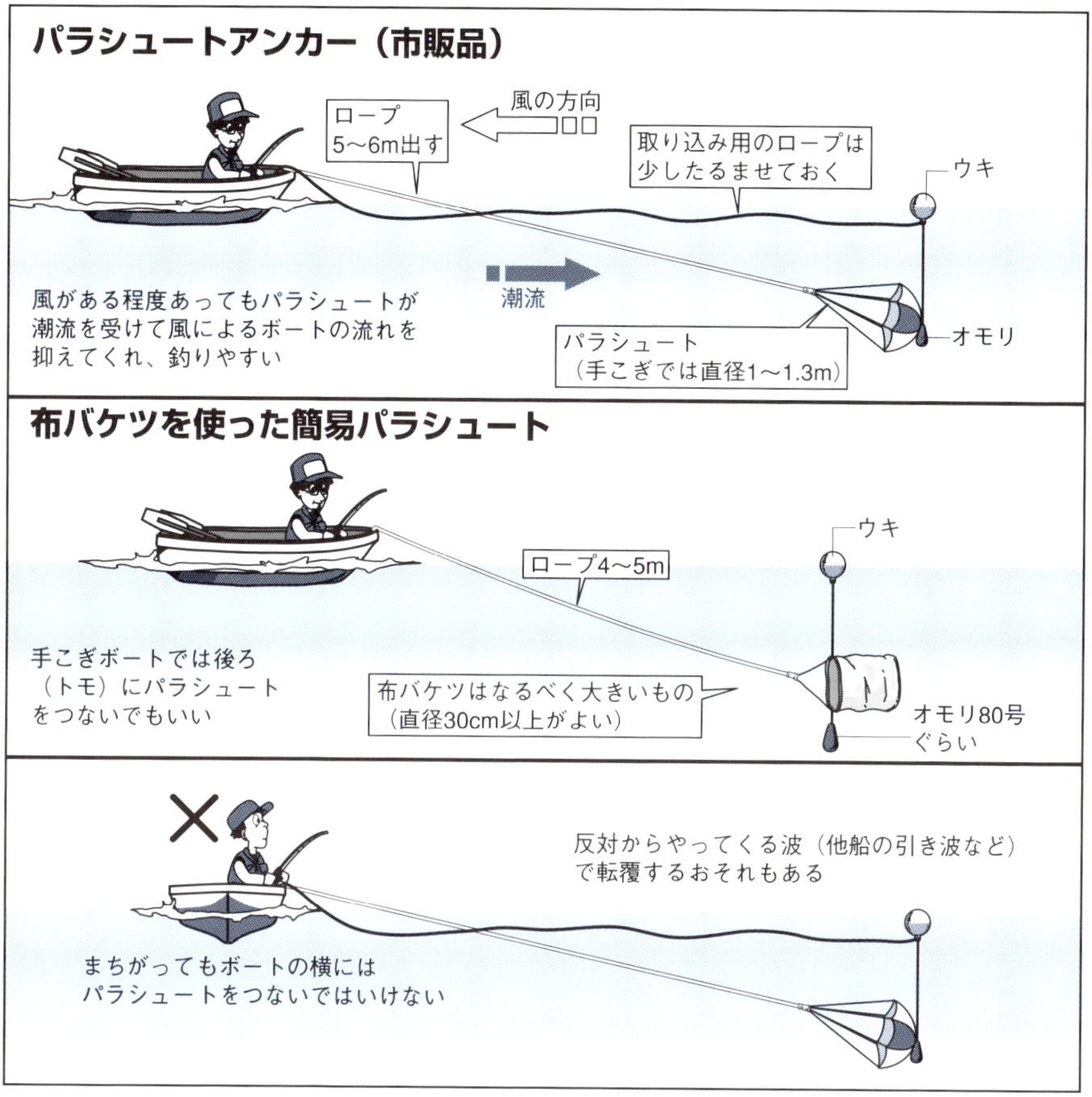
パラシュートアンカー（市販品）
ロープ
5〜6m出す
風の方向
取り込み用のロープは
少したるませておく
ウキ
潮流
風がある程度あってもパラシュートが
潮流を受けて風によるボートの流れを
抑えてくれ、釣りやすい
パラシュート
（手こぎでは直径1〜1.3m）
オモリ
布バケツを使った簡易パラシュート
ウキ
ロープ4〜5m
手こぎボートでは後ろ
（トモ）にパラシュート
をつないでもいい
布バケツはなるべく大きいもの
（直径30cm以上がよい）
オモリ80号
ぐらい
反対からやってくる波（他船の引き波など）
で転覆するおそれもある
まちがってもボートの横には
パラシュートをつないではいけない

キを投げ入れ、そのロープをたるませ気味に送りながらパラシュート本体をオモリからすみやかに入れる。互いのロープが絡まないよう注意し、5〜6メートル先にパラシュートを広げてロープをボートに固定する。

パラシュートからのロープは間違ってもボートの横に結ばないこと。パラシュートアンカーに引かれてボートが傾き、ちょっとした横波を受けると転覆する恐れがある。ミヨシ（船首）に結ぶのが基本だが、手こぎボートでは後ろ（トモ）に結んでもかまわない。

手こぎボートに合うサイズの市販品もあるが、風がごく弱いときは布バケツや大きめのビニール袋を代用した簡単なものでもある程度の効果があり、仕掛けが浮き気味になるのを防いでくれる。

なお、パラシュートアンカー使用の流し釣りも、潮の流れや速さには絶えず注意し、沖へ流されたり定置網や他船に接触しないよう気を配ること。定置網などのロープに絡むと、取り外し困難となるので注意してほしい。

お手軽パラシュートの作り方

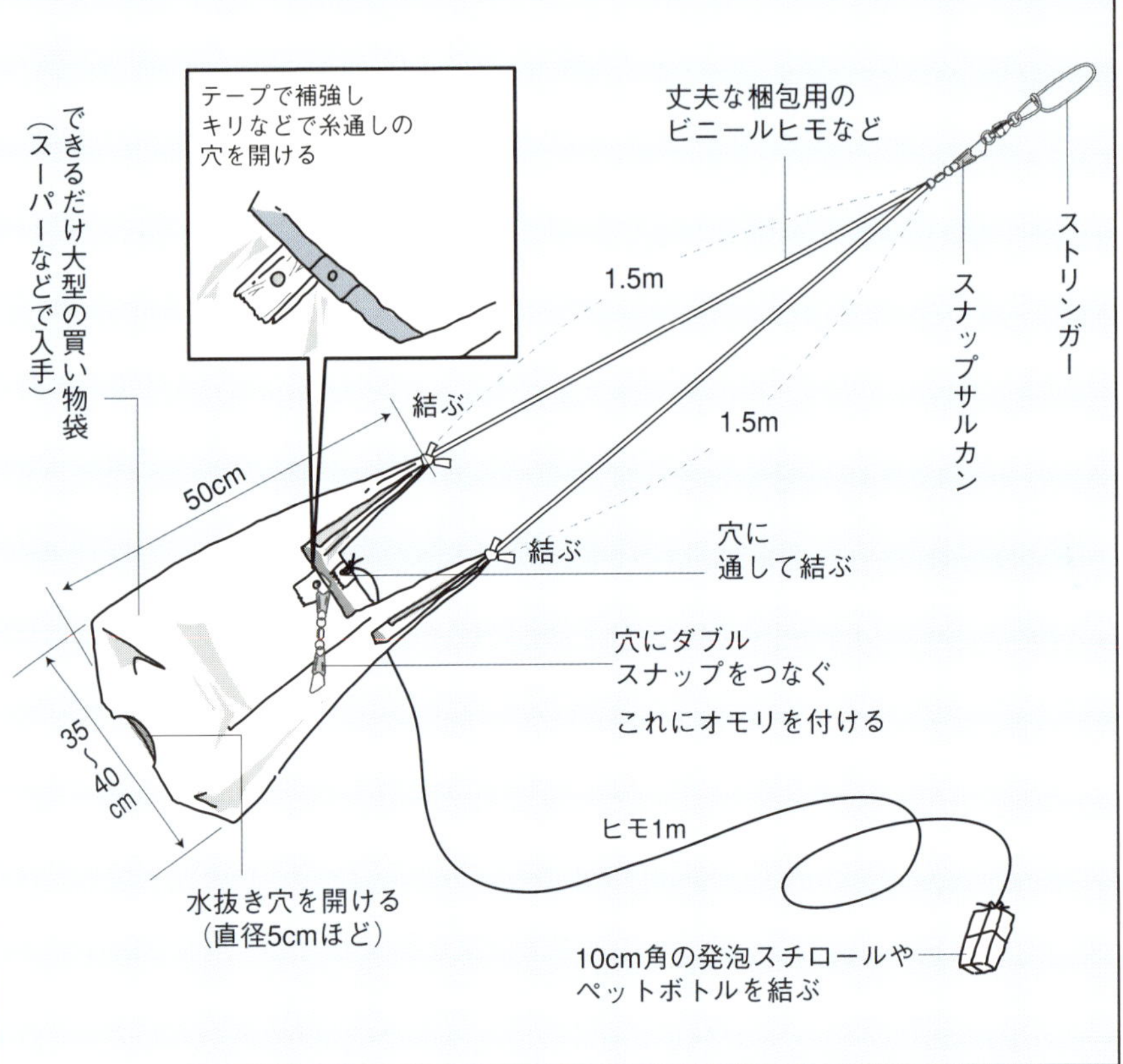

テープで補強し
キリなどで糸通しの
穴を開ける
できるだけ大型の買い物袋（スーパーなどで入手）
丈夫な梱包用の
ビニールヒモなど
1.5m
1.5m
ストリンガー
スナップサルカン
結ぶ
結ぶ
50cm
穴に
通して結ぶ
穴にダブル
スナップをつなぐ
これにオモリを付ける
35～40cm
ヒモ1m
水抜き穴を開ける
（直径5cmほど）
10cm角の発泡スチロールや
ペットボトルを結ぶ

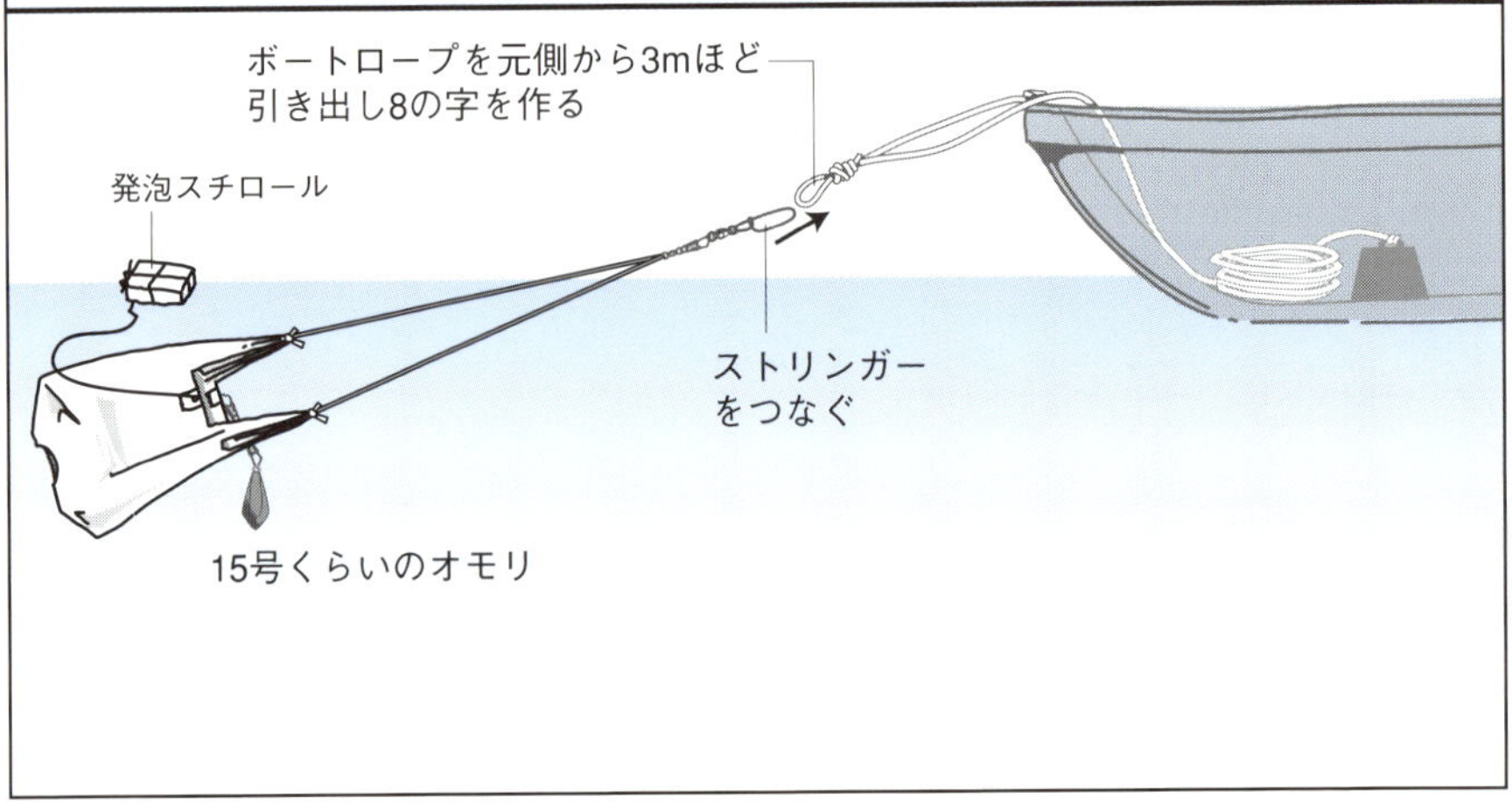

ボートロープを元側から3mほど
引き出し8の字を作る
発泡スチロール
ストリンガー
をつなぐ
15号くらいのオモリ

BOAT

第3章

ボート釣り タックル&アイテム

ボート釣りだからといって、特別なタックルは必要ない。
とはいえ、楽しい釣りをするには、そこそこの道具はそろえたいもの。
ここでは竿やリールをはじめとしたボート釣りアイテムを紹介しよう。

BOAT

ボート釣りに適した竿とは

入門者にはコンパクトなボートロッドがおすすめ

竿の調子は胴調子と先調子に大別される。前者は竿の中央部から大きく曲がるタイプ。後者は胴は比較的しっかりとしていて、穂先の部分2〜3割が曲がるタイプで、俗に７・３調子、８・２調子などといわれている。

　カワハギ釣りのように微妙なアタリを取り、瞬間的に強く合わせてハリ掛かりさせる釣りには先調子竿が適しているが、一般的には胴調子のもののほうがハリ掛かりした魚のバラシやハリス切れが少なく使いやすい。

　最近は伸びの少ないＰＥの道糸と組み合わせて使用するケースも多く、その点からも胴調子竿のほうが有利である。

　ボート釣り入門用として初めて竿を購入する場合、長さ1.7〜1.9メートル前後、オモリ負荷10号程度の、いわゆるボートロッドからそろえることをおすすめする。

　振り出しタイプのものなどはコンパクトにしまえるので、ボート釣りにはピッタリである。

　軽量タイプのルアーロッドなども、その独特のしなりが魚とのヤリトリの楽しさを倍増してくれる。

　オモリ負荷は10号程度の表示であるが、実際には8〜20号程度のオモリまで使うことができる。

　ボートでのシロギス釣りからアジのサビキ釣り、カサゴやメバル、それに生きエサで狙うマゴチ釣りまで、幅広い釣りに対応することができる。

　竿の価格は３０００円程度から1万円以上の高級品まで各種販売されている。竿に道糸付きのスピニングリールがセットされて３０００円前後の安価なものでも使えるが、手入れが悪いと長もちしないので、長く使うことを考えると中級品以上でそろえたい。

　カワハギを専門に狙うのなら、カワハギ専用竿もよい。しかし乗合船に比べ浅いポイントを釣ることが多く、使用するオモリも15〜20号程度であるため、なる

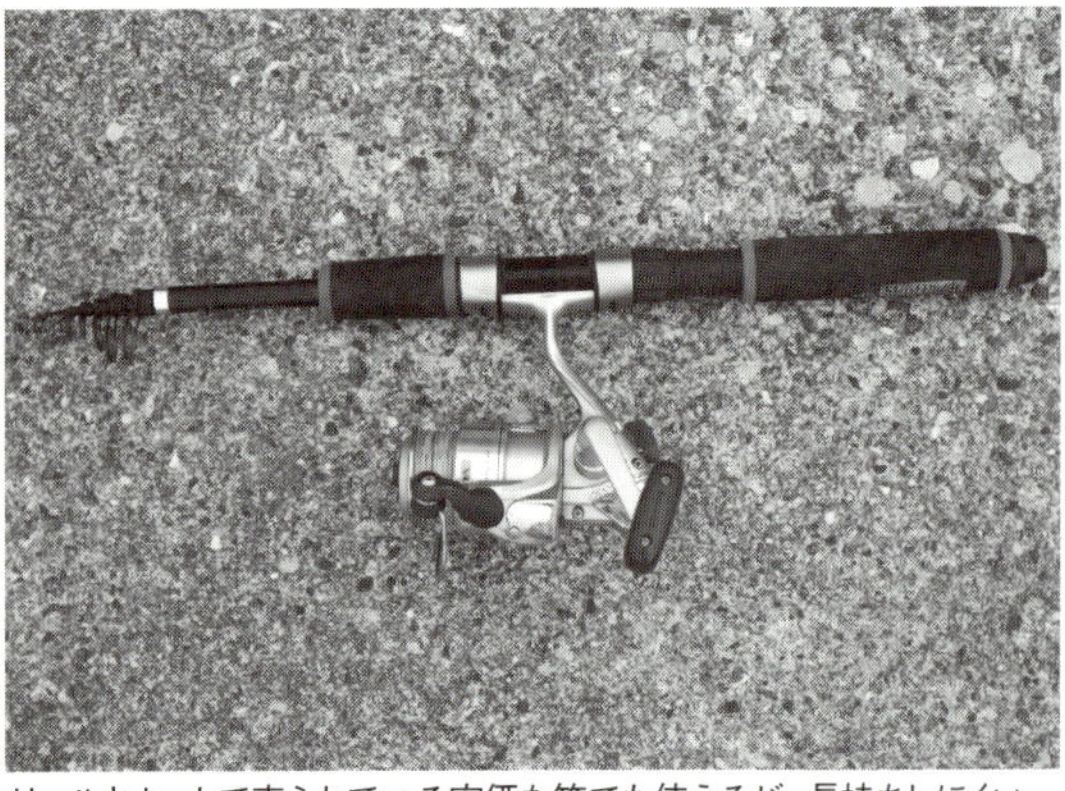

リールとセットで売られている安価な竿でも使えるが、長持ちしにくい

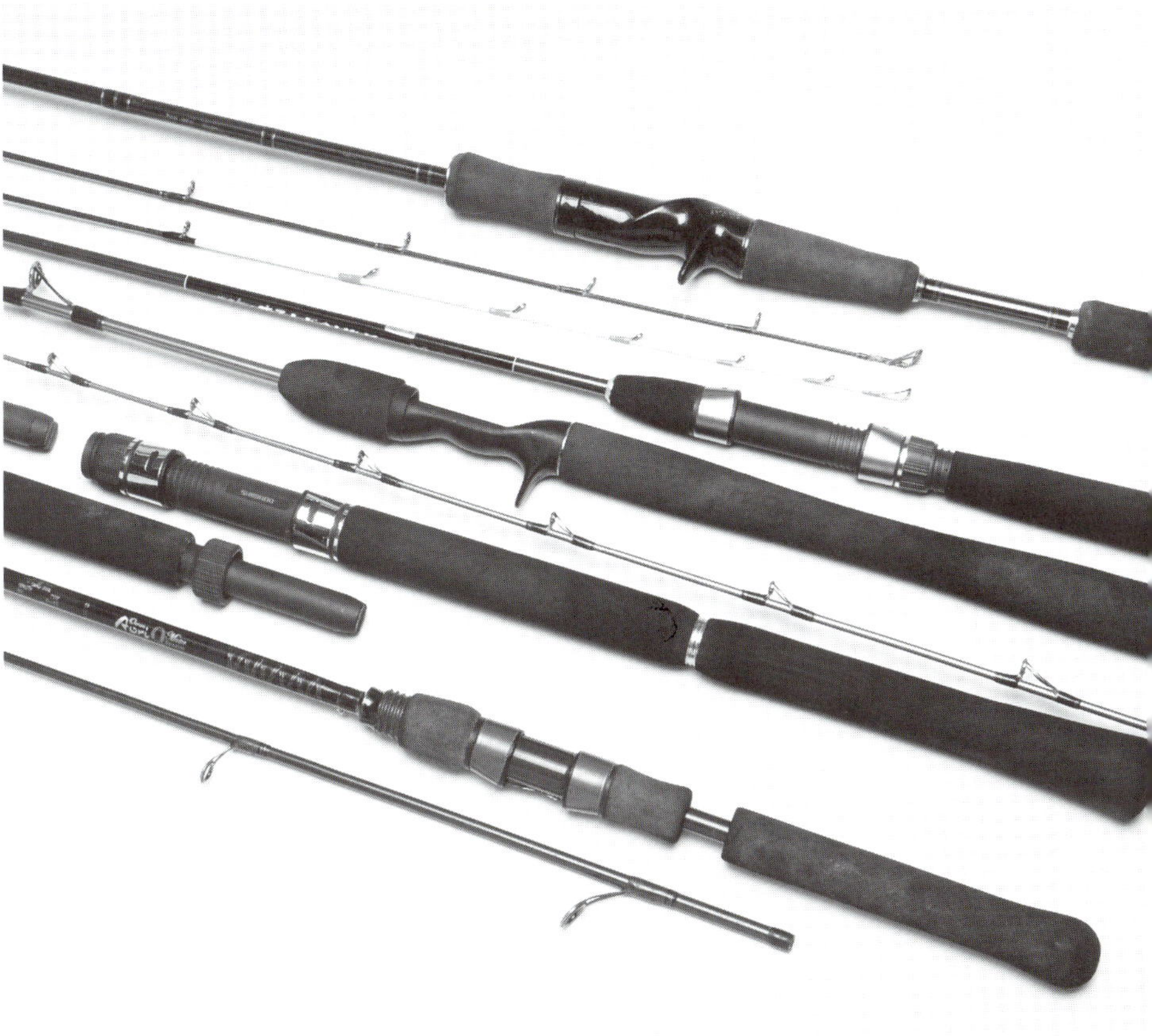

ボート釣りにはルアーロッド、ワンピースタイプの船竿など様ざまな竿が使える

べく穂先の軟らかいオモリ負荷15号程度の竿を選びたい。

また、ちょっと深場を攻めたいときや、釣ったアジやイワシをエサにしてワラサやヒラメなどの大物を狙う場合は、長さ2.4メートル、オモリ負荷20～30号程度で胴調子のワンピースタイプがおすすめ。マダイやシマアジ、イナダなどのコマセ釣りもこの竿でカバーできる。

なお、10～30号用の2～3本の換え穂が用意されているものが1本あれば、万能用として幅広く使えるので便利だ。

強度の点ではワンピースタイプがおすすめ。胴調子が使いやすい

BOAT

ボート釣りに使うリールと道糸

道糸はＰＥが主流。リールは目的によって使い分けたい

ボート釣りで最も多用されているリールは、スピニングリールである。ＰＥの道糸1～2号が100メートル程度巻ける小型でよい。

ＰＥの道糸は伸びがほとんどなく、強度もナイロン系に比べてはるかに強く、2号でも10キロ以上の引っ張りに耐えられる。

ボートで実際に使用してみると、ナイロンの道糸の場合、少し遠くに投げたときや深場などでは小さな魚のアタリがはっきりと分からないことがある。しかし、ＰＥの道糸なら小さな魚でもそのアタリを驚くほど明確に伝えてくれる。この道糸の登場は、小物釣りの世界を変えてしまったと言っても過言ではないだろう。

とにかくアタリの明確さ、ハリ掛かりした後の魚の引き具合が、ナイロンの道糸に比べてはるかに大きく感じられ、釣りの楽しさも倍増するはずだ。

しかし、このＰＥの道糸にも短所はある。それは魚がエサを口にしたときに道糸の感度が鋭敏な分、魚に与えるショック（違和感）が大きいということである。

特に食い渋りのときなどは、アタリがあってもハリ掛かりしにくいということもある。このショックを少しでも和らげるためにも、竿は胴調子で、しかもなるべく軟らかいものが有利となるわけだ。

さらに胴調子竿を使用しても魚によっては、なかなかハリ掛かりしないこともある。このようなときはアタリで一瞬竿先を送り込み気味にしてから合わせるといったテクニックが必要になる場合もあ

PEの道糸の欠点である食い込みの悪さをカバーするには、胴調子の軟らかい竿を使用する

道糸の主流はＰＥ。感度が高く、強度も強い

る。

　だが、胴調子竿と竿先を送り込むテクニックの組み合わせで、25センチ級のジャンボギスなどをヒットさせた場合、その鋭い引きに竿は大きく曲がって、まさに小さな大物とのスリリングなヤリトリ

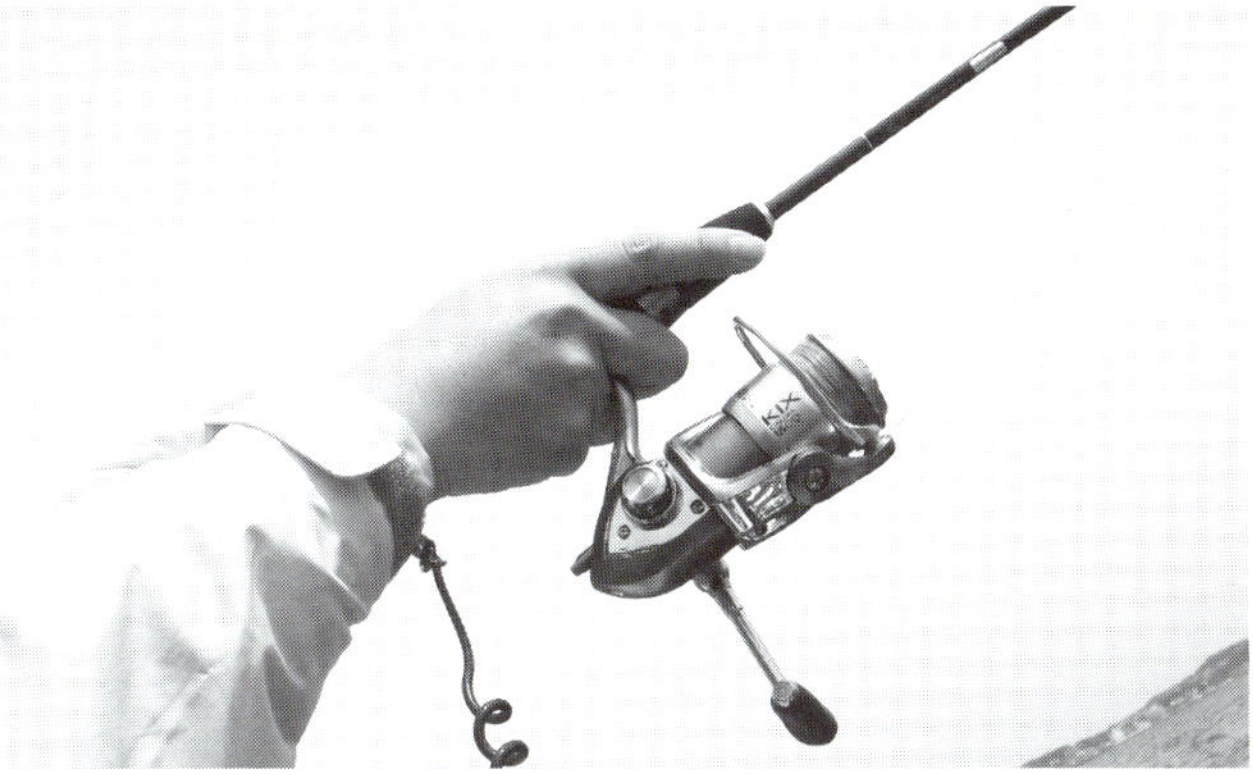

小型スピニングリールはボート釣りで一番使われている

となり、釣りの楽しさも倍増するだろう。

　このほかのリールとしては、小型のハイスピード両軸リールがある。道糸は、やはりPE2号を100メートル巻いておけば十分である。これはカワハギ狙いやマゴチ狙い、それにサビキ釣りに使用する。

カワハギ、アジ、マゴチ狙いには小型両軸リールがおすすめ

なお、サビキ釣りでも10〜15メートル以内の浅場の場合は、スピニングリールでもかまわない。

　一発大物狙いなどには、ドラグ付き中型両軸リールにPEの道糸4号が100〜200メートル巻いてあれば十分である。

大物狙いには中型両軸リールがよい

ボート釣りで使うハリ

ハリは狙う魚によって使い分けるのが基本だ

①マダイバリ

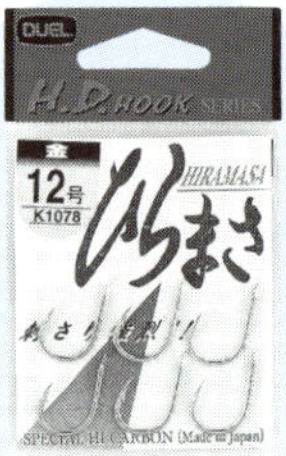

②ヒラマサバリ

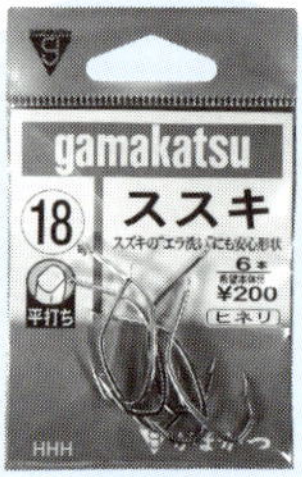

③スズキバリ

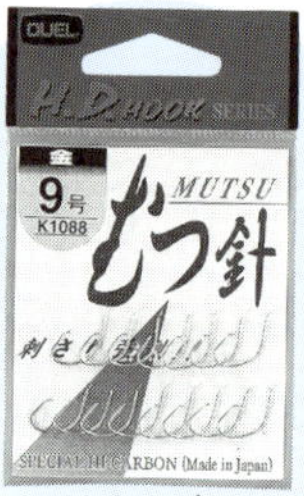

④ネムリバリ（ムツバリ）

⑤グレバリ（メジナ）

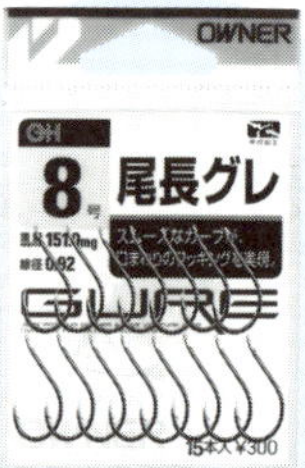

⑥尾長グレバリ

一種類のハリでも対象魚以外の魚は釣れるが、口の形、エサの食い方は、魚によってまちまち。それぞれの魚に合ったハリをメーカーでは研究、発売しているので、狙う魚に合わせたタイプのハリを使ったほうが有利だ。

注意しなければならないのは、その大きさだ。釣行する釣り場での魚の大きさを考え、適合する大きさのものをそろえる必要がある。

上の写真①のマダイバリと②のヒラマサバリはボート釣りでは生きエサでワラサなどを狙うときに使用する。

③のスズキバリは、15～17号程度のものをマゴチやヒラメ狙い（生きエサで）に使用する。

④のネムリバリ（ムツバリ）は10～11号程度をカサゴ狙いなどに使用。

⑤のグレバリ（メジナ）は、10～12号をアマダイやイトヨリ狙いに、13～14号をワラサ狙いに使用する。

⑥の尾長グレバリは、ハリ先がネムリに近い型にできており、歯の鋭い魚に有利なハリである。

ボート釣りで使うハリ

⑬ビシバリ

⑩袖バリ

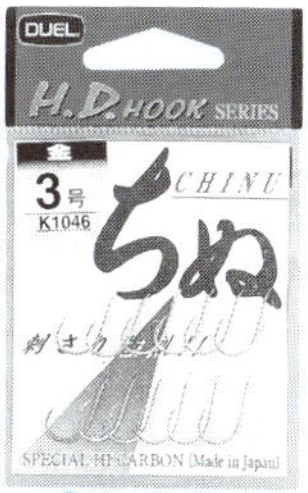

⑦チヌバリ

⑭メバルバリ

⑪カレイバリ

⑧ハゲバリ

⑮ヤマメバリ

⑫流線

⑨早掛け

⑦のチヌバリは4～5号をマダイやシマアジ、イナダ狙い。3号はメバルや中アジ、イサキ狙い。1～2号は⑧のハゲバリ同様カワハギ狙いに使える。

⑨の早掛け、⑩の袖バリは砂地でのシロギス狙いを中心に、小物用に広く使用されている。

⑪のカレイバリ、⑫の流線はカレイのほか小型をハゼやシロギス狙いにも使う。⑬はアジのビシバリで、アジのほかイサキ狙いなどに使用できる。

⑭のメバルバリ、⑮のヤマメバリは細地に仕上げてあるため、メバルを生きたシコイワシエサで狙うときに生きエサが弱りにくく、泳ぎがよいので使用される。

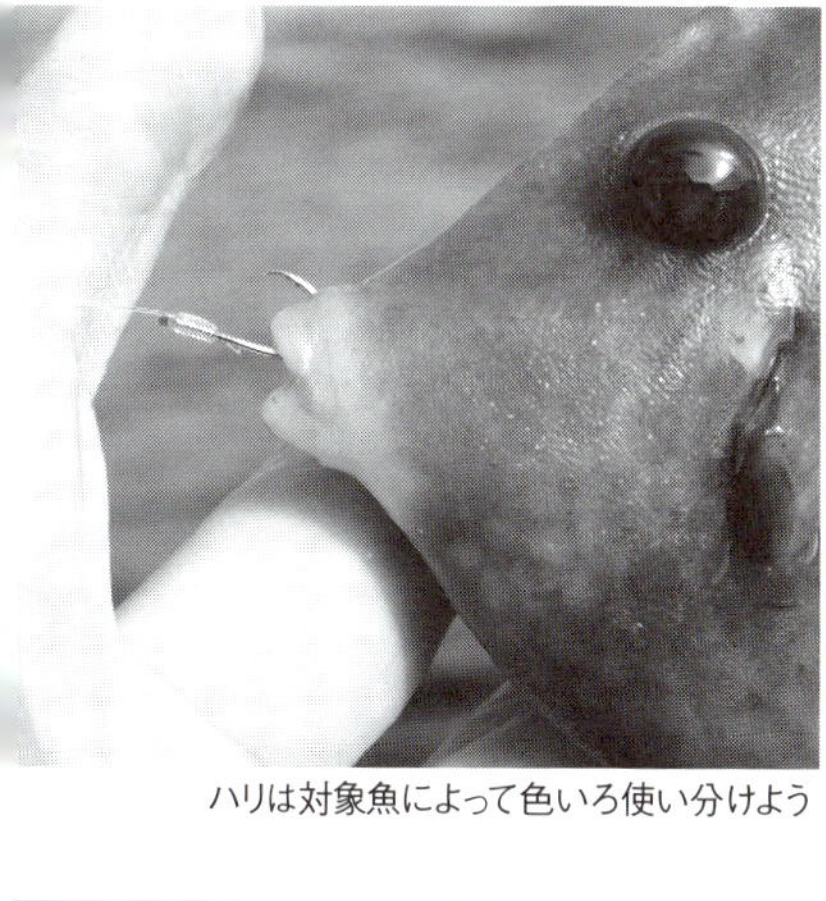
ハリは対象魚によって色いろ使い分けよう

BOAT

ボート釣りのエサ

環虫類、身エサ、擬似餌などボートで様ざまなエサが使われる

釣りエサとしては動物性のエサ、植物性のエサ、それに人工的に造られた擬似餌の3種類がある。

このうち、植物性のエサはブダイやクロダイ釣りでは使用されることもあるが、ボート釣り用のエサとしては、ほとんど使用されることはないので省略する。

▼動物性のエサ

①環虫類

ジャリメ、アオイソメなどが一般的で、シロギス釣りからハゼ、カレイ、アイナメなどの釣りエサとして広く使用されている。

ほとんどの釣り場のボート店や近くの釣具店で購入でき、シロギスなどを一日中狙う場合は、1人で1～2パック用意すればよい。ただし、カレイなどは房掛けで使用するので多めに用意しよう。

このほかイワイソメ（イワムシ）やフクロイソメなどがあり、ちょっと高価なエサではあるが、クロダイやアイナメなどには最高のエサとなる。マダイやアマダイなどにも適している。

また、コガネムシも環虫類のうちでは高価なエサだが、低水温に強いのでカレイ釣りには効果がある。

近年は手に入りにくくなったが、ゴカイもハゼ釣りなどにはよいエサだ。

これら環虫類は生きのよい状態で使用することが望ましい。いずれも直射日光は避けて涼しい所に置き、夏の暑い時期は少しずつ小出しにして使う。残りはしっかりしたエサ箱（エサ箱からはい出してしまうこともあるので注意）に入れてクーラーの中にしまい、弱らないように気をつける。

なお、クーラーの中で直接氷に乗せると弱ってしまうので、新聞紙に包むか木

環虫類はボート釣りでもっとも一般的なエサだ

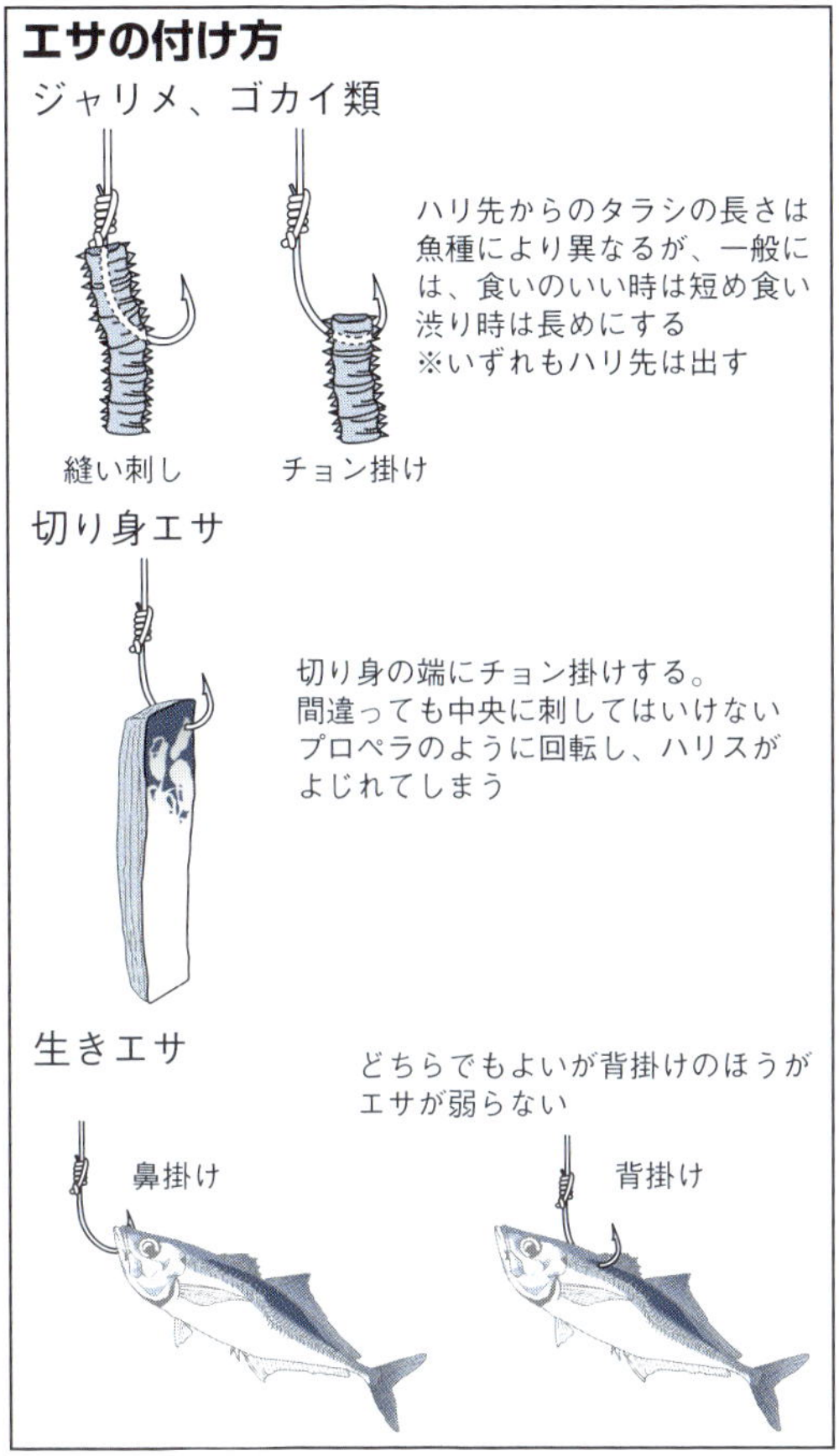
エサの付け方
ジャリメ、ゴカイ類
ハリ先からのタラシの長さは魚種により異なるが、一般には、食いのいい時は短め食い渋り時は長めにする
※いずれもハリ先は出す
縫い刺し
チョン掛け
切り身エサ
切り身の端にチョン掛けする。
間違っても中央に刺してはいけない
プロペラのように回転し、ハリスがよじれてしまう
生きエサ
どちらでもよいが背掛けのほうがエサが弱らない
鼻掛け
背掛け

アオイソメやジャリメは通し刺し。魚の食いに応じてタラシの長さを変える

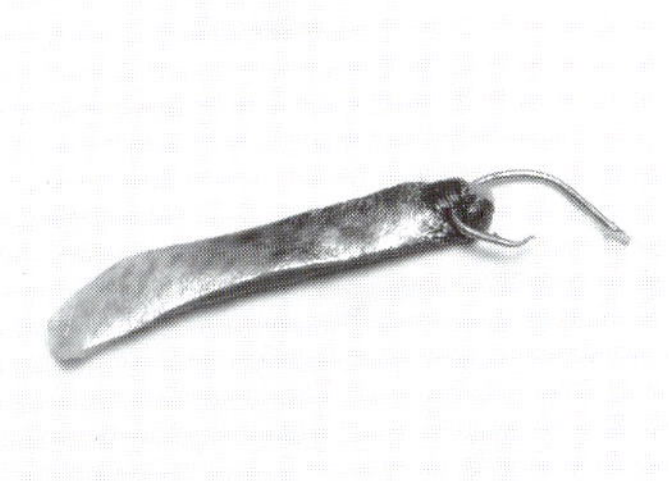
身エサはチョン掛けが基本

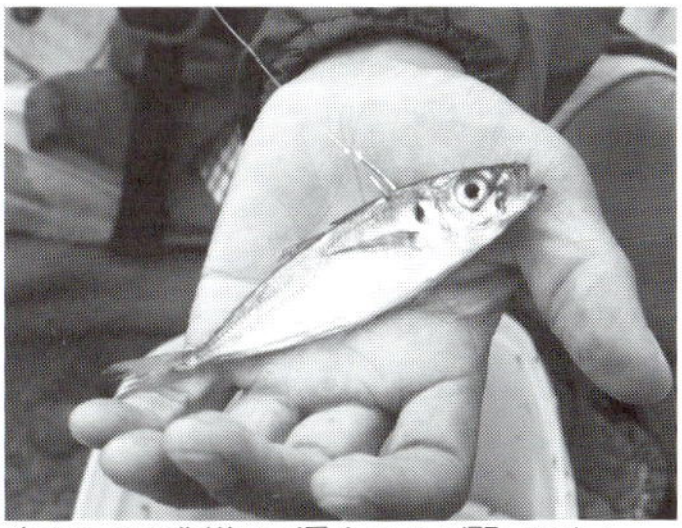
生きエサは背掛けが最もエサが弱りにくい

製のエサ箱などにしまい、直接氷に触れないようにすること。

エサの長さは食いのよいときは比較的短め。ハリに通し刺しにしてハリ先を抜いてから、タラシを2～3センチにする。食いの悪いときは長め。場合によっては1匹そのまま付ける。

②エビ、アミ類

エビでタイを釣るという言葉があるほど、エビ類は昔から最高の釣りエサとされている。サイマキを始め、生きたものが手に入ればより効果的であるが、ボート釣りではあまり使用されていない。

オキアミはマダイを始め、ヒラマサ、ワラサといった青物やアマダイ、イサキにも抜群の効果を発揮するエサである。

しかし、ボート釣りでは浅い所を狙うため、長ハリスを使用することも少なく、エサ取りの小魚にすぐ取られることも多いので、あまりその効果は期待できない。事実、マダイ、シマアジや上物をフカセ釣りで狙うとき以外はほとんど必要としない。

アミエビはコマセ釣りには必要不可欠

アミエビはアジのサビキ釣りには必要不可欠なコマセ

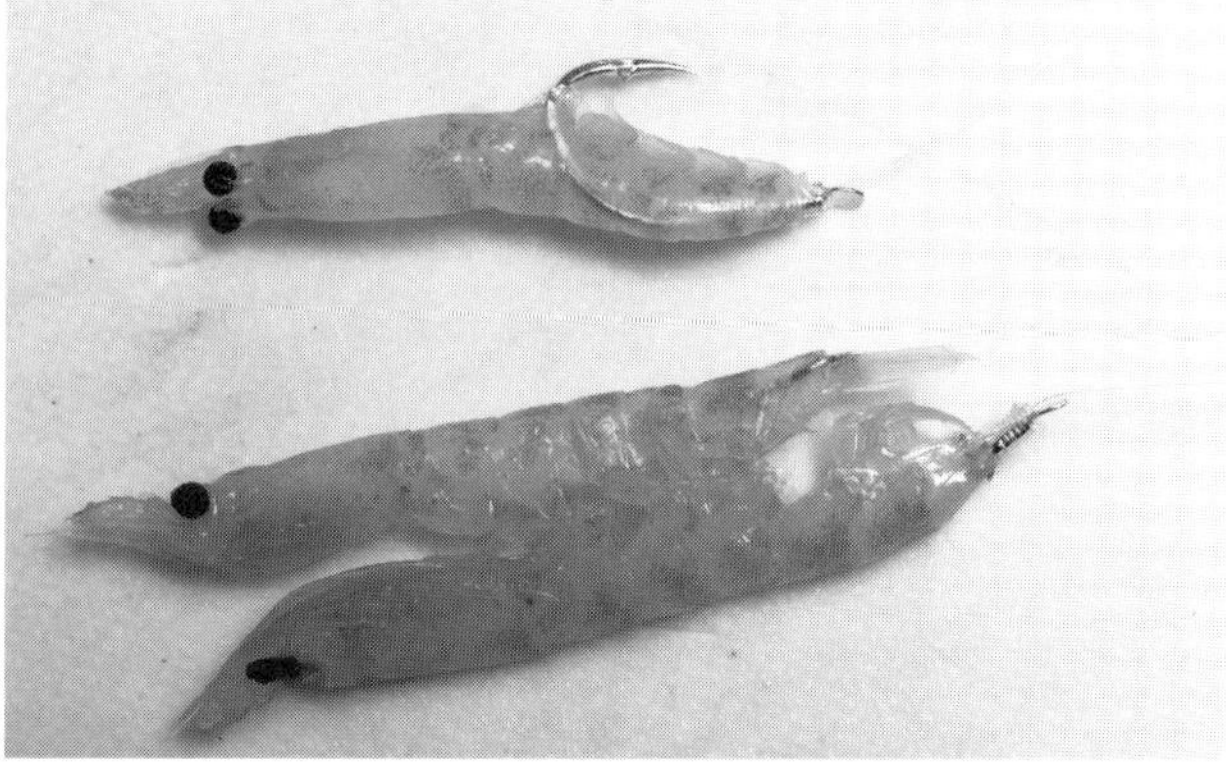

オキアミはマダイなどに効果的なエサ。1匹または2匹抱き合わせでハリ付けする

であり、特にアジ釣りには絶対に欠かすことのできないコマセ（寄せエサ）である。

コマセの分量は魚の釣れ具合でもずいぶん異なるが、1日の目安として、1人4〜6ブロック（レンガ状のもの）は必要となる。アジが入れ食いのときは半日程度で使いきってしまうこともある。

このようなときは、コマセカゴに詰める量を少なくしてもよく釣れるので、少量ずつ使って、なるべく長時間もたせるようにするのもコツのひとつである。

なお、エリアによってはコマセの種類（アミ、オキアミ、イワシのミンチ）に制限があるので注意したい。

③切り身エサ

カサゴを始め根魚釣りにはよく使用されるエサで、サバ、サンマの切り身、イカの短冊などが一般的である。

いずれもなるべく薄く、エサが海底でヒラヒラと動くように切ったものがよい。仕掛けを沈めるときにクルクル回ってしまわないよう、皮のほうから、身の端にハリをチョン掛けにする。サンマの場合は、ブツ切りにしたものを使用するケースもある。

④生きエサ

乗合船ではイワシなどの生きエサが船のイケスに用意されているが、ボートの場合、あらかじめ用意することは困難である。そのため小魚をサビキ仕掛けなどで釣って、バケツなどに生かしておき、それを使用する。一部の釣具店ではイケス付きのボートもあるので、事前に問い合わせてみるとよい。

最も一般的なのは小アジであり、イナダやワラサ、ヒラメ狙いに使用する。マゴチ狙いには小型のメゴチやシロギス。その他、小型のサバやイワシ類、岩礁帯で釣れるネンブツダイ、砂地で釣れるハゼ、ヒメジなども生きエサとして使用できる。

なお、これらの生きエサをバケツで生かしておく場合、欲張ってたくさん入れると、酸欠で弱ったり死んでしまったりする。せいぜい5〜6尾が限度で、時どき海水を入れ換えながら、元気よく生かしておくようにする。

擬似餌

魚は自然界に存在するエサを食べて生きているが、擬似餌《ぎじえ》とは言葉どおり、人間が魚をごまかして釣り上げるためのニセモノのエサである。

擬似餌は人間の知恵をしぼり、魚にいかにも本物のエサらしく見せるため、工夫を凝らして作られる。また、それを海底で踊らせるテクニックを駆使して魚を釣るわけである。

自然界のエサを使用する場合は、誘いの動作で魚に食わせるというテクニックも必要であるが、どちらかといえば「待ちの釣り」である。

これに対して擬似餌での釣りは、より攻撃的な「攻めの釣り」であり、目的の魚をヒットさせたときの感激はひとしおである。

代表的なものにルアー釣りがあり、最近はボートでもイナダやカツオ、フッコなどをルアーで狙うファンが増えている。

また、アオリイカ釣りなどには古くから専用のエギがある。

魚皮などを利用したサビキ仕掛けも、擬似餌の釣りとしてはポピュラーなもので、アジやイサキ、カイワリ、ワカシなどに最適な仕掛けである。

その他、アジのビシ釣りなどにも、擬似餌としてハモ皮やビーズ玉、蛍光玉などを使い、イナダ、カンパチなどのカッタクリ釣りも擬似餌を使う釣りである。

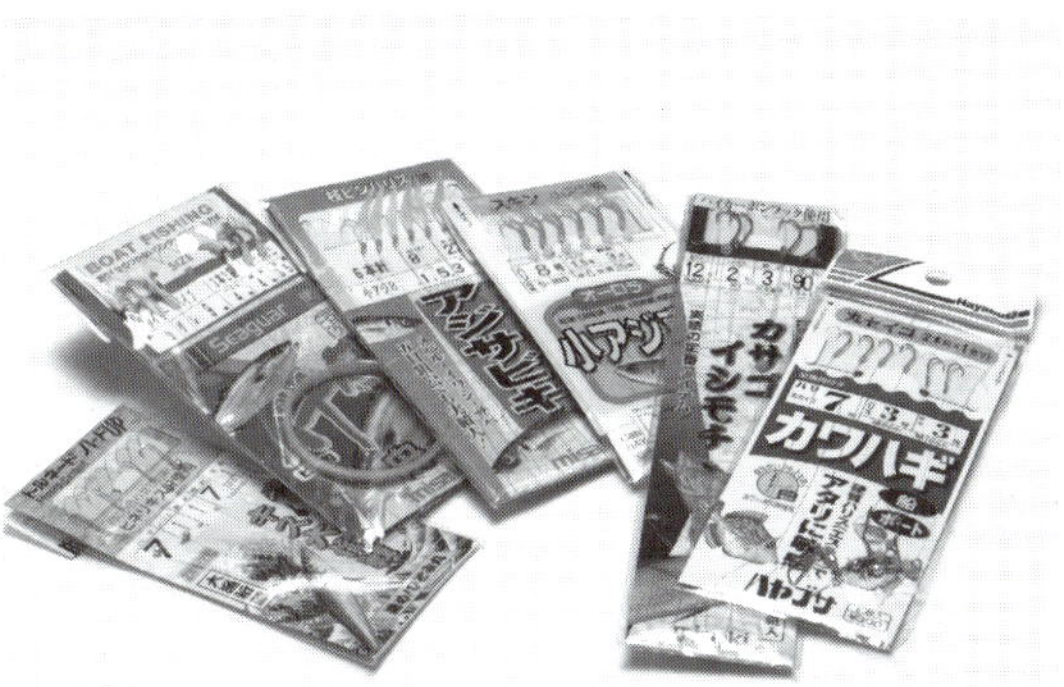

サビキ仕掛けのバケは最もよく使われる擬似餌だ

タコテンヤ、エギなど擬似餌の種類は多い

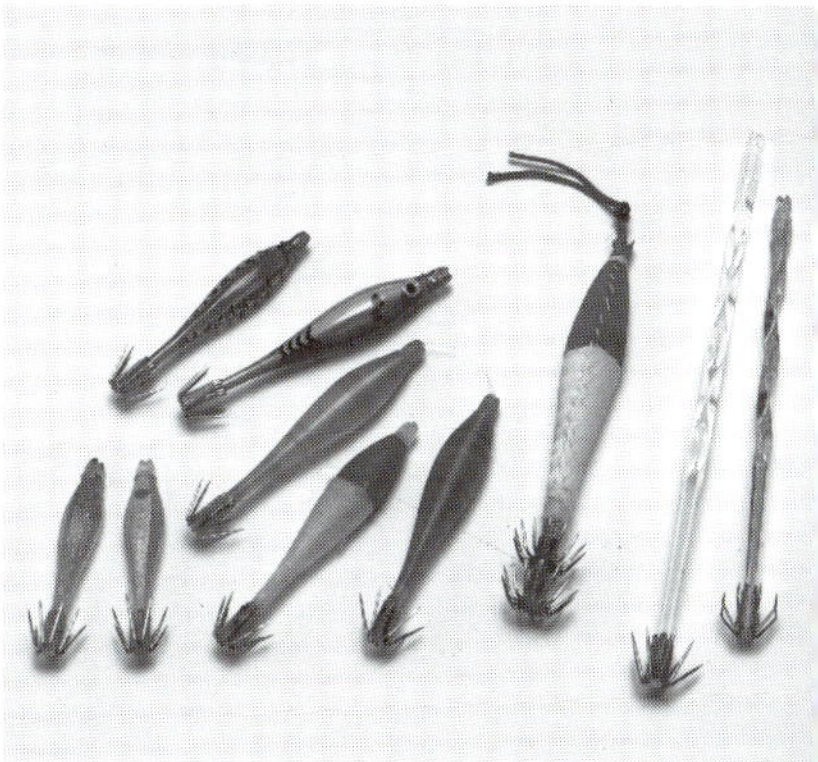
マルイカ狙いにはスッテやプラヅノが使われる

BOAT

テンビンとオモリ

対象魚や水深によってテンビンやオモリも異なる

仕掛けが沈んでいくとき、道糸とハリスが絡まないようにすること。クッションの役目をして、魚がエサを口にした瞬間のショックを少なくすること。この2つがテンビンの大きな役目である。

　ボート釣りで最も多用されるのは左ページ上段の写真中の⑩シロギス用片テンビンである。

　⑪は道糸がテンビンのパイプ内を通り、ヨリモドシを介してハリスに結ぶタイプである。

　これは小さなアタリをダイレクトに道糸に伝えるようにした高感度タイプだが、その分クッションの役目が少ないので、魚に与えるショックが大きくなるというマイナス面もある。

　左ページ左下の写真は生きエサを使用して狙うマゴチ釣り用のテンビンで、15号程度のオモリを鋳込んである。生きエサが泳ぎ回ってもハリスが絡みにくいという点で、⑩や⑪よりも優れている。

　その他、コマセカゴを付けて使用する片テンビン①やコマセカゴ付きテンビン②があり、これはマダイやシマアジ、イサキ、それにイナダのカッタクリ釣りなどに使用する。大きさはボート釣りの場合、全長30センチぐらいのものが使いやすい。

　オモリは釣る場所の水深や潮流によってその大きさが決まる。目安としては水深の数字の6〜7割の重さ、たとえば、水深15メートルであれば10号前後である。

　一般的にはシロギスの場合ナス型や小田原型の8〜12号、カサゴやメバルでは15号ぐらい。アジなどのサビキ釣りの場合、コマセカゴの抵抗で仕掛けの沈みが遅くなるため、ボート釣りでは15〜20号程度がよく使われる。

　片テンビンのコマセ釣りでは、中深場用オモリなどが使われるが、最大でも50号までである。

　アイナメ釣りではオモリとハリがセットさせているブラクリや中通しのナツメ型オモリが使用され、軽めのほうが食いの点で優れている。

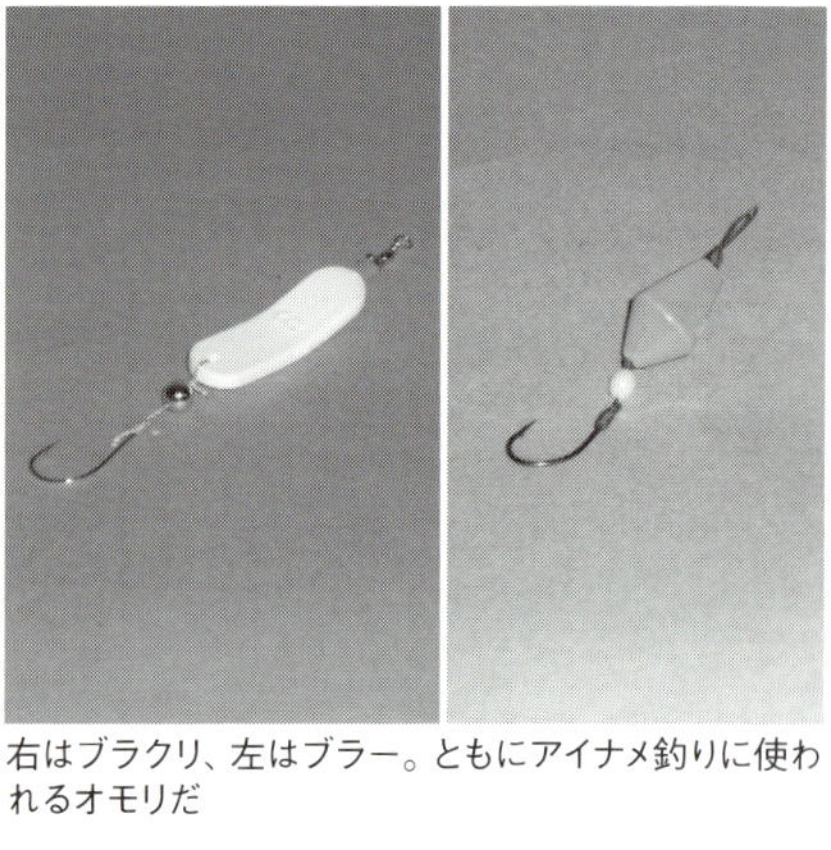

右はブラクリ、左はブラー。ともにアイナメ釣りに使われるオモリだ

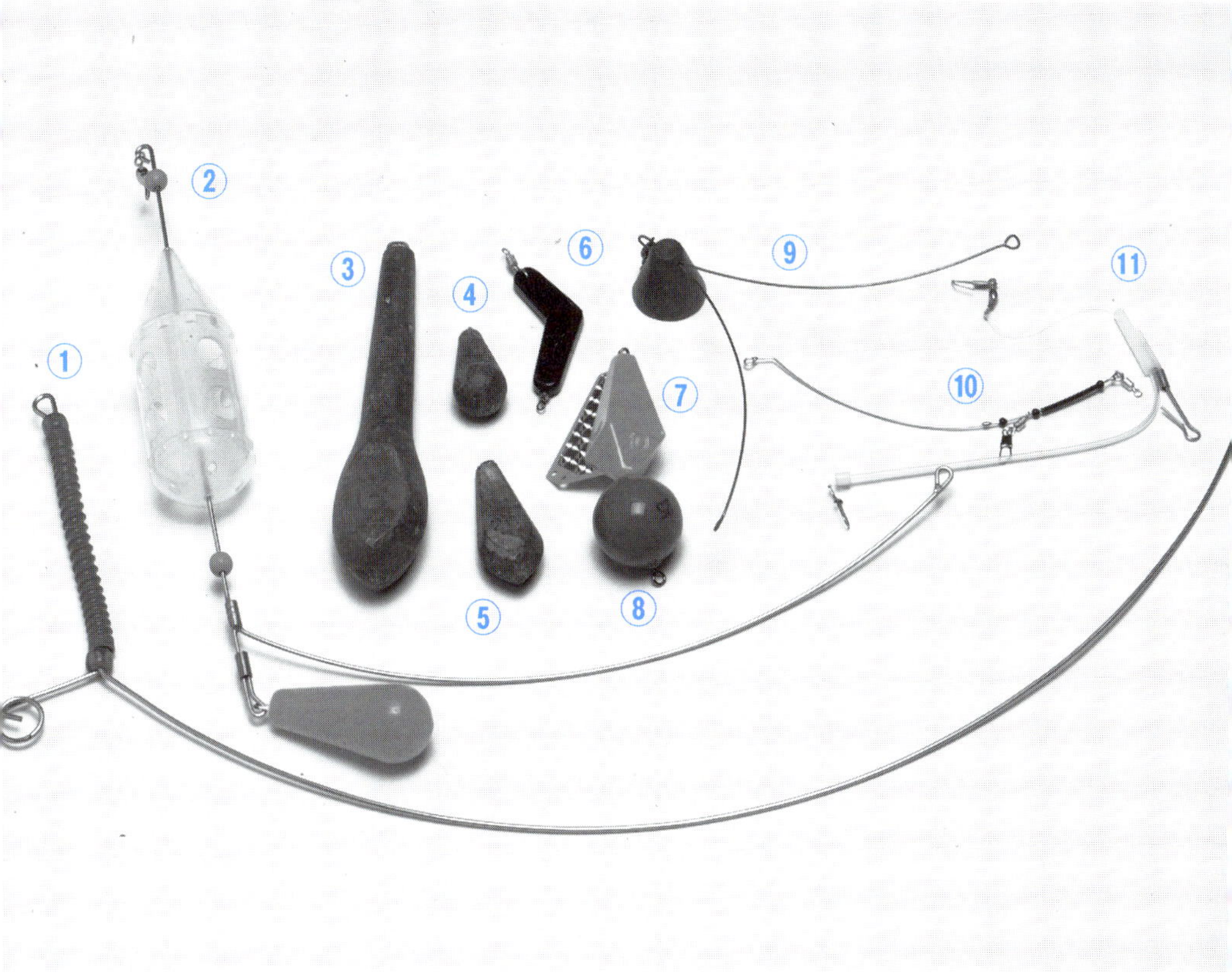

①中大型片テンビン、②中型コマセカゴ付きテンビン、③中深場用オモリ、④ナス型オモリ、⑤小田原型オモリ、⑥アオリイカ用中オモリ、⑦舵オモリ、⑧丸オモリ、⑨カレイ用テンヤ、⑩小型片テンビン、⑪パイプ型テンビン

鋳込みテンビンは生きエサでマゴチを狙うときに使われる。生きエサを使っても仕掛けが絡みにくいという利点がある

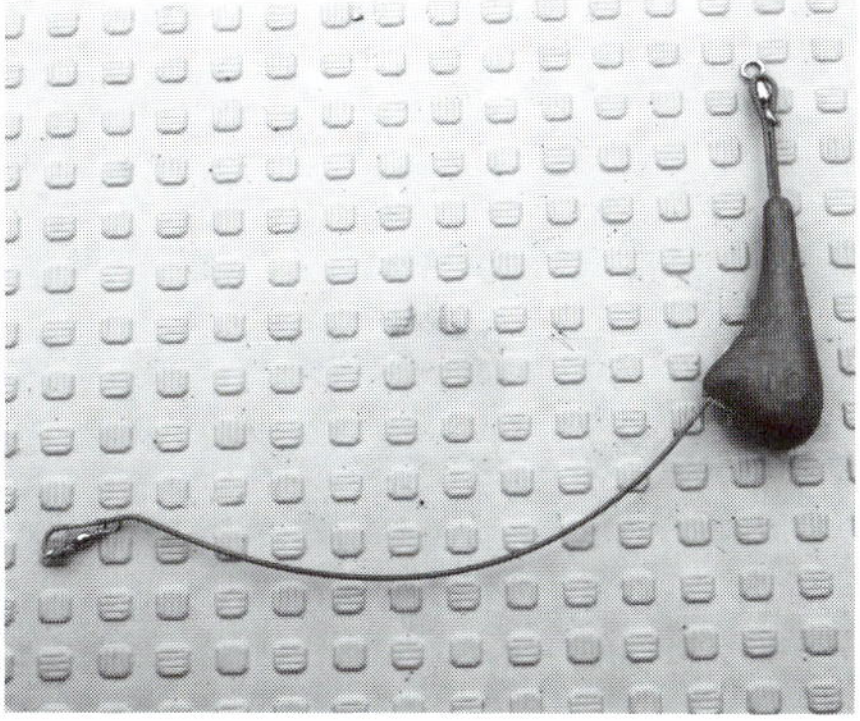

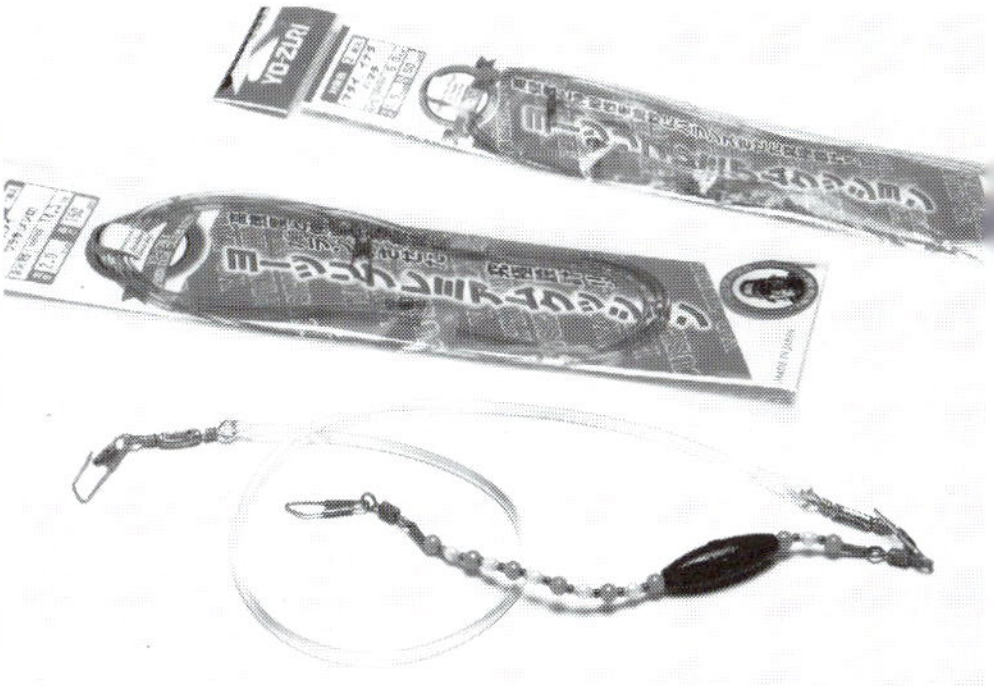

テンビンにはゴムクッションを付けることもある。アジなどの口切れを防止したり、ハリ掛かりを向上させる効果が期待できる

その他のアイテム

竿やリールなどのほかにも、用意したいグッズはたくさんある

クーラー、スカリ

釣った魚を入れるため、そして鮮度を保ったまま家へ持ち帰るためにも、クーラーボックスは欠かせないアイテムである。

暑い季節には弁当や飲み物も入れたりするため、あまり小さくても使いにくいが、かといってあまり大型では狭いボートには不向きである。小さくても10リットル、最大で18リットル程度がボート釣りでは使いやすい。

スカリなどのネット類は、釣った魚を一時的に生かしておくためのもの。これらはボートから海に入れて使用する。注意しなければならないのは、その中で死んでしまった魚をいつまでも入れっぱなしにしないことである。

水温が高い季節などは、死んだ魚は1時間放置しただけで鮮度が落ち、刺身にならなくなってしまう。特に回遊魚（青物）は傷みが早いので、十分注意したい。死んでしまったり、弱ってきた魚は早めに氷の効いたクーラーへ入れたほうが賢明だ。

スカリは釣った魚を生かしておきたいときに便利

竿掛けはしっかりと固定できるものを選ぼう

クーラーは保冷力があり、使いやすいサイズを選ぼう

いつ大物が掛かってもいいように玉網を用意しておきたい

尻手ロープがあると何かと安心だ

あると便利なもの

①竿掛けと尻手ロープ

ボート釣りでは2本以上竿を出す場合も多いので、置き竿にするための竿掛けがあると便利である。

しかし、ボートの舟べりに取り付けにくい場合もあるので、できるだけ止め具の部分がしっかりしたものを選び、小さなゴム片や木片などを挟んで使用するとよい。

それでも外れて竿を落とすおそれがあるので、置き竿には尻手ロープが必需品である。

②玉網

ボート釣りでは、思わぬ大物がハリ掛かりすることがある。なんとか魚を海面まで寄せたが、そこで一暴れ、せっかくの大物をハリス切れで逃がしてしまうこともある。

1号以下のハリスのシロギス仕掛けに、大型のカワハギやホウボウが掛かる、ということはよくあることなので、玉網はぜひとも用意したい。

③エサ箱など

シロギス釣りなどで使用するイソメ類は、なるべく生きのよい状態を保つため小出しにして使用する。夏の暑いときなど、残りはクーラーにしまっておく必要がある。

このときクーラーの氷に直接エサが触れると弱ってしまうので、エサ入れを新聞紙でくるむか、木製のエサ箱に入れてクーラーに入れるようにする。

エサ（イソメ類）はエサ箱から逃げ出

基本的な虫エサの保管法

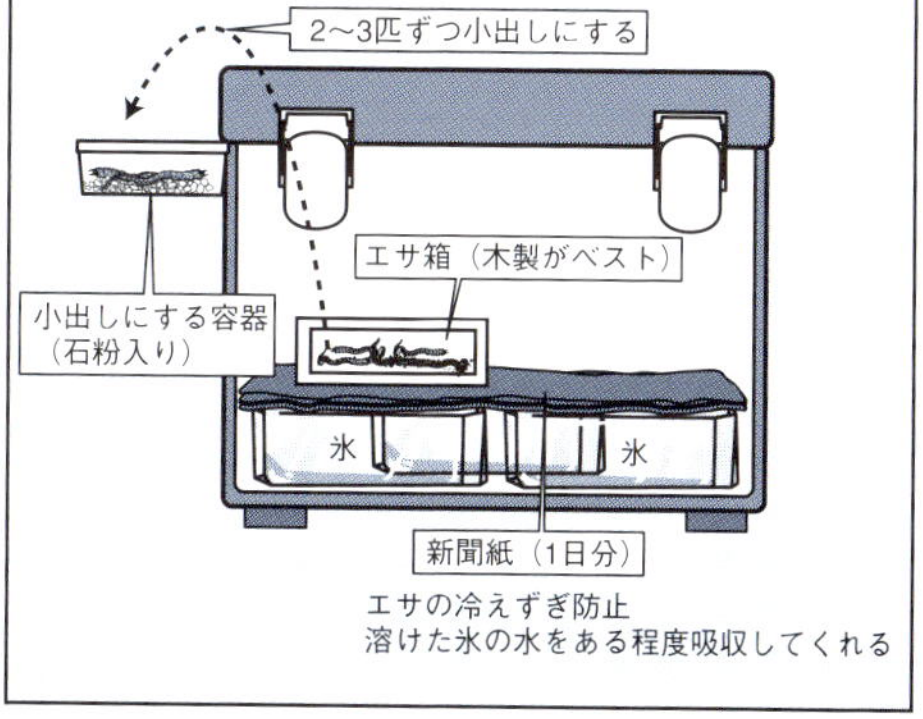
2〜3匹ずつ小出しにする
エサ箱（木製がベスト）
小出しにする容器
（石粉入り）
氷
氷
新聞紙（1日分）
エサの冷えすぎ防止
溶けた氷の水をある程度吸収してくれる

イソメ類は木製のエサ箱に入れてクーラーで保管するのがベスト

コマセを入れておくためのバケツも用意したい

小分け用にはプラスチック製のエサ箱を。脱走しづらい構造のものがおすすめだ

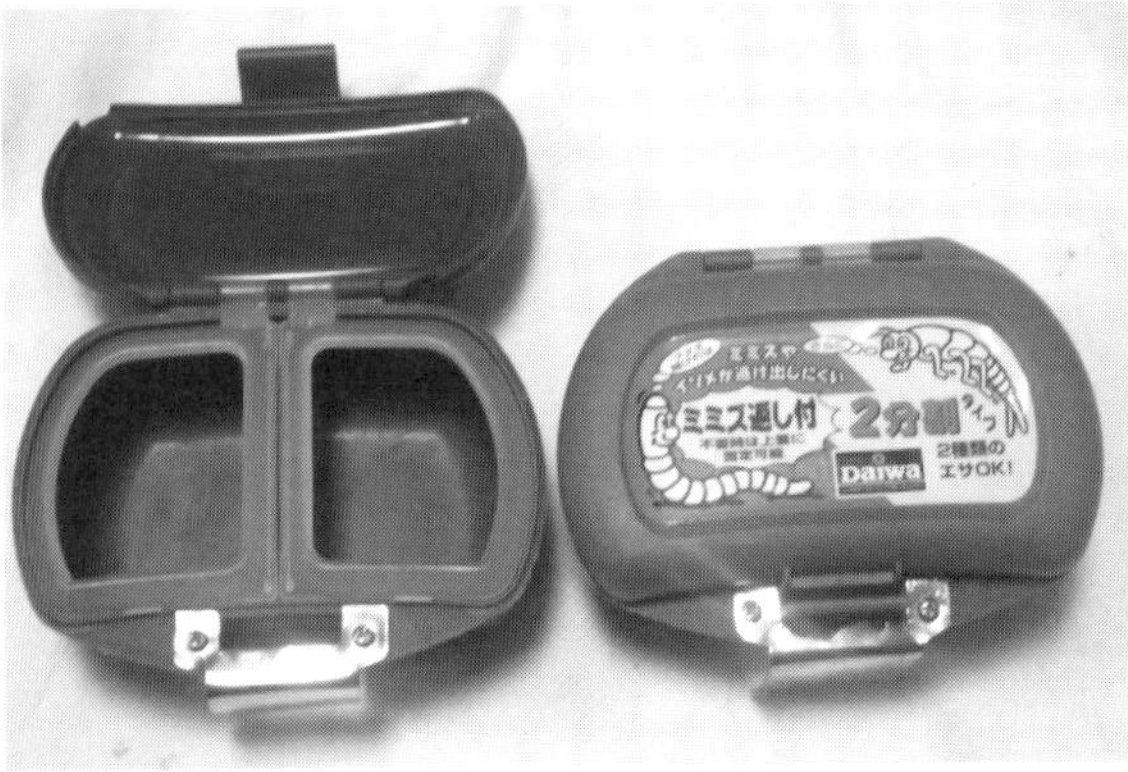

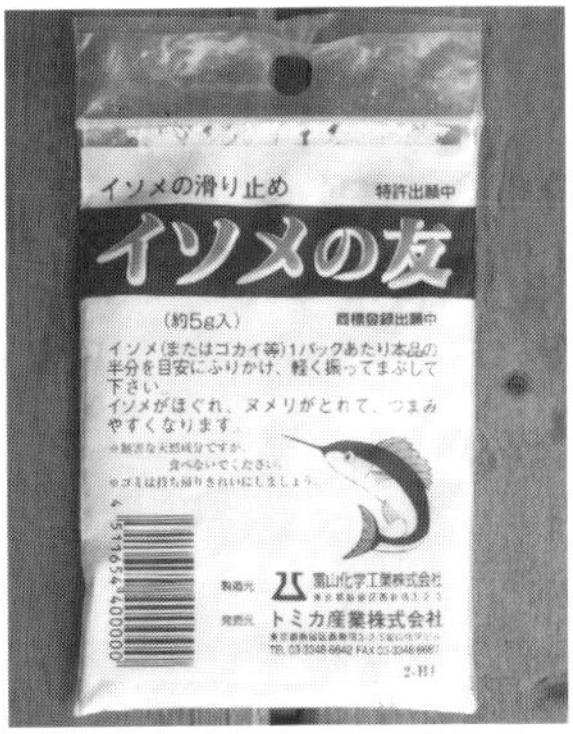

滑り止めの石粉を用意しておくと、イソメのエサ付けがスムーズ

すこともあるので、フタのしっかりしたエサ箱を使用しよう。また、イソメ類はハリに刺すとき滑って付けにくいが、滑り止めの石粉も市販されているので用意しておくと便利である。

コマセなどを入れるため、小～中型のバケツも必需品だ。海水を少し入れ、コマセを溶かして入れておくと使いやすい。釣った魚を一時的に入れておくこともある。

釣りが終わったら、ゴミなど不要なものは絶対に海に捨てないようにしてほしい。このバケツに入れて持ち帰り、岸に揚がってから所定の場所に捨てるとよい。ほとんどのボート店に、捨て場やくずかごが用意されている。

⑤小物類

ボートの上で仕掛けを作ったり直したりすることもあるので、小型のラジオペンチも欠かせない道具のひとつである。

毒魚がハリ掛かりしたときもペンチは必要で、メゴチバサミも重宝する道具である。これらは海水で錆びるおそれがあるが、ステンレス製のものなら長年使え

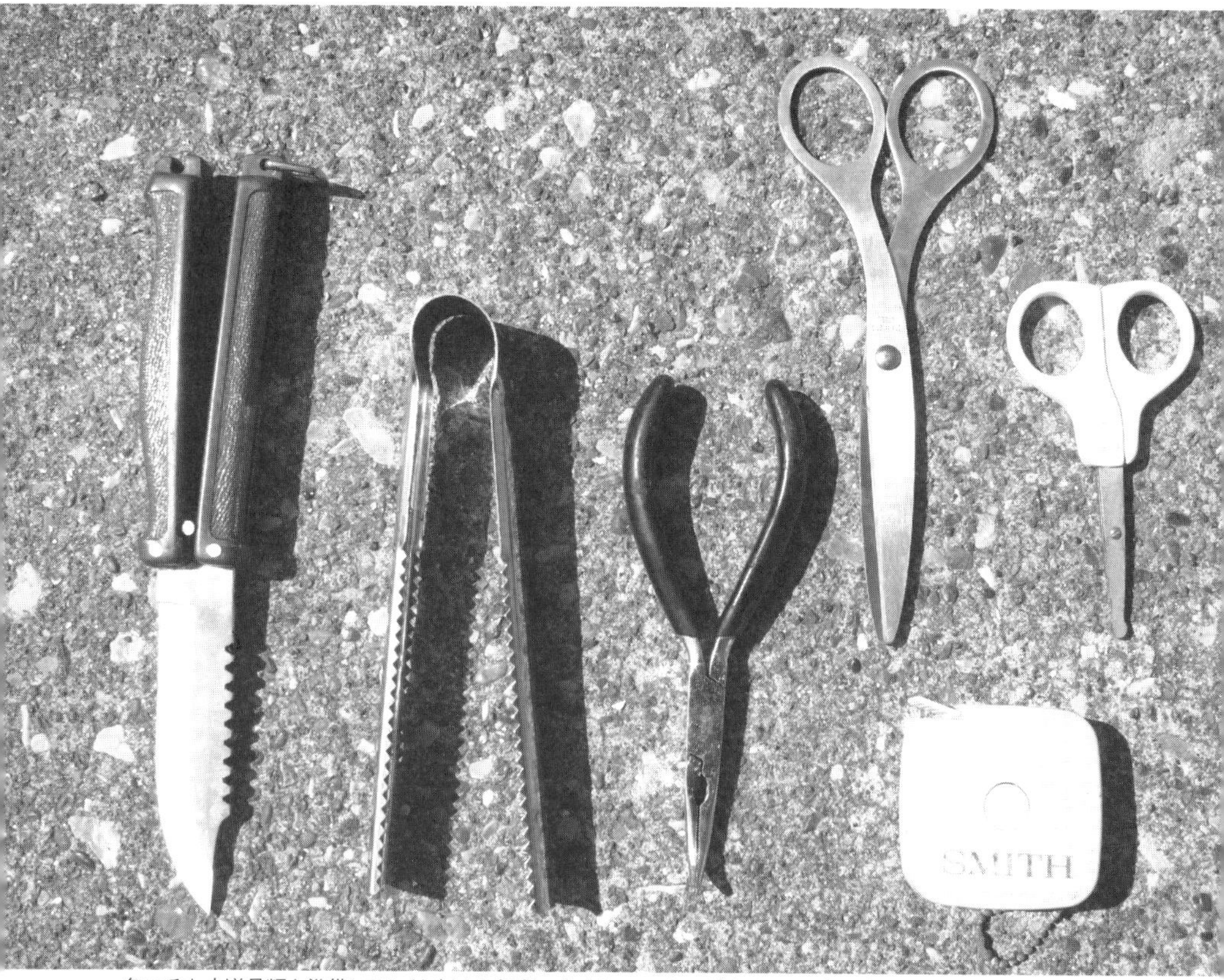

色いろな小道具類も準備しておくと何かと便利。左からフィッシングナイフ、メゴチバサミ、ラジオペンチ、ハサミ(右上2つ)、メジャー(右下)。このほかハリ外しも用意しておきたい

るのでおすすめだ。

ハリ外しもハリを魚に飲み込まれたときのために必要である。ハリ外しはボートの上で見失ってしまうことが多いので、目立つ太めのヒモなど付けておくと便利である。

⑥服装とはきもの

最近の釣りは若い女性の進出も増えてきており、服装もカラフルになっている。かつてはレジャースポーツのうちで一番服装が醜いのは釣りと言われていたが、これからはさらにファッショナブルになってほしいものだ。

ボートでの服装は、夏はTシャツに短パンといった軽装でよいが、急な日焼けには十分注意したい。慣れないうちは長袖、長ズボン、それに帽子も絶対に必要である。

秋と春は日中と朝夕でずいぶん気温に差があるので、軽いジャンパー程度は用意したい。

ちょっと風が出てくると、ボートを移動するときに波しぶきをあびることもあり、にわか雨などのことも考えると、薄

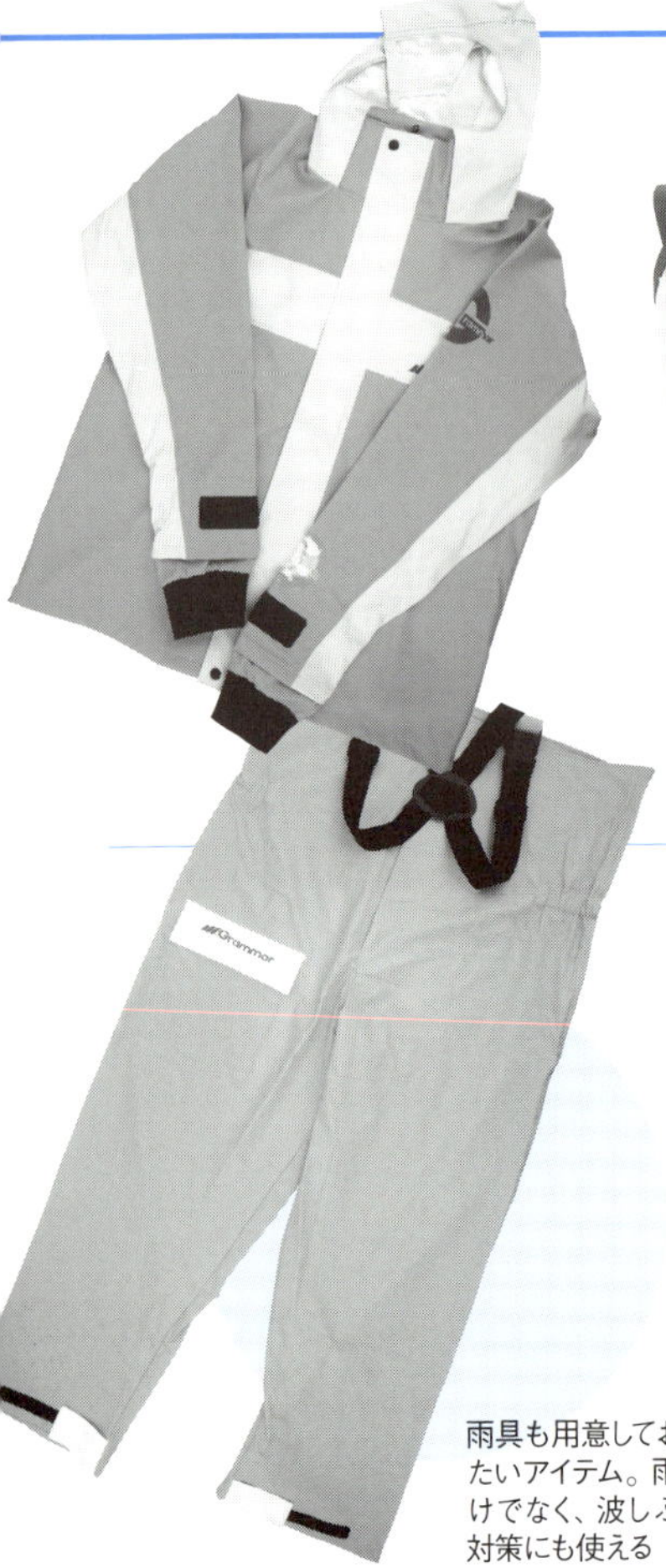

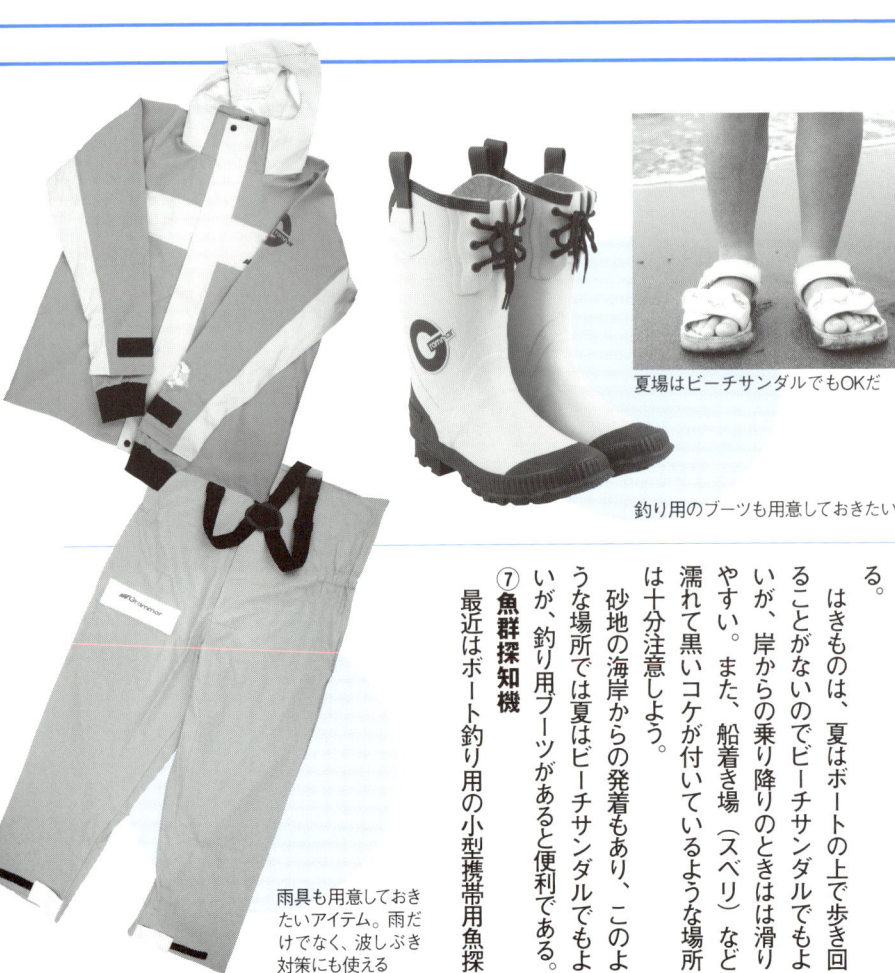

夏場はビーチサンダルでもOKだ

釣り用のブーツも用意しておきたい

雨具も用意しておきたいアイテム。雨だけでなく、波しぶき対策にも使える

手のフード付きの雨具があれば便利である。

はきものは、夏はボートの上で歩き回ることがないのでビーチサンダルでもよいが、岸からの乗り降りのときはは滑りやすい。また、船着き場（スベリ）など濡れて黒いコケが付いているような場所は十分注意しよう。

砂地の海岸からの発着もあり、このような場所では夏はビーチサンダルでもよいが、釣り用ブーツがあると便利である。

⑦魚群探知機

最近はボート釣り用の小型携帯用魚探が比較的安く手に入るようになり、アジやメバルなど岩礁周りの魚を狙うには大変役に立つ。単3電池8個で8時間以上の連続使用ができ、大きさも弁当箱程度と持ち運びにも都合がよい。

アジなどのポイントは、なかなか見つけにくいものだが、魚探があればその群れを発見するのも簡単だ。シロギスなど砂地狙いの場合でも、根に近い所が大型の集まるポイントになっていることが多い。このようなときに魚探の威力は抜群で、好釣果につながる。

小型魚群探知機があるとポイント探しも楽になる

BOAT

第4章

糸の結び方

釣りの仕掛け作りに必要なのが、糸の結び方だ。
ハリとハリス、糸と糸、金具と糸、枝ハリスの出し方など、どれも重要なものばかり。
ここでは代表的な結び方をセレクトして図解してみよう。

内掛け結び

①ハリスをハリの軸に沿わせる

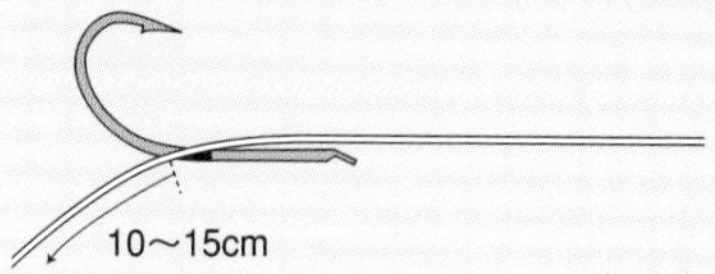

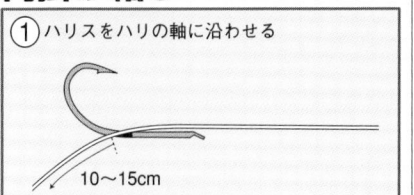

②ハリから出た糸で輪を作る

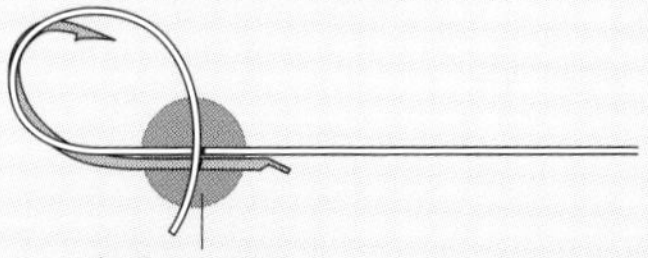

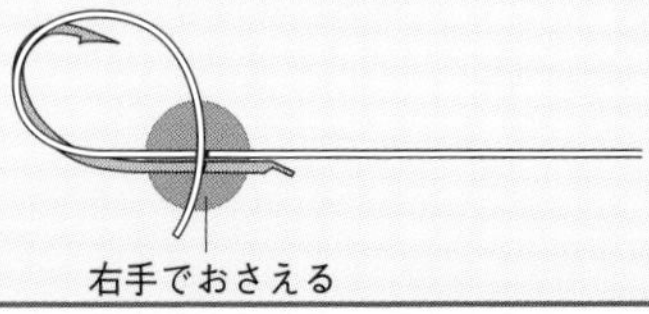

③輪の中に糸を通して、ハリごと巻いていく

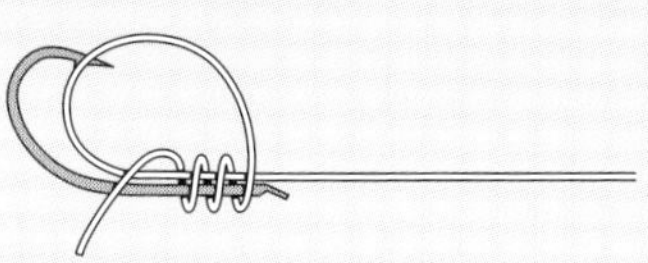

④輪の中で4〜5回巻く

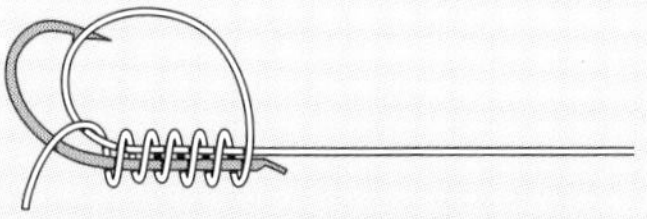

⑤ゆっくりとハリスを引いて締める

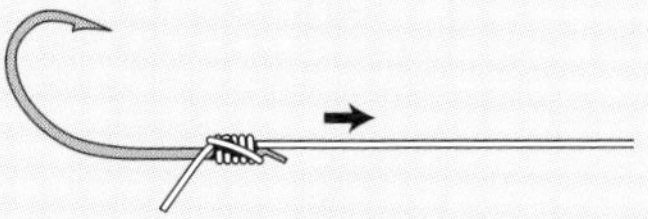

⑥余分な糸を切る

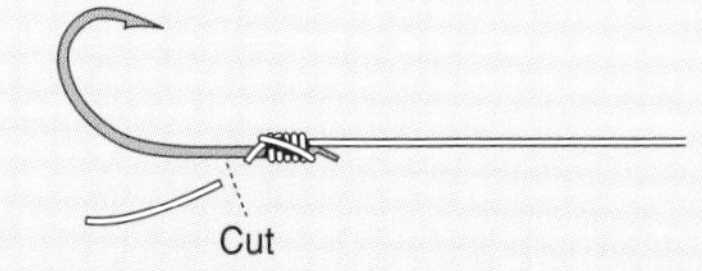

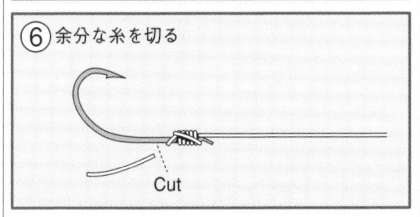

外掛け結び

①輪を1つ作る

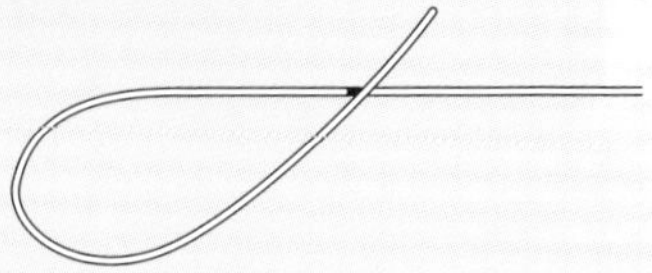

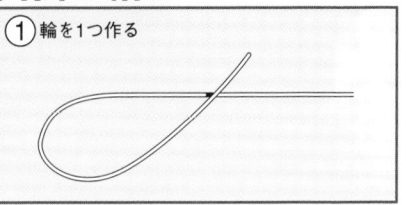

②輪を残したままハリに添える

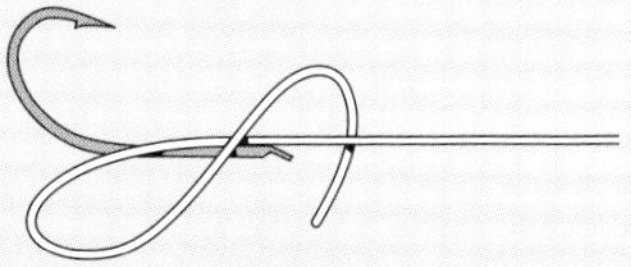

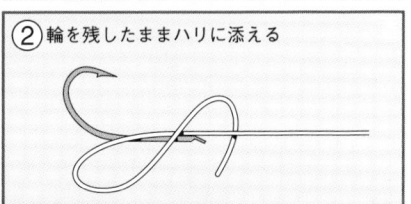

③ハリの軸に7〜8回巻く

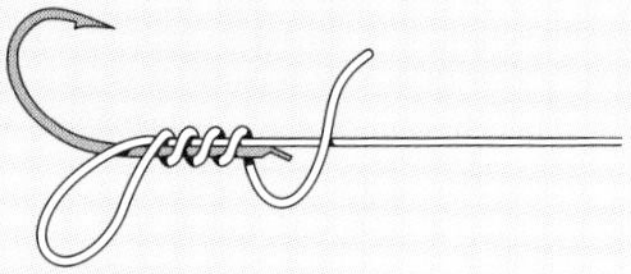

④最初に作った輪の中に通す

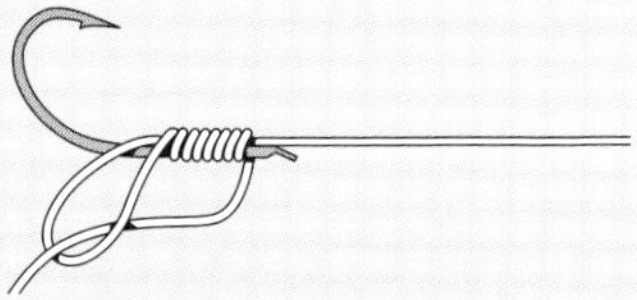

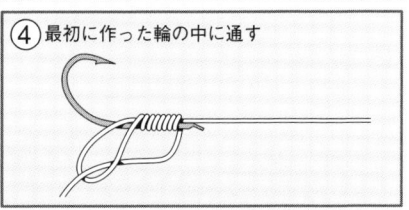

⑤ゆっくりとハリスを引いて締める

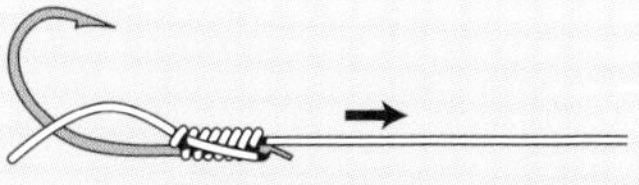

巻いた糸が重ならないように
気をつけてゆっくり締める

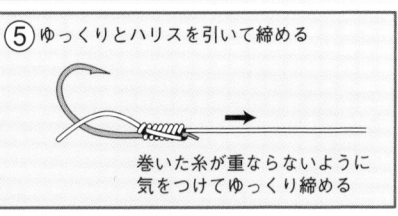

⑥余りの糸を切り落とす

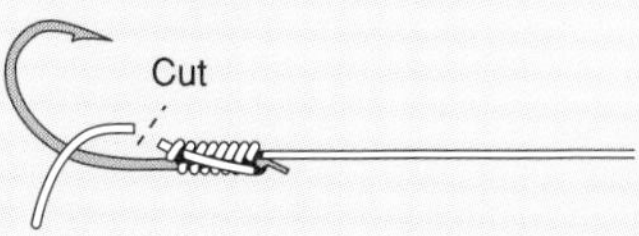

ブラッド・ノット

①2本の糸を重ね合わせる

②右側を3～4回巻きつける

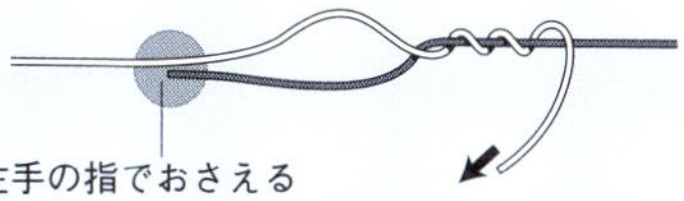
左手の指でおさえる

③2本の糸の間を通す

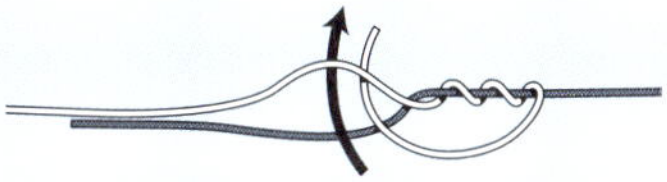

④左側の糸も同様に3～4回巻きつけ、
間に通す

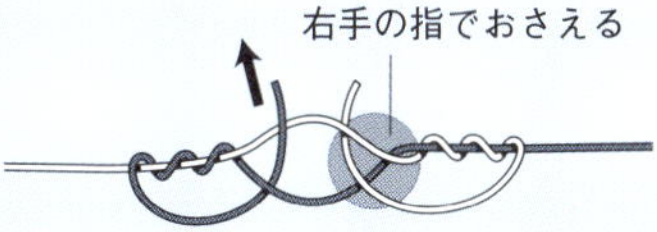
右手の指でおさえる

⑤ゆっくりと両手で引いて締める

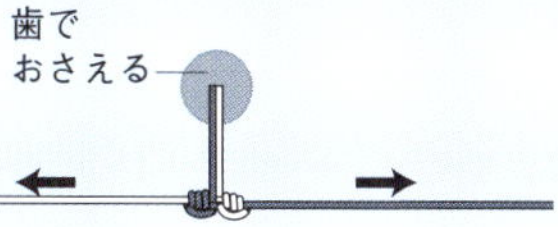
歯で
おさえる

⑥結び目ギリギリで切る

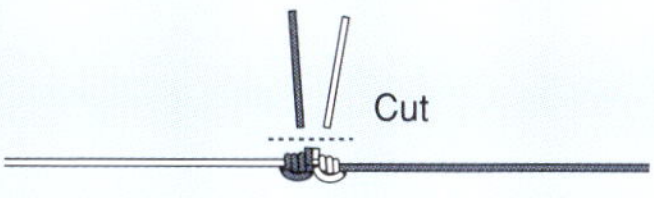
Cut

漁師結び

①本線を交差させ1つ目の輪を作ったら、
ハリのチモトに輪を通す

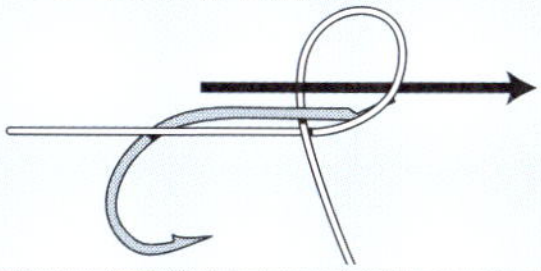

②左手でハリと1つ目の輪の端をしっかり
押さえる。右手で2つ目の輪を作り、ハリの
チモトをくぐらす

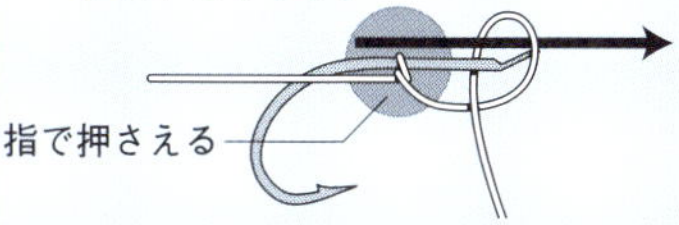
指で押さえる

③糸の端を引っ張り締め付け、
右手に持ち替える

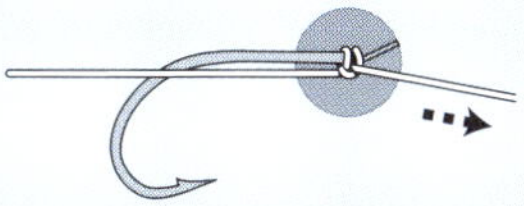

④次に左手で輪を作りハリ先のフトコロ側を
くぐらせる。このとき糸の端もくぐらす

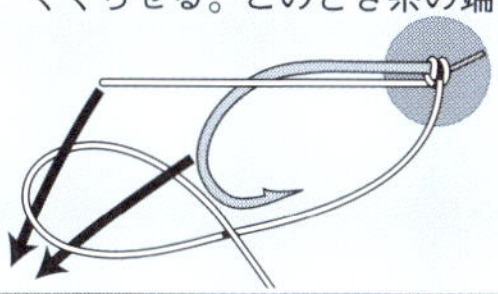

⑤糸の両端を引っ張り強く締め、続いて
ハリと本線を矢印の方向へ強く引き締める

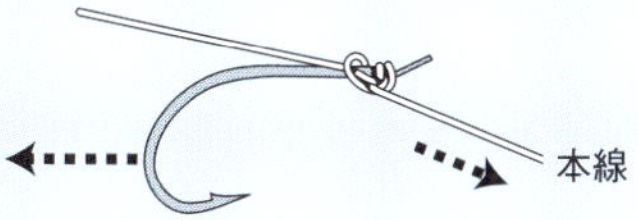
本線

⑥余分な糸を切る

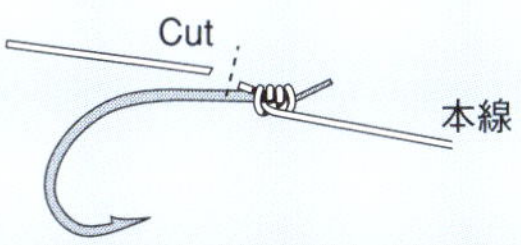
Cut
本線

ユニノット

①ヨリモドシの輪に糸を通す。
＊ダブルユニノットを作るときは
ヨリモドシの輪に糸を2回通す。
その後の手順は同じ

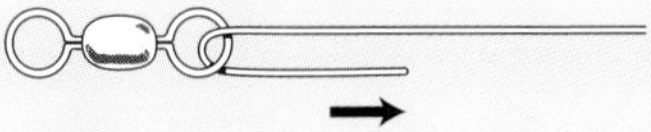

②先端を折り返し輪を作る

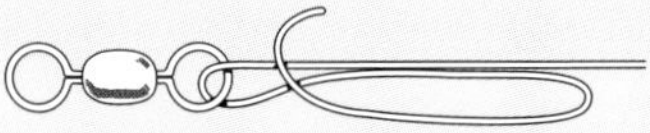

③できた輪に先端をくぐらす要領で
巻き付けていく。回数は5〜6回

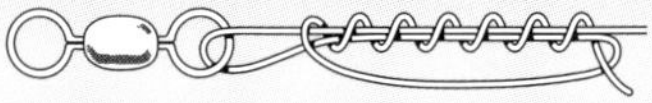

④先端を引いて結びを軽く締める

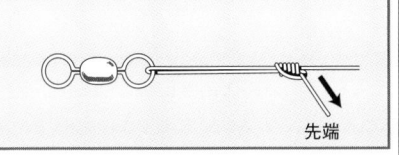

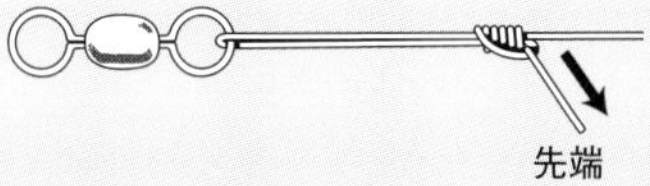
先端

⑤本線を引いて締める

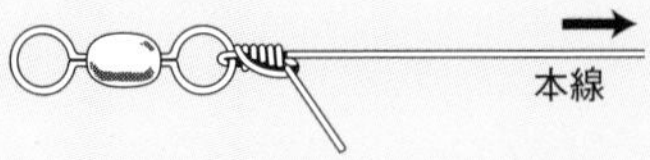
本線

⑥余分な糸を切る

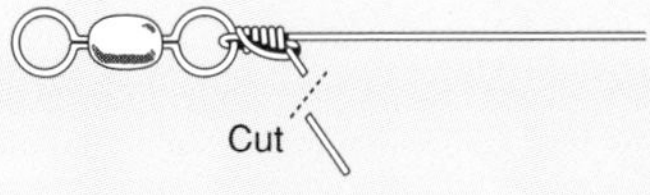
Cut

電車結び

①2本の糸を重ね合わせる

PEの場合、コブを作るか
ライターで焼く

②輪を作り、その中を3〜4回巻く

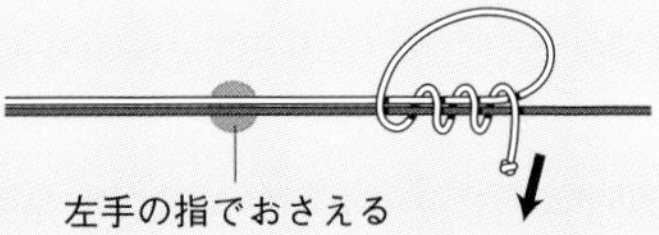
左手の指でおさえる

③ゆっくり引いて締める

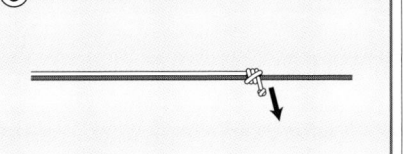

④逆側も同様に輪を作り、中を3〜4回
巻いて締める

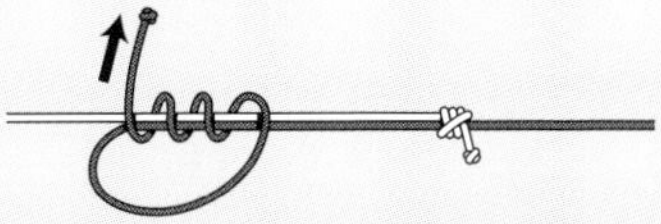

⑤両手で左右にゆっくり引く

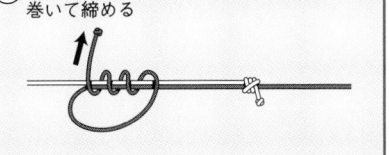

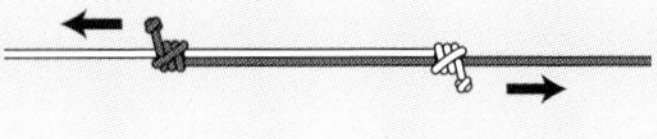

⑥ナイロンの場合は結び目ギリギリで切る

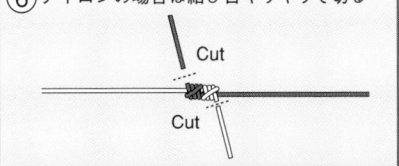

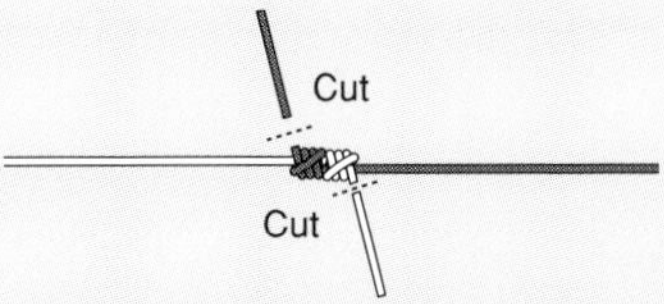
Cut
Cut

チチワの作り方

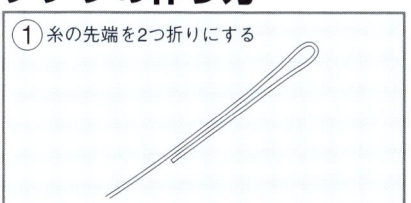

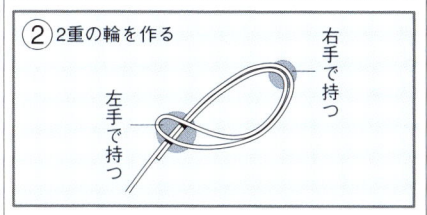

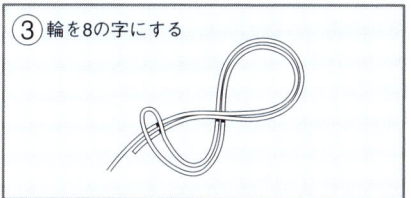

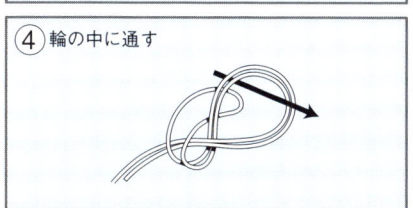

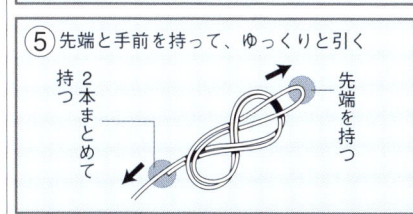

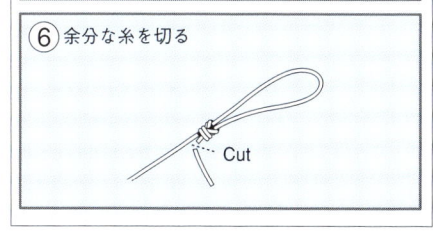

① 糸の先端を2つ折りにする

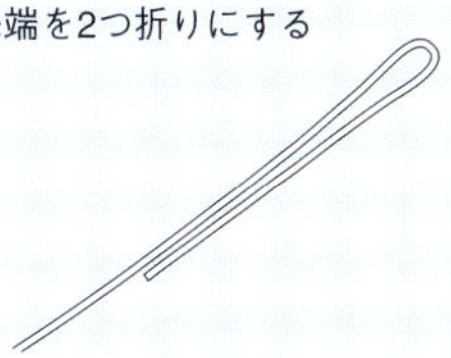

② 2重の輪を作る

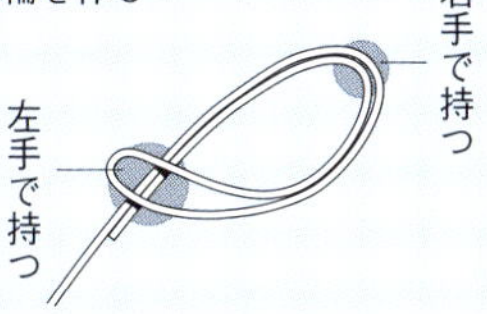
右手で持つ
左手で持つ

③ 輪を8の字にする

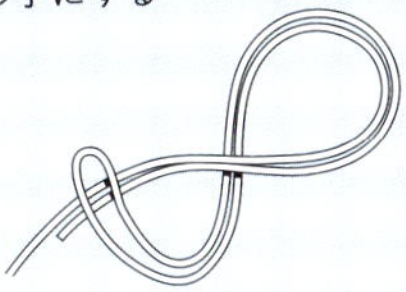

④ 輪の中に通す

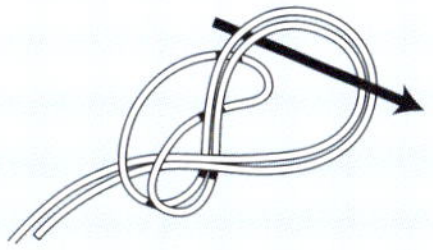

⑤ 先端と手前を持って、ゆっくりと引く

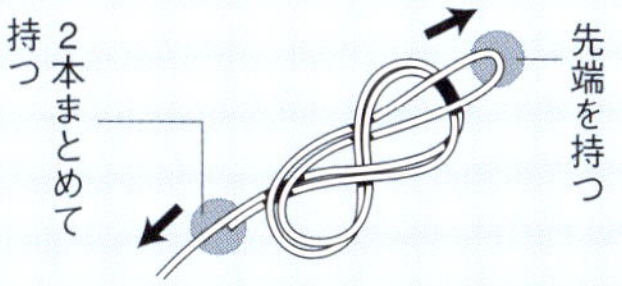
2本まとめて持つ
先端を持つ

⑥ 余分な糸を切る

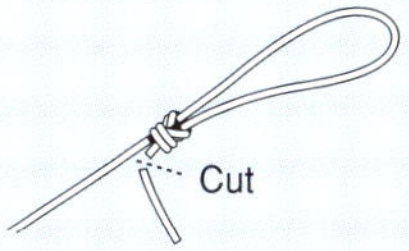
Cut

クリンチノット

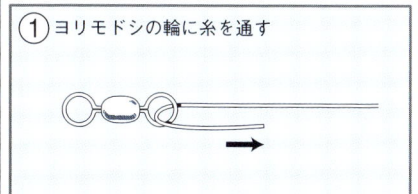

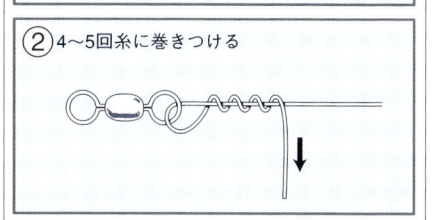

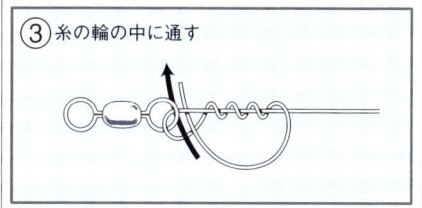

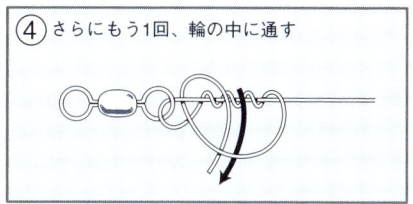

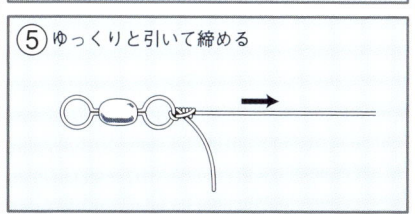

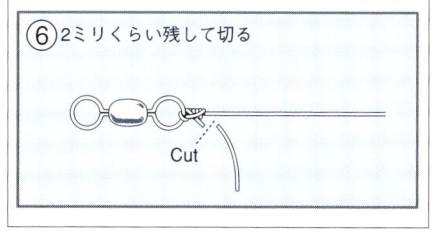

① ヨリモドシの輪に糸を通す

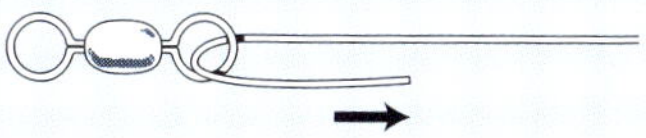

② 4〜5回糸に巻きつける

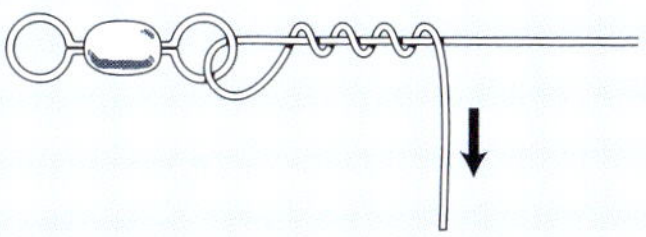

③ 糸の輪の中に通す

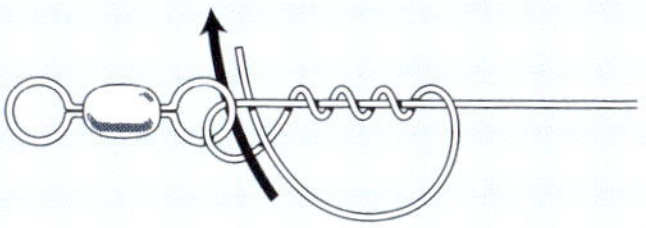

④ さらにもう1回、輪の中に通す

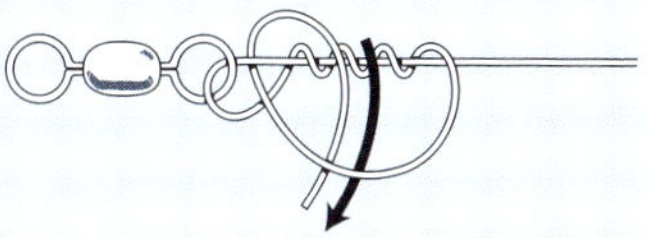

⑤ ゆっくりと引いて締める

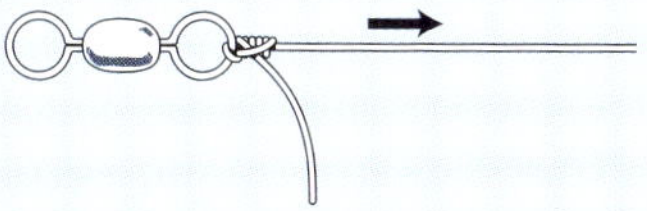

⑥ 2ミリくらい残して切る

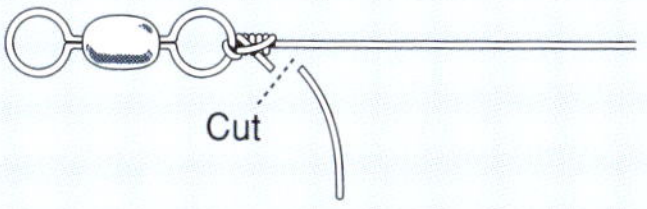
Cut

枝ハリスの出し方

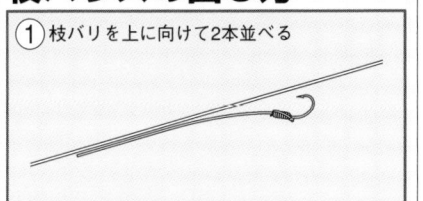

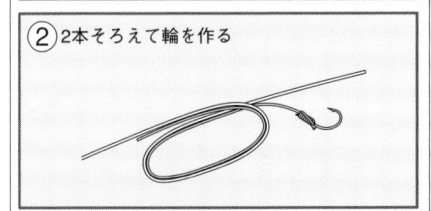

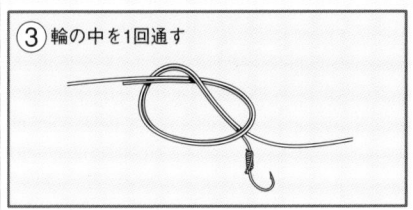

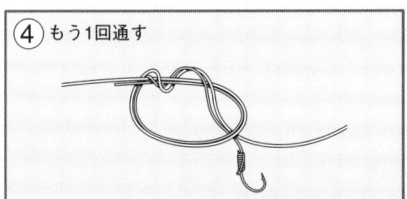

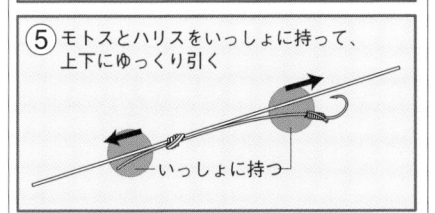

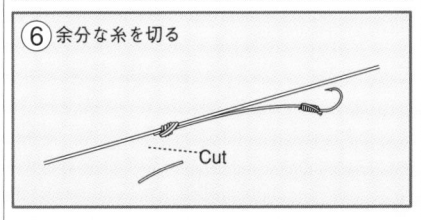

①枝バリを上に向けて2本並べる

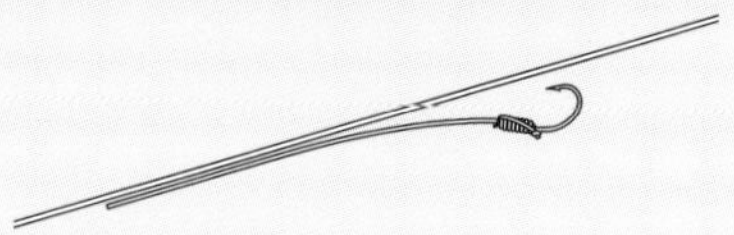

②2本そろえて輪を作る

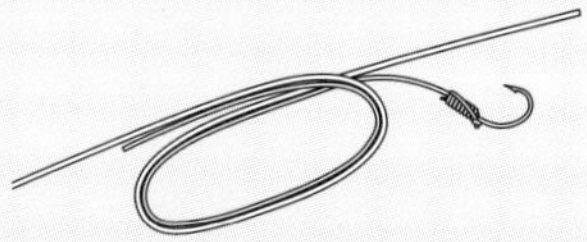

③輪の中を1回通す

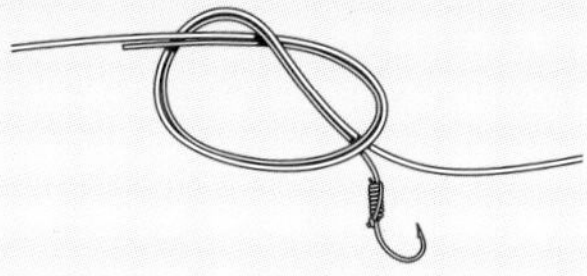

④もう1回通す

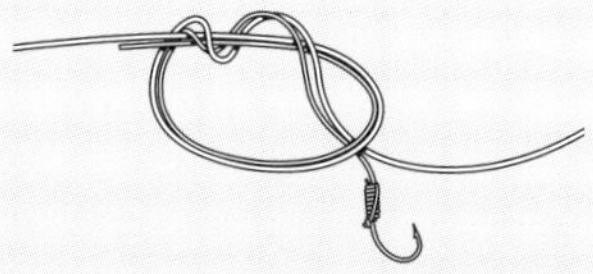

⑤モトスとハリスをいっしょに持って、
上下にゆっくり引く

⑥余分な糸を切る

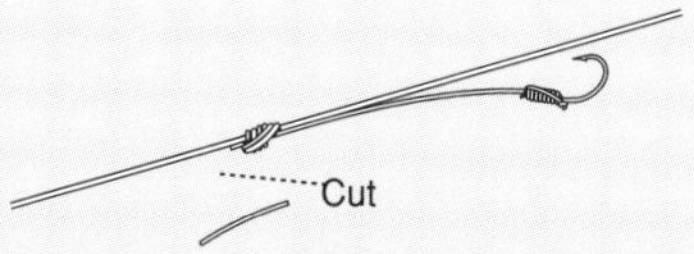

チチワの接続

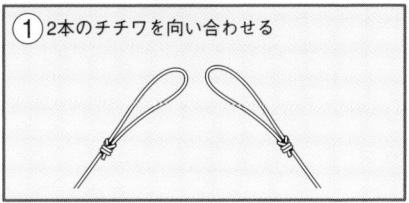

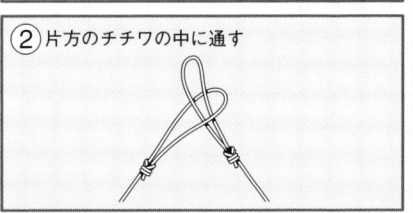

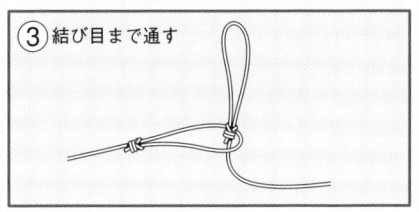

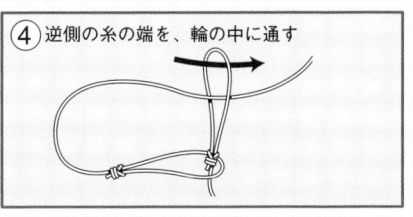

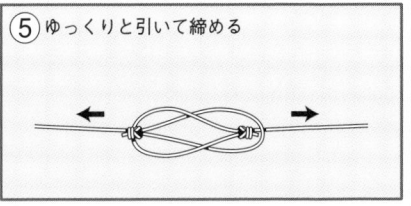

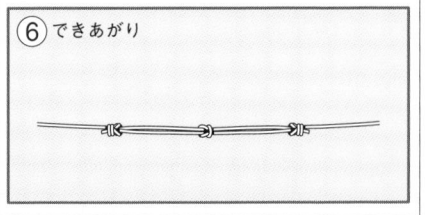

①2本のチチワを向い合わせる

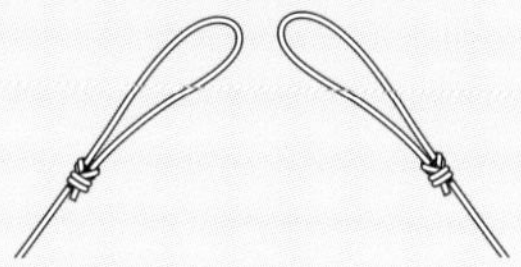

②片方のチチワの中に通す

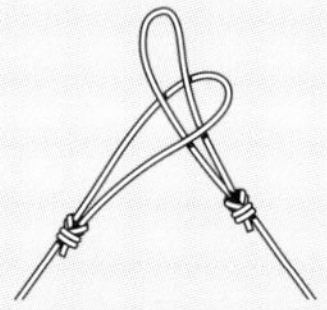

③結び目まで通す

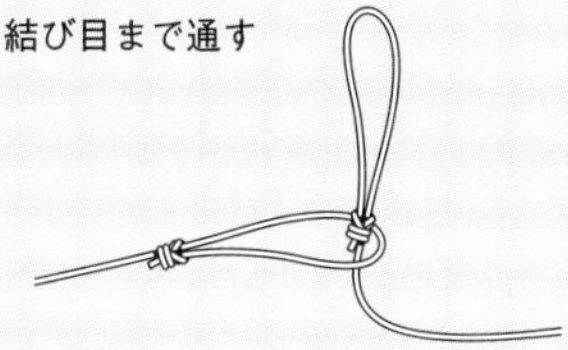

④逆側の糸の端を、輪の中に通す

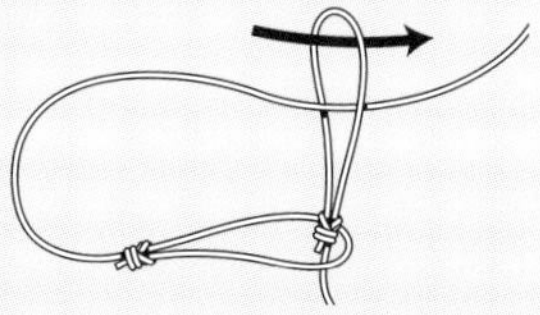

⑤ゆっくりと引いて締める

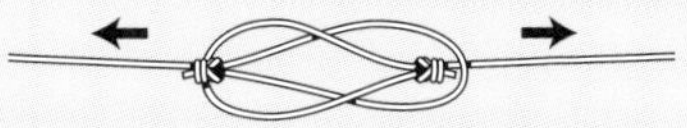

⑥できあがり

第5章

マイボートフィッシング

ボート釣りの世界にドップリとハマったら、自分のボートが欲しくなる。
しかし、安易な気持ちで購入すると、事故やトラブルを招くことになる。
ルールやマナーは、貸しボートと何ら変わらない。

BOAT

マイボートの岸払いと注意事項

安全とマナーを守り、漁業関係者や近隣住民へ十分な配慮を！

ボート釣りのよさは、自由に手軽に釣りを楽しむことができるところにある。それがマイボートであれば、その魅力はさらに大きい。ただし、自由といっても釣りの基本である安全対策、釣りの常識としてのルールは絶対に守らなければならない。

釣り場では、その海での色いろなルールが決まっている。マイボートであっても、そのルールを守ることは当然である。

マイボートならボート店に迷惑がかからないだろうと遠くにこぎ出したりすれば、潮流が速かったり、風でさらに遠くへ流されたりと、自分で自分の首を絞めることになりかねない。漁業関係者やボート店に迷惑をかけないよう心がけることは、自分自身の安全のためにも大切なマナーなのである。

マイボートの岸払い

マイボートで岸払い（離岸）の場所を選ぶのは、大変重要なことである。離岸のときと着岸のときは、沖から寄せる波をかぶったりしないように、十分気をつけたい。

貸しボートのある海は離岸、着岸に対し、安全な条件を一応は備えているが、それ以外の海では自分で条件を判断する必要がある。

岸払いの安全条件とは、

①沖からの波の影響を受けない所。

②砂浜の場合は、特に干潮時と満潮時とで大きく条件の変わらない所。

以上の2項目である。

ルールやマナーを守り、安全にマイボートの釣りを楽しもう

①はベタナギのときは波もなく安全に見えても、夕方の着岸時には風で波が立っていて、危険な状況になっていることもある。外海に面した砂浜は、そのような所が多いので注意したい。

砂浜の岸払いの場所としては、沖側の前方に半島や岩場があって、一日中波や風の影響を受けにくい所や堤防で囲まれた所。または沖に一文字堤防やテトラ堤が入っている所などを選ぶようにする。波の静かな湾に流入する河川の河口にも下ろしやすい所がある。

②は干潮と満潮で露出する砂浜の状況が変わるような所。特に干潮時にたくさんの岩礁が現れる所は避けるべきだ。また、遠浅の砂浜などは着岸時に海岸線が遠く離れてしまって、ボートや道具を運ぶのに苦労することもある。いずれにせよ、地元の人に聞くなどして、その状況を十分に知っておく必要がある。

ボートは絶対に引きずらないこと。海岸へ浮かべるときも十分注意しよう

漁港のスベリや港湾施設ではマイボートの持込み（海への出し入れ）は原則禁止。漁協の人たちの好意で下ろすことのできる場合も稀にあるが、あくまできちんとしたあいさつをして迷惑のかからないように心がける。

また、砂浜から下ろす場合でも、近隣の住民の迷惑とならないよう十分に配慮すべきである。海は皆のもの、自由に使ってもかまわないじゃないか、などという気持ちでの勝手な行動はトラブルの元となる。

マイボートの注意事項

車からボートを降ろし、海岸まで運ぶ場合、ボートを引きずっていくのは厳禁である。ボートの船底は安全上最も大切な部分で、そこを傷めると大変なことになってしまう。

海にボートを浮かべ、道具や荷物を積むときは、船体の半分ほどを陸に上げておくこと。このとき、波でボートをさらわれないように十分注意する必要がある。

2人で釣行のときは1人がボートを押さえ、決してボートから離れないこと。1人で釣行のときは、トゥインロープ（またはアンカーロープ）でボートを陸上に止めるようにする。

ゴムボートの場合は海岸で空気を入れるが、夏は日中の気温の上昇を考え、ちょっと少なめに入れる。空気圧の目安は、海に浮かべているときに指で押してみて、ちょっとへこむ程度。

釣り用のゴムボートはその気室が複数であるため、それぞれに均等に入れることも重要である。不均等だと、前後または左右の浮力に差ができて、こぎにくくなってしまう。

その他、釣り場まではマイカーでボートを運んでくるわけだが、その車の駐車のしかたも十分に注意したい。

海辺は漁業関係者の作業の場でもある。ボートや道具を降ろしたら、駐車場や車の止めることが許された安全な場所へ止めること。迷惑駐車は絶対にしないように。

BOAT

マイボートの種類

素材、大きさ、形状など数多くのタイプがある

ゴムボート

他のボートに比べ、価格的にみて最もローコストである。といってもＦＲＰ製並みの価格の高級品もあり、種類も豊富である。

コンパクトにたたんで持ち運びができるので、車での運搬時も乗用車のトランクに収納できる。浮力も一番大きく、安全性も非常に高い。耐久性も近年ハイテク素材とネオプレーン（ゴム）の組み合せで4層以上の素材構造を持ち、衝撃や摩擦、それに炎天下の紫外線などにも大変強い。

ゴムボートの種類には、釣り用に開発されたフィッシングボート、船外機を付けて走りを楽しむためのパワーボート、ダイバーなどが主に使用するスポーツボートなどがある。釣りにはむろん、フィッシングボートが一番向いている。

夏の海水浴場などにあるレンタルゴムボートやビニールボートは、気室が1つのものが主で、底板もなく釣りには向かない。

欠点としては海岸でボートを組み立てるのにやや時間を要すること。それにＦＲＰ製に比べ、ちょっとした風でも直進性が悪くなり、真っすぐにこぐのが難しくなることが挙げられる。

分割ボート

ＦＲＰやアルミ製で、2～4分割に船体が分かれている。持ち運ぶときも一体型よりは楽で、ワンボックスタイプの車に（軽四輪にも）積むことができる。組み立ても数本のボルトでロックするだけで、3分前後で組み立てられる。家での保管場所も小さいのが利点となっている。

一体型ボート

アルミ製もあるが、ＦＲＰ製が一般的である。船底が2重になっているものや、水が入っても沈まないような浮力のあるものなど、安全性の高いものを選びたい。

ＦＲＰはグラス繊維を幾層にも合わせてプラスチックで固めたもので、最近で

ゴムボート

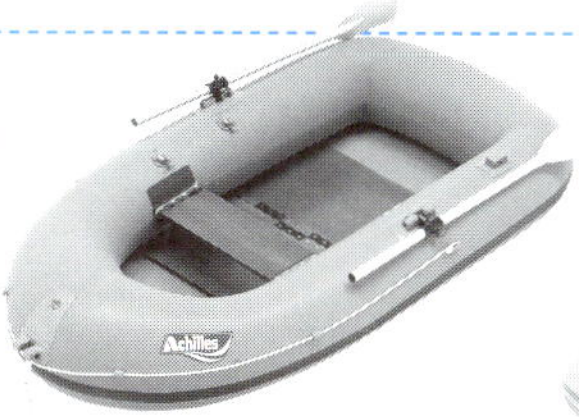

手こぎタイプのゴムボート
（アキレスECU2-521）

船検・免許不要2馬力
船外機用のゴムボート
（アキレスLF-265）

分割ボート

船検・免許不要2馬力船外機限定仕様のFRP3分割組み立てタイプ（アカシヨットENK330M）

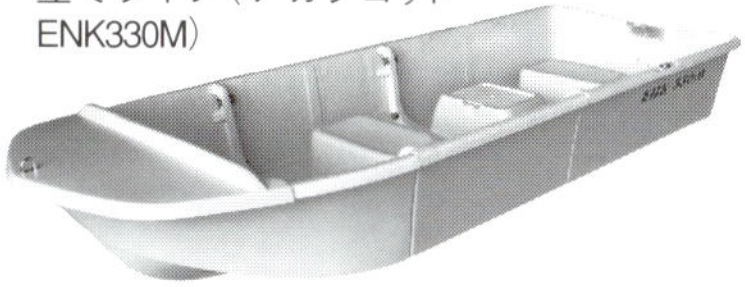

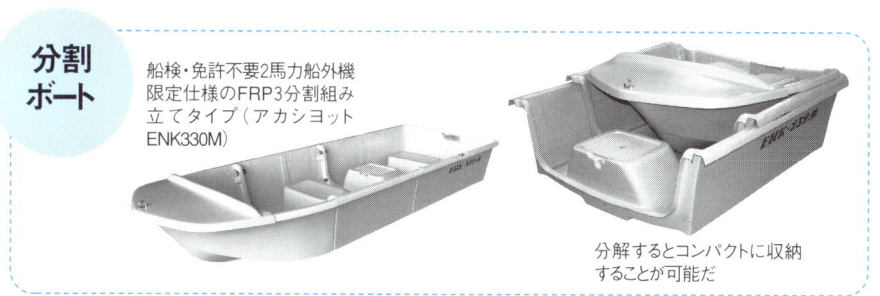

分解するとコンパクトに収納することが可能だ

一体型ボート

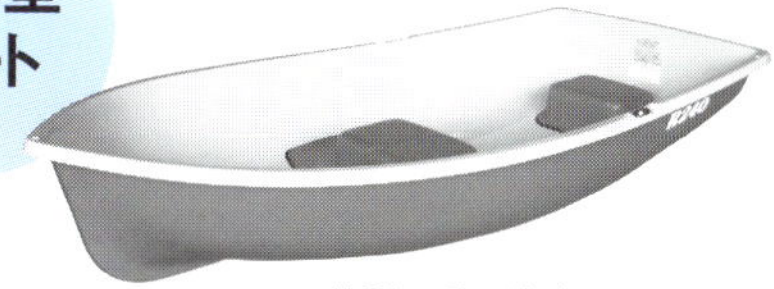

FRP一体型の手こぎボート
（アカシヨットR-240）

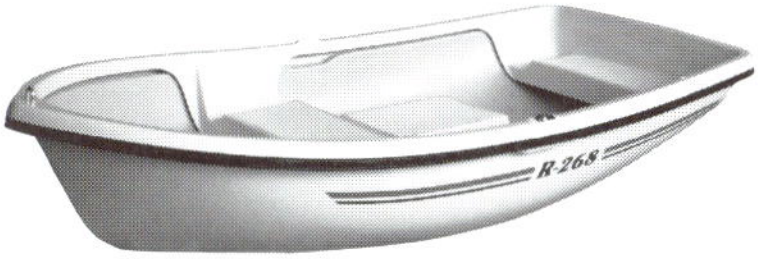

FRP一体型イケス付きの手こぎボート（アカシヨットR-268）

は100トンクラスの船の中にもFRPで作られたものも多く、その強度は大変に高いものである。

1人乗りのコンパクトなものから2～3人乗り、さらに大型のボートと各種あるが、1人でこぐときの軽さ、それに乗用車のルーフに積んで運ぶため、11フィート（3.1メートル）程度の大きさ、船体重量も40キロ未満のものが理想である。この大きさであれば、車のルーフへの積み降ろしも1人ででき、海岸へ着いてからも能率のよい行動ができる。

なお、釣り用に作られているボートはイケスを備えているものも多く、釣った魚を生かしておくことができる。特にそれを生きエサにしての、一発大物狙いには便利である。

近年になり2馬力以下のエンジン付きボートは免許なしで操船できるようになり、これを使う人も増えてきた。だが、馬力も小さなボートなので、絶対に遠出はしないこと。あくまで、手こぎボートの補助として使うエンジンと考え、釣り範囲は手こぎボートと同じと考えたい。

BOAT

小型船舶操縦免許を取ろう

エンジン付きボートを操船するには免許が必要

手こぎボートの釣りエリアは、遠くても岸から1キロ未満が普通だが、エンジン付きならそのエリアはグーンと広がり、釣りの世界も広がることは確か。車で運べる小型ボートでも手こぎボートの数倍のエリアが釣り場となり、プレジャーボートならさらに広大なものとなる。

しかし、忘れてはならないのが船長としての安全に対する配慮とマナー。44～47ページに記した「安全対策」は決して手こぎボートだけのものではなく、エンジン付きボートにも通ずるので頭にたたき込んでおいてほしい。

▶小型船舶操縦免許を取るには

近年、艇長3メートル未満でエンジン2馬力以下の※ノーライセンスボートも登場したが、安全のため基本的な船舶のルールは知っておくべきである。それ以外は小型船舶操縦免許証を持たなければならない。気軽な沿岸の釣りを行う目的なら2級を取得するのが一般的。受験年齢は15歳9カ月となっている。

講習で技能を学んで国家試験を受けるが、自動車免許を取得するのに比べれば2級免許はトータルで10万円くらいと、はるかに低料金、短時間で比較的簡単に取得可能だ。

国家試験は、

① ボートメーカーやショップ関係のスクールで講習後、受験する（参考問い合わせ＝ヤマハマリンホットライン☎0120・730・344）。

② 国家試験が免除される、国土交通省登録小型船舶教習所（日本船舶職員養成協会［JEIS］など）に入校して講習と実技検定を受ける。

以上の2パターンから選択するのが普通。もちろん独学でペーパー試験と実技を勉強して国家試験に挑んでもよく、トータルコストは右記の4分の1程度で済む（国家試験の総合窓口＝日本海洋レジャー安全・振興協会）。だが、ペーパー試験はなんとかなっても車同様、実技試験でつまずく人が多いのも事実だ。

免許を取れば釣りエリアは格段に広がる

BOAT

第6章

ボート釣り入門者Q&A

実際に釣りを始めてみると、様ざまな疑問や問題が起きるもの。
ここではボート釣り入門者が抱く初歩的な疑問を取り上げて解説してみた。

Q1 初めてボート釣りに行きたいのですが（子供も連れて）、どんな点に気をつけたらいいですか。

A はじめてのボート釣り、しかも子供同行となると、まず安全を第一に考えること。自宅からボート釣り場までが近く、魚を狙うポイントも岸から近くにある釣り場を選ぶべきです。

おすすめはシロギスを中心とした五目釣り。前日の天気予報で風の弱い好天であることを確かめてから出かけてください。天気が下り坂だったり、風が出るようならば思い切って中止し、別の日に釣行するといいでしょう。

釣り場に着いたらボート店の人にポイントなどをよく聞いて、なるべく他のボートがたくさん集まっている付近をポイントに選びます。

好天で日中に風がなくなったら、アンカーを上げたまま流し釣りをすると好釣果につながります。ただし、沖へ流される潮流や風のときは、早めに岸方向に戻るように心がけることです。また、初めてのボート釣りや不慣れなうちは流し釣りはつつしみ、アンカーを打った安全な釣りを行うこと。

子供はボートの上ではしゃいだりしがちですが、危険ですから絶対に立ち上がらせないように。ボートに乗る前にトイレもすませておくことです。

子供連れで釣行するときは、特に安全面には気を配りたい

Q2 ボート釣りの場合、エサはどのくらい用意すればいいでしょうか。

A ボート釣りのエサは、狙う魚と釣り方で異なります。

シロギスを中心とした片テンビン仕掛けを使う釣りにはジャリメ、アオイソメなどがよく、1日6～7時間釣るとして、1人2パック（1パックは400～500円くらい）は必要です。

アジなどのサビキ仕掛けには、アミコマセを用います。1日コマセ釣りをする場合、魚の釣れ具合、仕掛けの上げ下げの回数でずいぶん異なりますが、レンガ大のブロック状のもの3～4個が必要です。

魚の食いがよく、入れ食い状態が続く

シロギス狙いのエサはジャリメが定番

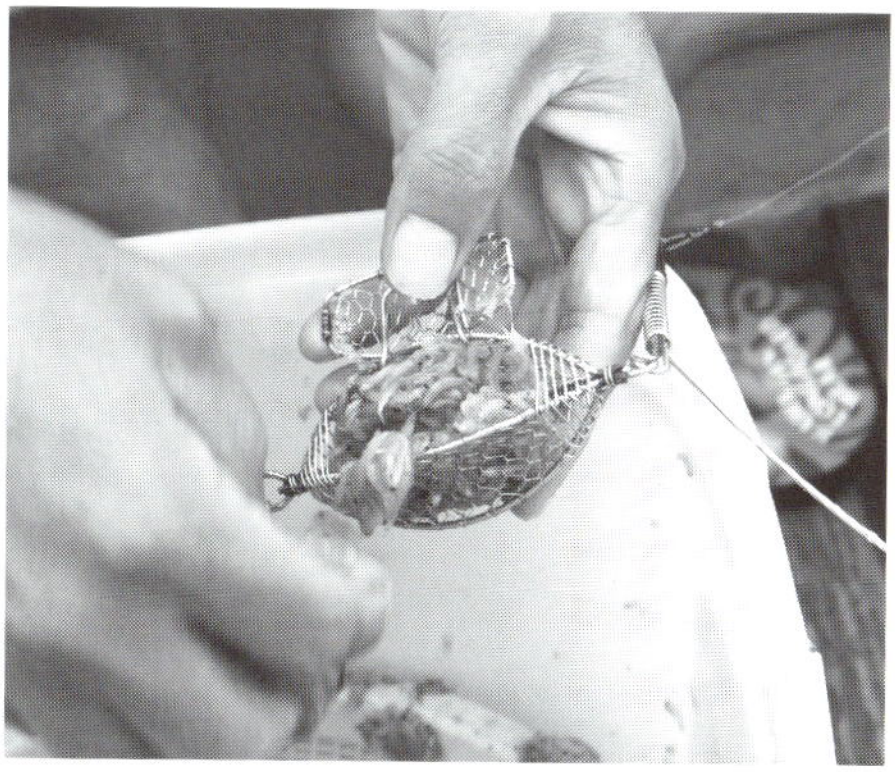

アジ釣りにはコマセとしてアミエビが欠かせない

と意外に早くエサはなくなってしまいます。このようなときは、イソメ類なら小さめに切って使い、コマセは少しずつ入れて手返しよく使えば、2~3割は長く使うことができます。

一般的にはエサ釣り、コマセ釣りの両方を行うならイソメ1パックコマセ2個ほどでよいでしょう。

入れ食いでたくさん釣れたときは、釣れるだけ釣ろうという考えより、満足できる程度釣って、早めに揚がろうと考えるほうが疲れも少なく、資源保護のためにもよいことです。

Q3 ボートでアジがよく釣れるという海へ出かけましたが、あまり釣れませんでした。どうしてでしょうか。

A アジは回遊魚であり、夏から秋を中心に湾内の浅い海にたくさん入ってきます。といっても湾内を広く泳ぎ回るのではなく、根（岩礁）の周りに群れで集まる習性があるので、そのような根を見つけなければ釣れません。

しかも、どんな根にでも集まるというわけではなく、必ず決まった根へ毎年集まってきます。そのため、ポイントを聞いただけでそのような根の上に正確にボートを付けるのは大変難しいことです。

同じ海に何度も通うと、海底の状況も徐々に分かってきます。風のない日にボートを流しながら釣っていると、根掛かりが多くなったり、ベラやカサゴなどの根魚が掛かったりして、根の存在が分かるようになるのです。

運がよいとシロギス仕掛けにアジがハ

流し釣りで根を発見

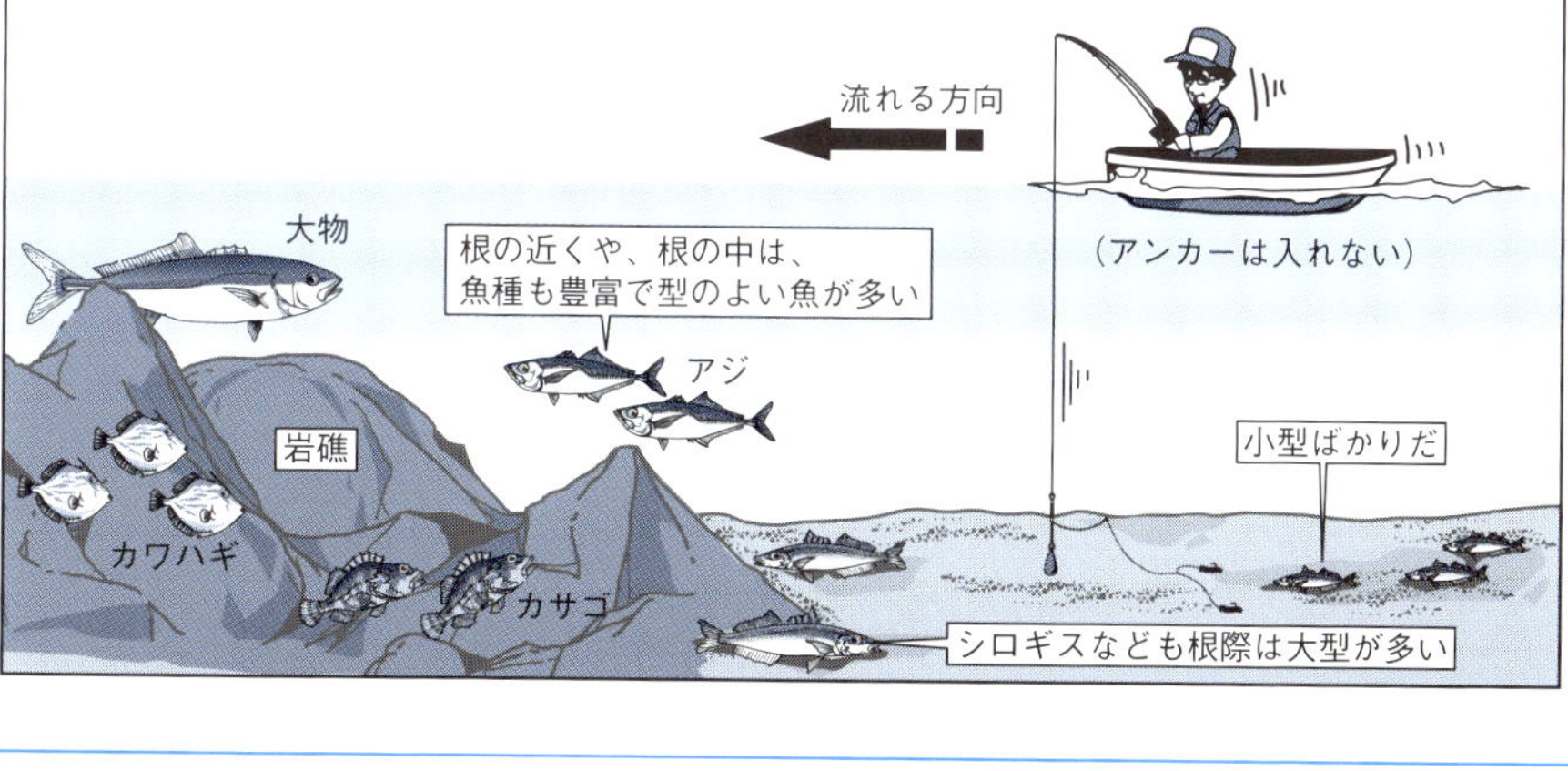
流れる方向
(アンカーは入れない)
大物
根の近くや、根の中は、
魚種も豊富で型のよい魚が多い
アジ
岩礁
カワハギ
カサゴ
小型ばかりだ
シロギスなども根際は大型が多い

リ掛かりすることがあり、そのようなポイントを見つけたら、そこへアンカーを入れてコマセで狙うようにするとよいでしょう。

アジのポイントを見つけるには、他のボートのアジの釣れ具合を見るのも手です。よく釣れる時期には、地元の漁師が小型の船外機船でアジを釣りに集まっています。このような船やボートの船団に入れてもらえば、アジのお土産は確実です。

なお、後からそのような船団に入る場合は、他の船やボートのじゃまにならないようにボートを止め、ひと言あいさつするのも忘れないように。

アジ釣りはポイント探しが重要。釣果に大きく影響する

アジ釣りではネンブツダイがよく掛かる。タナが合っていない場合が多い

スズメダイもよく釣れる外道だ

Q4

アジ狙いで釣行しましたが、ネンブツダイやスズメダイといった外道が多く、他の人の釣果を見せてもらったら、私の3倍以上もアジを釣っていました。同じようなポイントで、2～3メートル底を切って釣っていたのですが、なぜでしょうか。

A

アジの基本のタナは、確かに底から2～3メートルです。しかし、夏から秋の湾内のアジはタナがもっと上であり、狙うタナが低すぎたようです。

この時期のアジはコマセをまくと中層付近に集まることが多く、タナが低いと外道が多くなるのは当然です。食いが立ってくると、コマセに誘われてアジはどんどん上がってきます。中層から上を狙えば、ハリ掛かりするのはアジが中心となったはずです。

たとえば、水深15メートルのポイントであれば中層の7～8メートルと考えるべきで、食いがよいと水面下2～3メートルでも食ってくることもあります。このようなときは、コマセカゴを外して潮上に手で少しずつコマセをまき、その中にサビキ仕掛けをスーッと入れるようにすると、能率よく釣ることができます。

Q5　最近、色んな釣りでPEの道糸が多用されていますが、その効果は？　また、スピニングリールで投げて使った場合の使用感はどうですか。

A　PEラインはスーパーPEラインとかダイニーマなどの商標がつけられた糸で、特徴としては強度が抜群に強いこと、ほとんど伸びがないということが挙げられます。

ボート釣りでは1～2号程度を使うといいでしょう。道糸は細いほど潮流などによる糸フケ（タルミ）が出にくく、魚がハリのエサを口にしたわずかなアタリでも敏感に伝えてくれます。

ちょっと遠くに仕掛けを投げると、これまでのナイロン道糸では魚のアタリが分かりにくく、リールを巻きだしたら「ちょっと重い」「なんか魚が付いてるみたい」といった感じで釣れた（釣れていた）ことが多くありましたが、PEラインではまずそんなことはありません。

たとえ小さな魚であっても、ツン、ツンとか、ククッといった明確なアタリを伝えてくれます。さらにハリ掛かりしてから魚が暴れる様子もダイレクトに感じ取られて、釣りの楽しさも倍加します。

また、仕掛けをゆっくり引いてくるときに海底の状況の変化もよく分かり、カケ上がりのポイントなども判断できます。そのような所は魚の寄り場になっていることが多く、誘いをかけて集中して釣るとよい釣果がでます。

欠点としては、魚からみるとハリのエサを口にしたときのショックが大きく、エサをすぐ吐き出してしまうといったことでしょう。

そのため、PEの道糸には軟らかめの竿を使用し、魚に対するショックを小さくすることです。合わせのタイミングも、ほんの少し竿を送り気味にしてから行うといった工夫も必要です。

ベテランは0.6～0.8号といった細めを使う人が多いですが、初心者はトラブルの少ない1.5号を使うのが無難です。PEの道糸をスピニングリールと組み合わせ、

PEラインでキャストしても何も問題はない

PEの道糸は現在の主流。伸びが少なく感度が高いので人気がある

投げて使用することには何の不都合もありません。そのしなやかさはナイロンより糸フケもなく、使いやすい糸といえます。

Q6

最近は海のルアー釣りも盛んになったと聞きますが、ボートでもルアー釣りができますか。

A

海のルアー釣りは対象魚として回遊魚が中心で、シーズンは夏から秋が中心です。他の季節でもスズキやヒラメなどが狙えますが、確率が低いため、これはあまり行われていません。

7～8月ごろ、回遊魚の一番手はワカシで、初期は20センチ前後のリリースサイズが多いため、9月以後がルアー釣りにはおもしろい時期です。

このころになると40センチ近くに育ったイナダやソウダガツオ、シイラなどが狙え、カンパチやクロメバル、フッコなども対象になります。

仕掛けは軽量のルアーロッドにスピニングリール。道糸はナイロン5号を100メートルほど巻き、スプーン、スピナー、プラグなどが使われます。

ルアーを引く場合は、海面スレスレから、せいぜい5～6メートル下を引くか、底まで沈めてシャクってきます。その場合、スプーンなどはカミツブシオモリをハリスに付けて沈み具合を調節します。

海のルアー釣りは人気が高い。様ざまなタイプのルアーが使われる

ほかにも最近はアオリイカ狙いのエギングも流行しています。釣期は春から晩秋と長く、初夏と秋の2回ピークがあります。初夏は産卵期の大型狙い、秋は中小型の数釣りが楽しめます。

釣り方についてはアオリイカ釣りの項で解説していますので、そちらを参照ください。

ボートからのアオリイカのエギングも人気上昇中だ

Q7 ボート釣りではよく毒魚が釣れると聞きましたが、どんな魚が毒魚だか教えてください。

A 毒魚とはヒレなどに毒を持つ魚や、食べると中毒を起こす魚のことです。毒のあるヒレにちょっと刺されただけでも強い痛みを受け、釣りどころではなくなってしまいます。

この種の毒魚の代表格はハオコゼです。全長5～6センチの赤褐色の小魚で、大きな背ビレに特徴があり、シロギス釣りの外道に時どき釣れます。釣れたらメゴチバサミなどで挟み、ハリスを切って海へ戻すといいでしょう。

そのほか、カサゴやメバルのヒレにも若干の毒があり、あまり無造作に魚体をつかまないほうが無難です。腹側から目の後ろ、胸ビレのあたりをそっとつかむ程度ならだいじょうぶです。

オニカサゴのヒレは毒性が強いため、大きな口の下顎に親指を入れてつかむようにします。

フグなどは体内に猛毒を持っているた

ヒレに毒を持つ魚

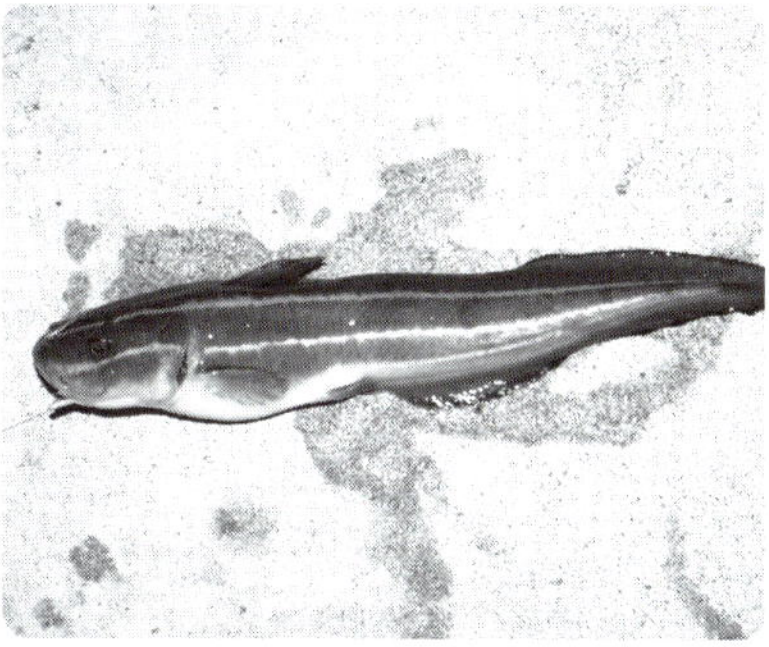
ゴンズイは潮が濁っているとよく釣れる。背ビレと胸ビレに毒トゲを持つ

ハオコゼは小さなカサゴに似ているが、ヒレには強い毒を持つ

美しいヒレを持つミノカサゴだが、そのヒレには毒を持つ

カサゴの仲間もヒレに弱い毒がある。不用意に素手で触らないほうがよい

め、食べると死に至ることも珍しくありません。乗合船では釣りの対象にしていますが、調理には専門的な知識と免許が必要なので、素人は絶対に調理してはいけません。釣れても持ち帰らないでください。

その他、沖釣りではイシナギやハタ科の魚の一部には、肝臓などに毒素を持っているものもありますが、ボート釣りでは釣れてきません。

ソウダガツオでもマルソウダは生で食べると下痢を起こすこともあります。サバやシイラなども、釣った後ボートの上で粗雑に扱って鮮度が悪くなり、中毒を起こす例がありますので注意してください。

一方、毒魚ではなくても、鋭い歯を持っている魚（ウミヘビも含む）や背ビレやエラの鋭い魚も、手などに刺さらないように注意が必要です。アジ釣りの外道で釣れるムツなどは歯の鋭い魚の代表格。ウツボやダイナンウミヘビなどはたまにボートでも釣れてくるので十分注意してください。

食中毒を起こす魚

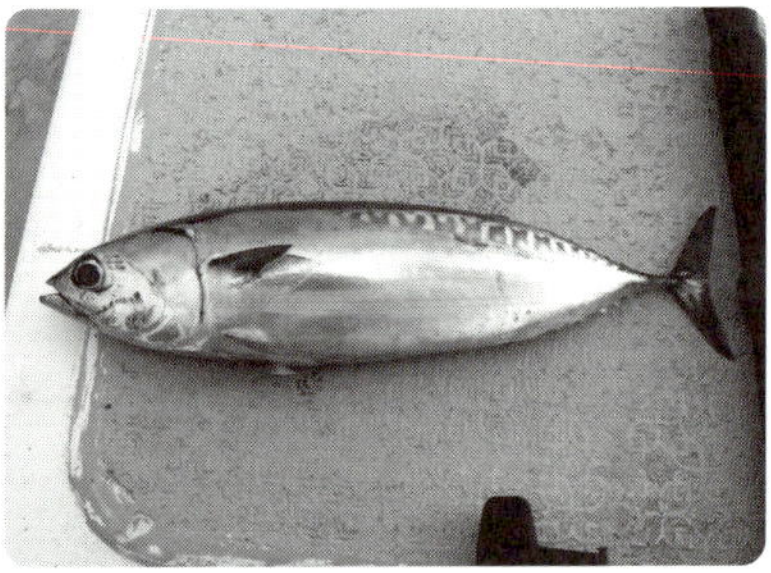

マルソウダは刺身で食べると下痢を起こすことがある

フグ類の毒は死に至るほど強い。免許を持たない素人が調理をしてはならない

歯の鋭い魚

ダイナンウミヘビなども歯が鋭いので注意したい

ウツボは歯が鋭く、噛みつく力が強いので要注意

BOAT

第7章

ターゲット別の釣り方

一通りボート釣りの知識が身についたら、
道具を持っていよいよ実践。
ここでは魚種ごとの釣期や仕掛け、エサ、釣り方などについて解説していこう。

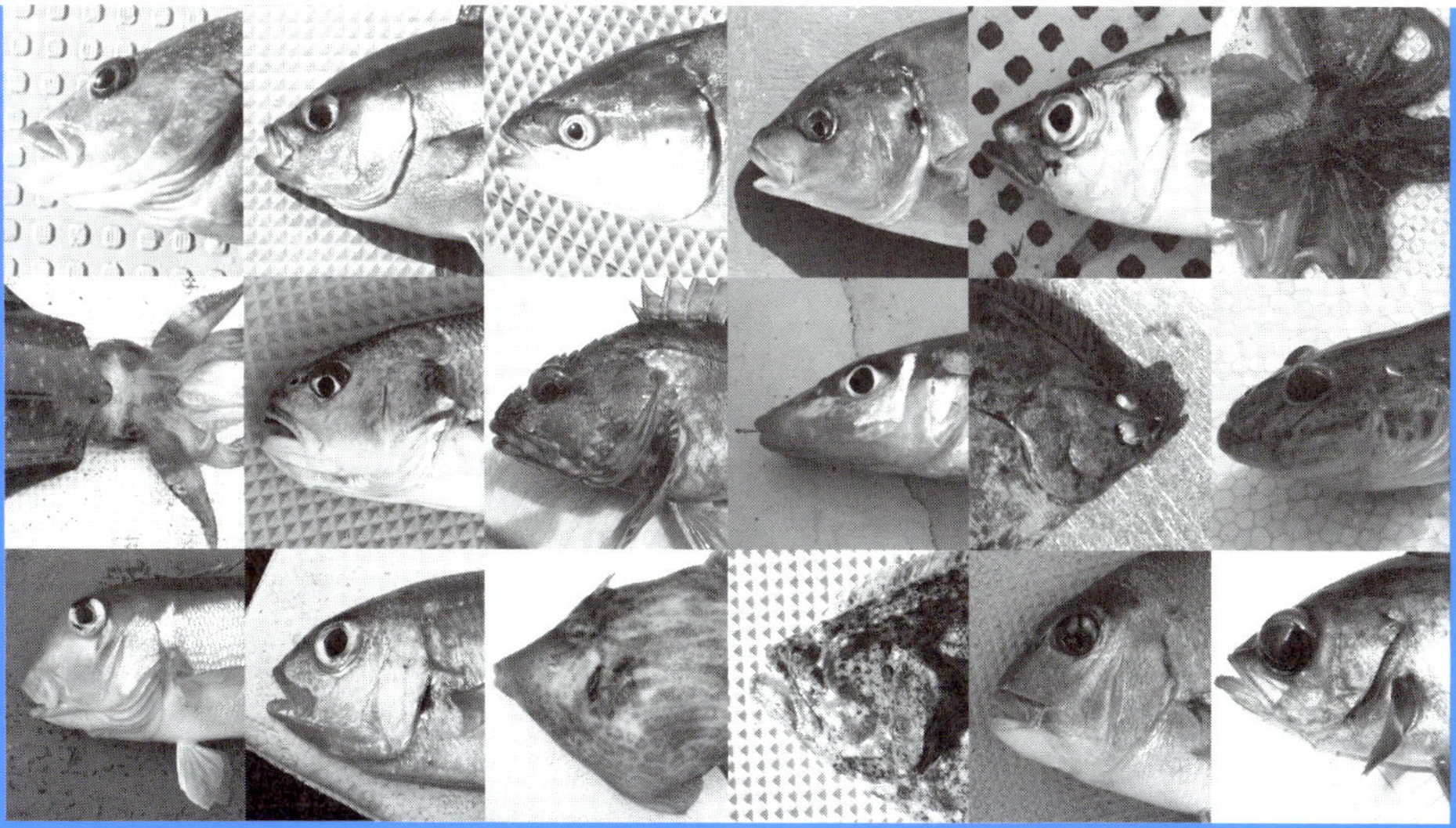

・ボート釣りでは狙える魚の釣期は、釣り場やその年の潮の状況、気象条件で異なることがある。
・場所、地域でも大きく異なることもあるので、出かけるにあたっては、地元のボート店に問い合わせたり、つり情報欄、ニュースなどを参考にされたい。現地でのエサの状況や仕掛けについても確認すること。

魚種＼月	1	2	3	4	5	6	7	8	9	10	11	12	備　考
ワカシ・イナダ						△	○	◎	◎	◉	○	△	ワカシ7～8月中心、イナダは9月以降
ワラサ									▲	○	◉	△	年によりまったく回遊してこないことも
ソウダガツオ						△	○	◎	◎	◉	○	○	ヒラソウダ、マルソウダ共通
シイラ						▲	○	◎	○	△	△		
イサキ				▲	○	◉	◉	○	○	▲	△		
カマス						▲	△	○	○	△			
ホウボウ	△	△	○	○	○	▲	▲	△	○	○	△	△	
アナゴ				▲	△	○	○	○	△	▲			
アマダイ	◉	○	○				△	△	○	◎	◎	◉	
イトヨリ	○	△							△	○	◎	◎	
カイワリ							▲	△	○	○	△		
ハタ						△	△	○	○	○	○	△	
イシダイ	△						△	○	○	○	○	△	
カンパチ							▲	△	○	○	△		年によりまったく回遊してこないことも
クロダイ	△	▲			△	△	△	○	○	○	○	△	
アオリイカ	△	▲	○	○	◎	◎	○	○	◎	◎	◎	○	
マルイカ							△	△	○	○	△		
マダコ	○	○	△	△	◎	◎	○	△	○	◎	◎	○	地域により釣期が異なる
イイダコ	○	△				△	△	○	○	◎	◎	◎	地域により釣期が異なる
コウイカ			○	◎	◎	○			△	△	△		

ボート釣り対象魚釣りカレンダー

◎＝最盛期（◉＝旬）
○＝よく釣れる
△＝釣れる
▲＝釣れないことはない

魚種＼月	1	2	3	4	5	6	7	8	9	10	11	12	備　考
シロギス	▲	▲	△	○	◉	◉	◎	○	○	○	△	△	1～3月は深場有利
メゴチ			△	○	○	◎	◎	◎	◎	○	△	▲	
カレイ	△	△	○	◎	◎	△	▲		△	○	◎	◉	
アジ	▲			▲	▲	○	◉	◉	◉	◎	○	△	8～10月は浅場でも
ムロアジ							▲	○	◎	○	△		年によりまったく回遊してこないことも
マイワシ								△	○	○	△	△	
ウルメイワシ				▲	△	○	◎	◎	○	△			
サバ				▲	△	△	○	○	◎	○	△		
ハゼ	○	△	▲			△	○	◎	◎	◎	◎	◎	地域により釣期が異なる
カワハギ	△	△	▲	▲	△	△	△	○	◎	◎	◎	○	8～10月は浅場有利
ウマヅラ	▲	▲	▲	△	△	○	◎	◎	○	○	△	▲	近年少ない
クロメバル	◉	◉	◎	○	○	○	△	△	△	△	○	○	
オキメバル			▲	△	○	○	△	△	▲	▲	▲	▲	水深のある伊豆方面
アイナメ	◉	○	△	△	▲				▲	○	◎	◉	
カサゴ	◉	○	○	○	○	○	○	○	◎	◎	◎	◉	
イシモチ	◉	◉	○	△	△	○	○	▲	▲	△	○	○	
マゴチ				▲	○	◉	◉	◉	◎	○	△		
ヒラメ	○	△	△	◎	○	▲		△	○	○	◎	◎	地域により釣期が異なる
マダイ	▲			△	◉	◉	○	○	◎	◎	△	△	
シマアジ							▲	△	△	△	△	△	年によりまったく回遊してこないことも

TARGET

シロギス

SHIROGISU

ボート釣りの人気ナンバーワンターゲット。軟らかい竿とPEラインでシャープな引きを楽しもう

初夏のころから砂地の浅場で釣れるようになり、ハリ掛かりしてからのシャープな引き、姿形の美しさで人気があり食べてもおいしい。だれにでも釣れる魚で、ボート釣りの入門に最適である。

だれにでも釣れるといっても、実際に釣ってみると誘いやアタリを取って合わせるという基本動作には奥深いものがあり、ベテランとビギナーではかなり釣果に差が出てしまう。

シロギスは一年中釣れる魚だが、4月後半ごろから、暖かくなってくると次第に浅い内湾に入ってきて、5〜10尾の小さな群れで海底のエサを求めて泳ぐようになる。

群れは広く砂地に散っているが、ちょっとしたカケ上がりの付近などが好ポイントになる。根の近くの砂地などは、特に大型が集まる所だ。

釣り方と仕掛け

ボートからのシロギス釣りは、軽く仕掛けを投げて狙うのが主流。2本竿で、1本をボート下に入れて置き竿にする手

シロギス仕掛け

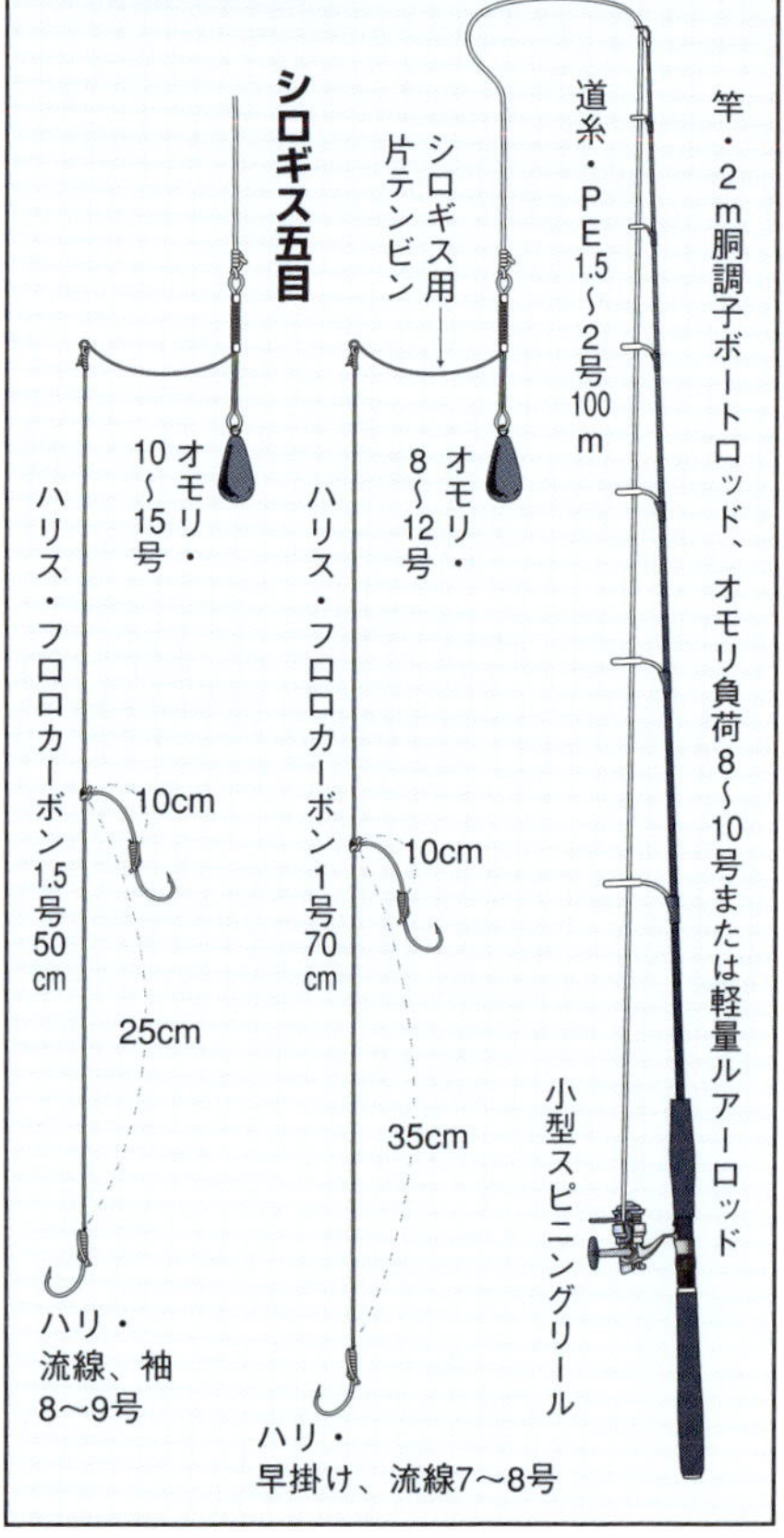
竿・2m胴調子ボートロッド、オモリ負荷8〜10号または軽量ルアーロッド
道糸・PE1.5〜2号100m
小型スピニングリール
シロギス用片テンビン
オモリ・8〜12号
ハリス・フロロカーボン1号70cm
10cm
35cm
ハリ・早掛け、流線7〜8号
シロギス五目
オモリ・10〜15号
ハリス・フロロカーボン1.5号50cm
10cm
25cm
ハリ・流線、袖8〜9号

軟らかい竿とPEラインを使えばシャープなアタリが楽しめる

シロギスはボート釣りの人気ターゲット

もあるが、これだとメゴチがハリ掛かりするケースが多くなる。シロギスだけを狙いたいなら、若干底を切るくらいにするといいだろう。

　投げて誘いながら、いかにシロギスを選んで釣るかがこの釣りのおもしろいところだ。

　キャスティング（投入）は乗合船と違い、ボートではオーバースローで行う。潮の流れをよく読み、潮下方向中心に仕掛けを投入するとアタリも取りやすい。

　投げた仕掛けが着水する瞬間に、糸の出を押さえるように、竿先をちょっと立てるか、手で道糸の出を押さえる（この動作はハリスがテンビンに絡むのを防ぐ）。

　オモリが着底するまではリールから糸を送り出すが、着底すると道糸のたるみ具合でそれが分かるので、リールのベイルを戻し、すみやかに道糸が張るまで糸を巻き取る。

誘い方と合わせのコツ

　道糸が張ったら、連続して誘いの動作に入る。置きっぱなしにすると、メゴチがハリ掛かりする確率が高くなってしまう。誘い方としてはゆっくりとリールを巻いたり、リールは止めた状態で竿を30～70度ぐらい立てるようにしたりする。そして、ポンピング動作でリールを軽く巻いて、絶えず道糸が張った状態でアタリを待つ。

　仕掛けを引いてくる速さは、よくアリ

の歩く速度などと言われるが、実際にはもう少し速いほうがよい。遅いほどメゴチが釣れてしまう。

　シロギス狙いは時に早く、一瞬止めたらすぐに引くといったように変化をつけ、エサの存在を目立たせるようにする。この誘い方で釣果にもずいぶん差が出てくる。

　誘い方はいつも同じとは限らない。その日の潮の状況に合った誘い方を早く見出すことが大切である。

　シロギスがエサを口にすると、まず〝クックッ〟とか〝コツコツ〟といった感じで竿先にアタリが現れる。PEの道糸を使用していると、そのアタリはより明確である。アタリを感じたらほんのひと呼吸待ち（リーリングしているのを止める程度でよい）手首のスナップを効かせて、竿先を30〜40センチ軽く立てる程度の合わせを行えばよい。

　よく手いっぱい大合わせをする釣り人を見かけるが、シロギスの場合その必要はまったくない。かえって付近にいる仲間を驚かせ、散らしてしまうことになりかねない。

　ハリ掛かりしたら、ゆっくりと一定のスピードでリーリングする。食いのよいときは、いきなりブルブルッとアタリを伝えてくることもある。これは一気にエサを口にしてすでにハリ掛かりして逃げようとするアタリであり、この場合はゆっくりとリールを巻けばよい。

　20センチを超える良型のシロギスだと、巻き上げ途中に何度も鋭い引き味を楽しませてくれる。軟かい胴調子竿、PEの道糸の組み合わせだと、竿も大きく弧を描き、まさに小さな大物を仕留める釣りの醍醐味を満喫できる。

エサ

　シロギス用のエサはジャリメ、アオイソメが一般的で、いずれもその食いには大きな差はない。ただし、アオイソメの太くて長いものはやや硬いので、小型のシロギスには不向きだ。そのようなときは尾の軟らかい部分を使うようにする。

　エサの長さは食いのよいときは短めがよく、1匹のエサを2分の1〜3分の1にして使う。食い渋りのときは長めで、6〜7センチのジャリメなら1匹そのまま使うとよい。

外道

　目的の魚以外に釣れた魚を外道と呼ぶが、どんな釣りにもそれは付きものである。「なんだ外道だ」なんて言わず、せっかく釣った魚は大事にしてほしい。外道といってもおいしい魚はたくさんある。本命以外の高級魚だって外道であり、外道が釣れるのも楽しさのうちと考えたい。

　シロギス釣りの外道としておなじみなのはメゴチである。正式にはネズミゴチとかネズッポと呼ばれ、姿形が悪く、頭にトゲがある。ヌルヌルとして扱いにくいので嫌われがちであるが、シロギスに劣らぬ美味な魚である。料理の仕方（おろし方）を覚え、ぜひ、メゴチのよさを理解してほしい。

　シロギス釣りでは、ほかにヒメジ、ホウボウ、根の近くになるとベラやカサゴ、カワハギなどもよく釣れてくる。シロギ

シロギスの狙い方

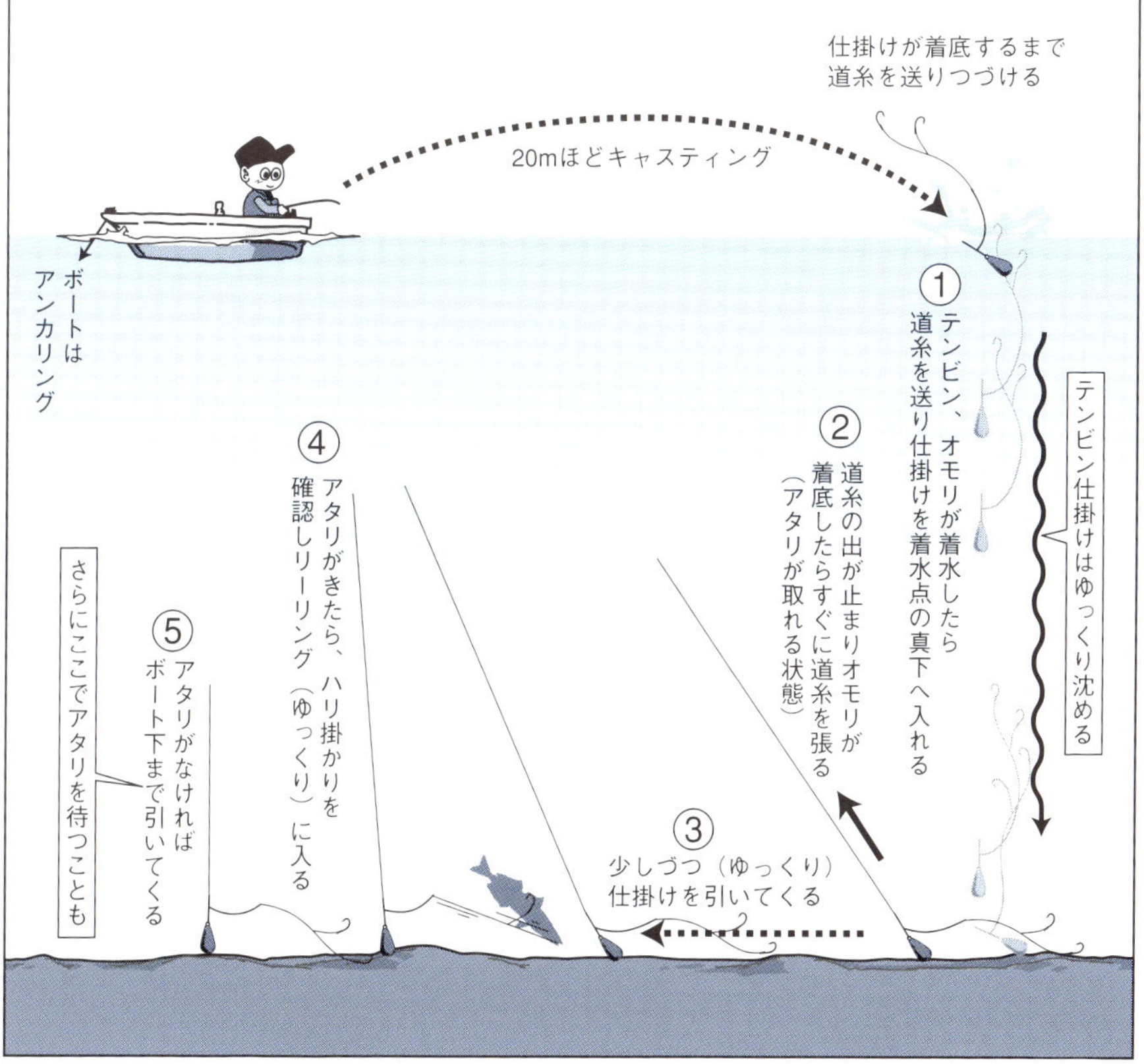

仕掛けが着底するまで道糸を送りつづける
20mほどキャスティング
ボートはアンカリング
①テンビン、オモリが着水したら道糸を送り仕掛けを着水点の真下へ入れる
テンビン仕掛けはゆっくり沈める
②道糸の出が止まりオモリが着底したらすぐに道糸を張る（アタリが取れる状態）
③少しづつ（ゆっくり）仕掛けを引いてくる
④アタリがきたら、ハリ掛かりを確認しリーリング（ゆっくり）に入る
⑤アタリがなければボート下まで引いてくる
さらにここでアタリを待つことも

ス釣りの外道のカワハギは意外に大型が多く、細いシロギス仕掛けを切られることもよくある。

これがハリ掛かりすると、竿先を激しく叩くようなアタリが現れる。途中で一度軽くなったり、油断していると、海面近くで再び強烈に引き込むといった、スリリングな釣り味を楽しませてくれる。海面まで浮かせたら玉網を使って大事に取り込もう。

メゴチはヌメリが強く嫌われがちだが美味な魚

シロギスのおろし方

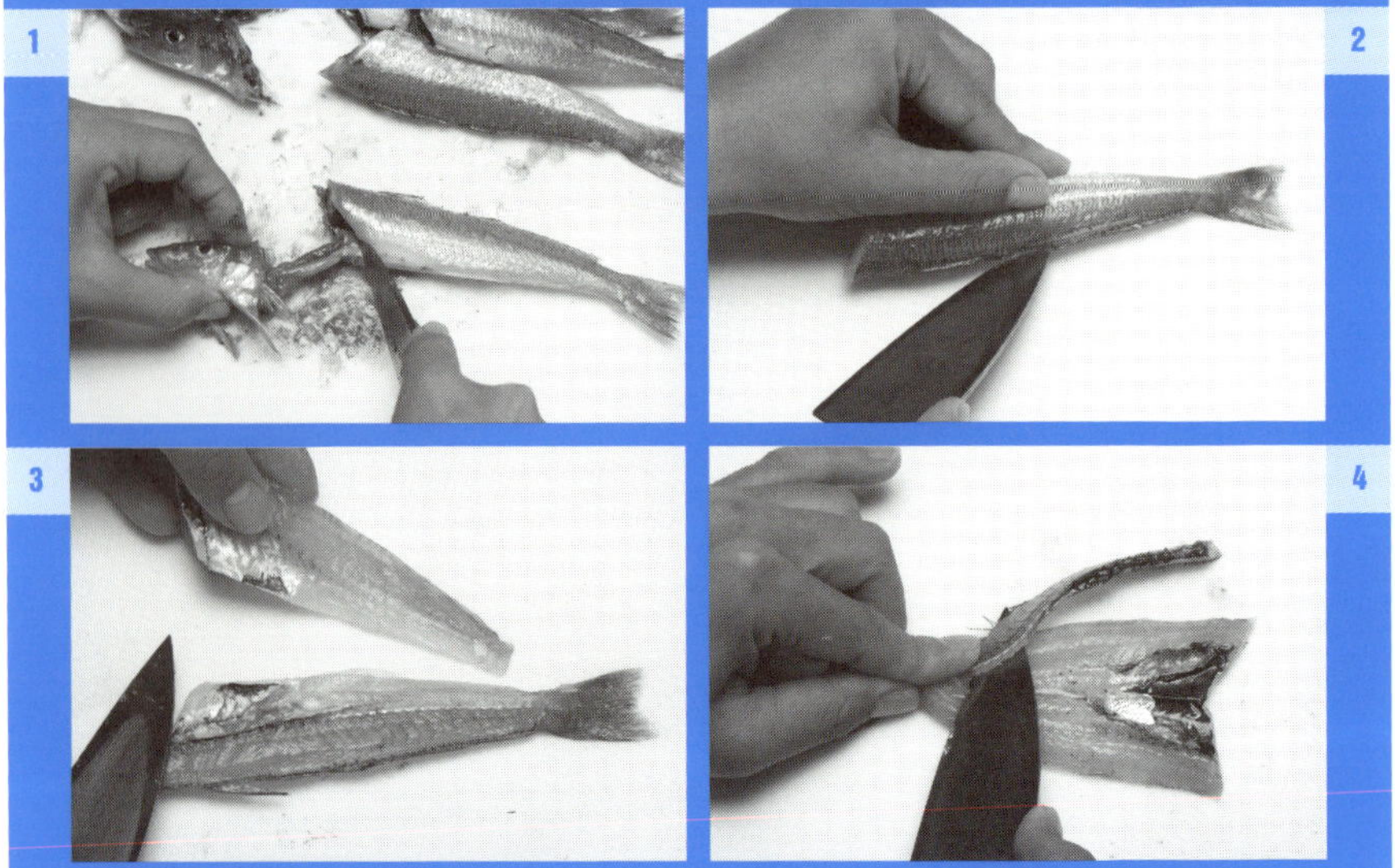

① ウロコを落とし、頭をやや斜めに切り落として内臓を取り除き流水できれいに洗う

② 水気を拭いたら背ビレに添って出刃を浅く入れ、続いて同じ所から深く中骨に添って切る

③ 腹側まで切り２枚おろし完了。裏面も同じように切れば３枚おろしの完了

④ 開きにする場合は②の要領で背側から出刃を入れ、腹側は切らないようにつなげておく

メゴチのおろし方

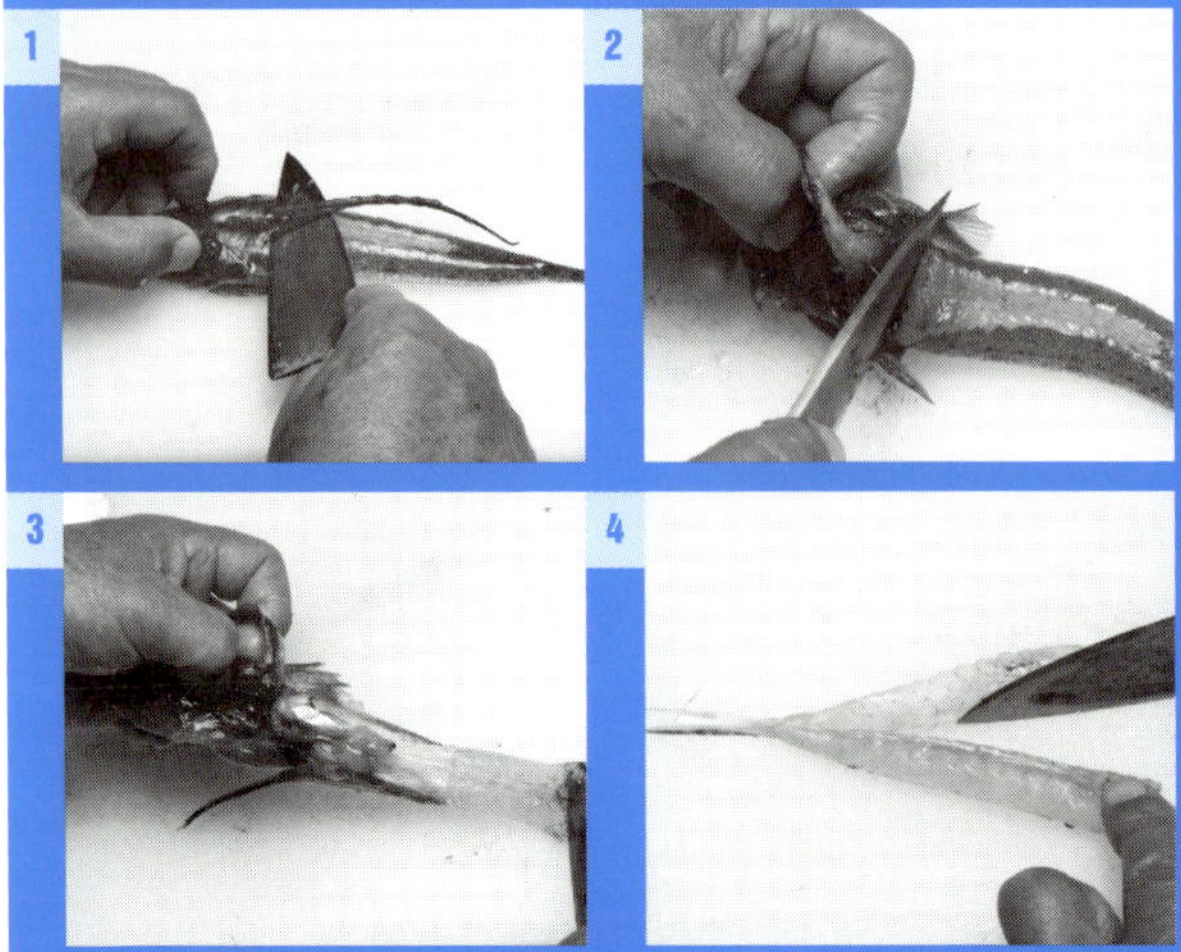

① ペーパータオルでヌメリを拭き、尾から首の付け根に向かって背ビレのみをそぎ切るように出刃を進める

② 連続操作で包丁を垂直に立て中骨を切る。このとき、絶対に内臓と腹側の皮は切らない

③ メゴチを裏返し、中骨の端を出刃の先で押え頭を尾の方向に引くと、内臓がつながったまま皮が剥ける

④ 中骨を境に両側の身から離すと松葉おろしになる

シロギスのカルパッチョ姿盛り

大型のシロギスが釣れたら、イタリアンの刺し身「カルパッチョ」はいかが？

材料（2人分）

25センチ級のシロギス1尾。

野菜類はルッコラ、水菜、白髪ネギ、プチトマトなど適量。

塩、コショウ、ドレッシング適量。レモン1/2個、エクストラバージンオリーブオイル適量

1 尾の側から頭に向かってこするようにウロコを剥がし、姿造りなので頭を付けたまま、3枚におろす（右ページを参考に）

2 中骨から内臓を除き、汚れを拭いたら尾の近くから頭のつけ根に向け竹串を通し、弓形にして刺身を盛る土台とする

3 身は皮を引き、薄く削ぎ切りにしてバットに重ならないように並べ、薄く塩、コショウ。レモン汁をタップリかける

4 野菜はサラダ風に刻み、コショウとドレッシング（オリーブオイルでも可）をかけて皿に盛る。上にシロギスの土台、中央に刺し身を盛り、最後にエクストラバージンオリーブオイルをタップリ掛ける

TARGET

カレイ

KAREI

意外に大型もよく釣れ、冬の産卵期の前から春までが狙い目となる

近年カレイはめっきり少なくなった観があるが、春に大型のマコガレイが狙えるボート釣り場はけっこう多い。1月に産卵が終わり、4~5月ごろまでが一番釣りやすい時期である。

　カレイは比較的浅い砂泥の海底に生息し、あまり泳ぎ回ることはない。ときには砂の中に潜り、目だけギョロリと出してエサを探している。近くに砂けむりが起きたり、動くエサを見つけると飛び出してきて、体でエサを押さえるようにしてから口にするようだ。

　最近は片テンビン仕掛けで、シロギス釣りのように、軽く投げて少しずつ引い

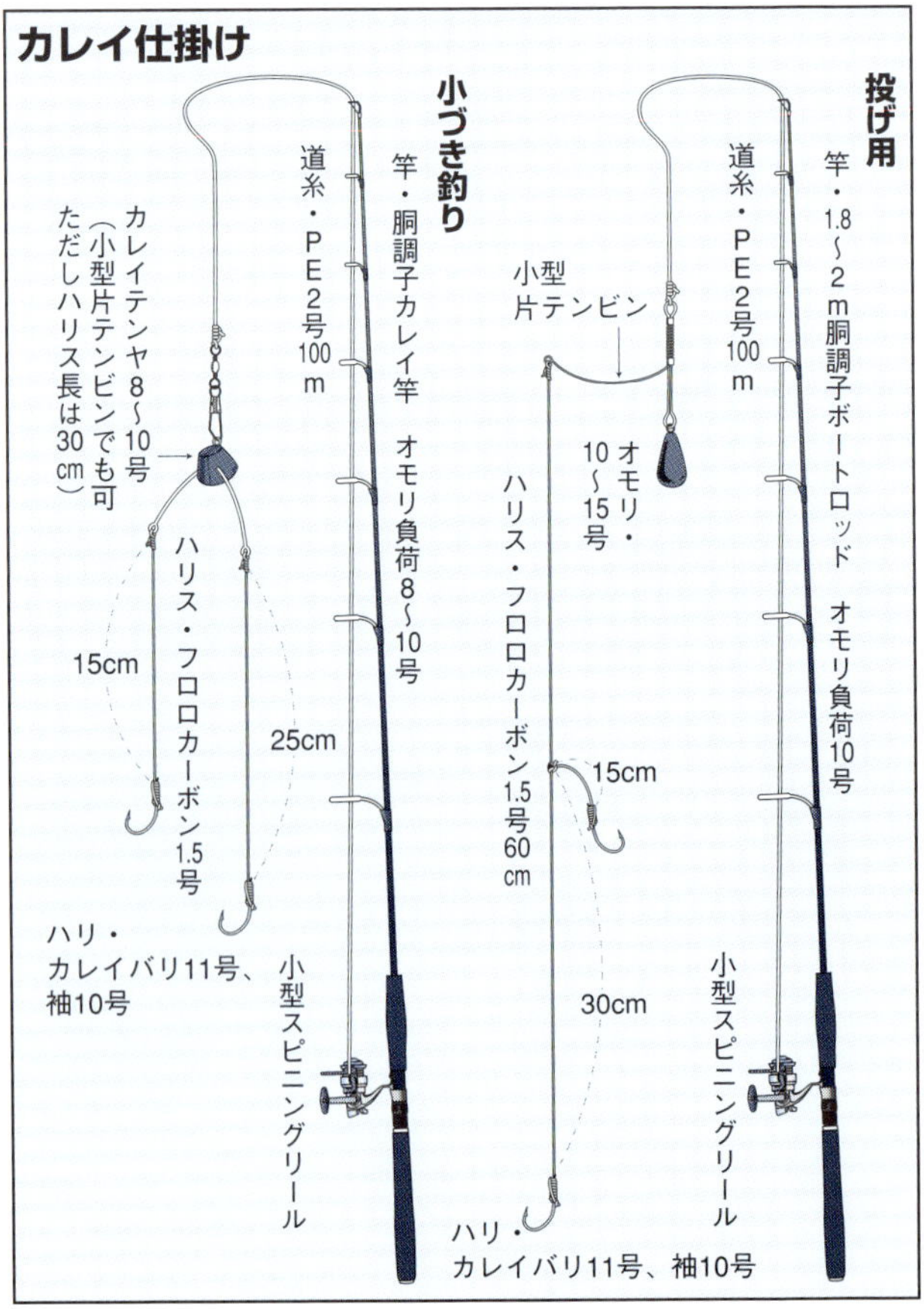
投げ用
竿・1.8~2m胴調子ボートロッド　オモリ負荷10号
道糸・PE2号100m
小型片テンビン
オモリ・10~15号
ハリス・フロロカーボン1.5号60cm
15cm
30cm
ハリ・カレイバリ11号、袖10号
小型スピニングリール
小づき釣り
竿・胴調子カレイ竿　オモリ負荷8~10号
道糸・PE2号100m
カレイテンヤ8~10号
(小型片テンビンでも可
ただしハリス長は30cm)
ハリス・フロロカーボン1.5号
15cm
25cm
ハリ・カレイバリ11号、袖10号
小型スピニングリール

カレイ仕掛け

カレイは産卵が終わってからが釣りやすい

ては待つといった釣り方が主流のようである。この場合、竿は軟らかいシロギス用と同じでよい。

昔ながらの小づき釣りには、穂先の軟らかな8・2程度の、先調子の竿が適している。オモリで海底をトントントンと3回ほど叩き、砂けむりを立てるようにして、ゆっくりとハリス分程度誘い上げてアタリを待つ。

アタリと合わせ

小づき釣りでは砂けむりが出たときに、エサが暴れていると思ったカレイが飛びついてくる。誘い上げの途中で、グッグーッと竿先を押さえ込むようなアタリがきたら、すぐに合わせないでちょっと待つこと。グイーッと引き込まれ、ハリ掛かりしたのを確かめてから竿を立ててリールを巻けばよい。

投げて狙っている場合、最初のアタリではまだエサを口にしていない場合もある。一呼吸待ってから少し竿先を上げて聞いてみて（魚が食っている感じを確かめる）、魚の重さを感じたり、グイグイと締め込みがあったら、さらに竿を少し立ててガッチリとハリ掛かりさせる。

外道

カレイは風の弱い日にボートをゆっくり流しながら釣る。この方法はポイントを広く探れるうえ、小づき釣りでは有利となる。

釣り場によっては、小さな根の付近にくるとアイナメやカサゴ、砂地ではシロギス、ホウボウなどがハリ掛かりしてくる。ボートを止めて釣るときは、投げて探ったほうが有利だ。

カレイの空揚げ

マコガレイのふわりとした白身の空揚げは飛びきり美味！

材料（2人分）

30〜35センチ級マコガレイ1尾。塩、コショウ、片栗粉適量。揚げ油500〜700cc。薬味は白髪ネギ、アサツキ小口切り。薬味ダレは豆板醤（タカノツメの小口切りでも可）に中華ドレッシングを混ぜる（和ガラシを効かせたタレもおいしい）

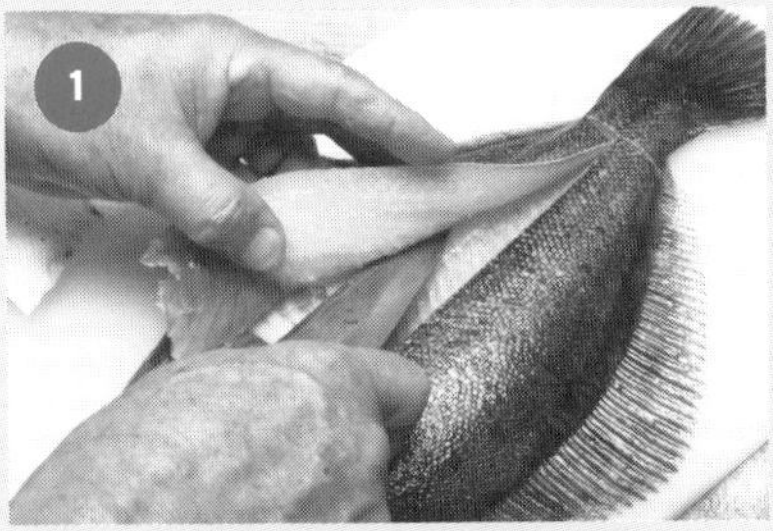

大型は下処理ののち5枚おろしにする

頭を落としてもいいが、ここでは尾頭付きの骨を揚げて、盛り付けの台とするため残しておく

身はやや大きめの一口大に切り分け、切り身には薄く塩、コショウを振り、30分冷蔵庫に置いたら片栗粉か小麦粉をまぶす

175度の揚げ油で4〜5切れづつ3〜4分揚げる。尾頭付きの中骨は別揚げして皿に置き、その上に揚げた身を盛り、白髪ネギなど薬味を散らす

TARGET

アイナメ

AINAME

ブラクリ仕掛けを使って、微妙なアタリをキャッチ！首を振る独特の引きを楽しもう

エサはイワイソメがベストだ

内湾の水深3～30メートルの岩礁を中心に生息している魚。アイナメを釣るには昔からブラクリを使った釣りが主流である。大変神経質な魚といわれている割には貪欲で、一度合わせを失敗しても、エサが残っていると再び飛びついてくるようなところがある。

仕掛けと釣り方

ブラクリ仕掛けとは、オモリのすぐ下

アイナメ仕掛け

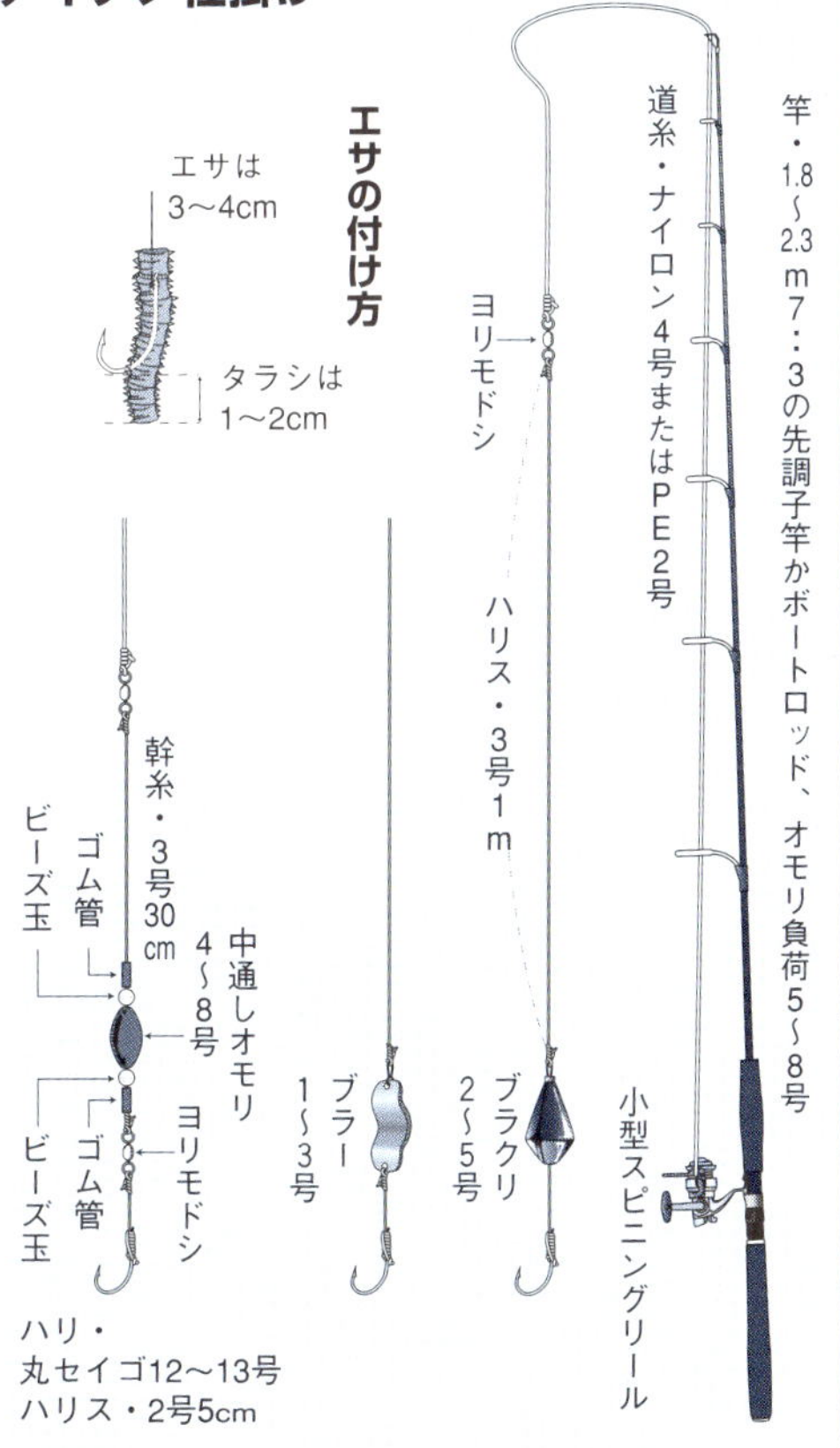
竿・1.8～2.3m 7：3の先調子竿かボートロッド、オモリ負荷5～8号
道糸・ナイロン4号またはPE2号
ヨリモドシ
ハリス・3号1m
小型スピニングリール
ブラクリ 2～5号
ブラー 1～3号
エサの付け方
エサは 3～4cm
タラシは 1～2cm
幹糸・3号30cm
中通しオモリ 4～8号
ゴム管
ビーズ玉
ヨリモドシ
ゴム管
ビーズ玉
ハリ・丸セイゴ12～13号
ハリス・2号5cm

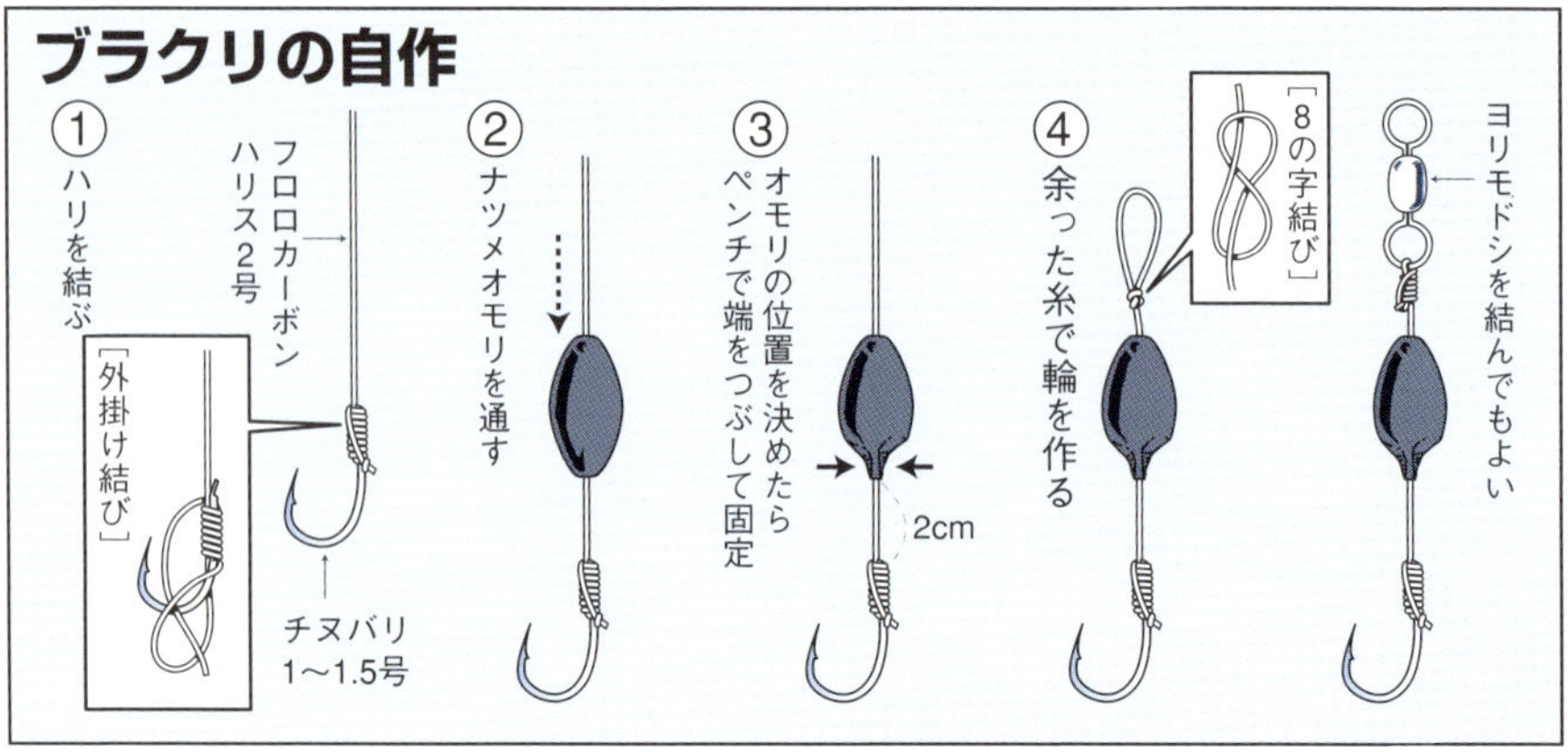
ブラクリの自作
①
ハリを結ぶ
フロロカーボン
ハリス2号
[外掛け結び]
チヌバリ
1～1.5号
②
ナツメオモリを通す
③
オモリの位置を決めたら
ペンチで端をつぶして固定
2cm
④
余った糸で輪を作る
[8の字結び]
ヨリモドシを結んでもよい

に短いハリスでハリが結んである独特な仕掛けである。中通し式のオモリを使った仕掛けもあるが、釣り方はほぼ同じと考えてよい。

　水深によってブラクリの重さは違ってくるが、なるべく軽いものがよい。仕掛けを軽く投げ、着底したら糸フケを取ってアタリを待つ。アタリがない場合は、軽く竿先をあおって仕掛けを少し手前に沈めなおす。

アイナメは根の周りに着く魚。ハリ掛かりすると首を振って独特の引きをする

　グッグッと重さを感じるアタリや、ゴツゴツとしたアタリがきたら、竿先を少し送り気味にし、一瞬待ってから鋭く合わせる。

　慣れてくると、仕掛けを送り込んだときの道糸の走り方でアタリが取れるようになる。そのままちょっと待ってから合わせればハリ掛かりする。

　うまくハリに掛かったら、ゴクゴク、ガクガクと首を振るような、独特の引きを楽しませてくれる。

　片テンビン仕掛けや胴つき仕掛けでもアイナメは釣れるが、微妙なアタリを取って釣るブラクリ仕掛けがおもしろい。

エサ

ゴカイやアオイソメでも食ってくるが、最良のエサはイワイソメ。ハリに通し刺しにし、2センチほどタラすようにする。

アイナメの中華風甘酢あんかけ

アイナメの旬は初夏。ややクセがあるので中華風の濃い目の味付けがおすすめ

材料（5人分）

23センチ級アイナメ5尾。塩、コショウ、片栗粉適量、ベーコン3枚。野菜はタマネギ、ニンジン、ピーマン、エリンギなど好みのもの5～6種、中華スープカップ1、水溶き片栗粉大さじ2～3。甘酢は酢カップ1、砂糖カップ1、塩小さじ1、ウースターソース大さじ4、レモン汁大さじ3、隠し味にイチゴジャム大さじ2、梅干のたたいたもの小さじ1

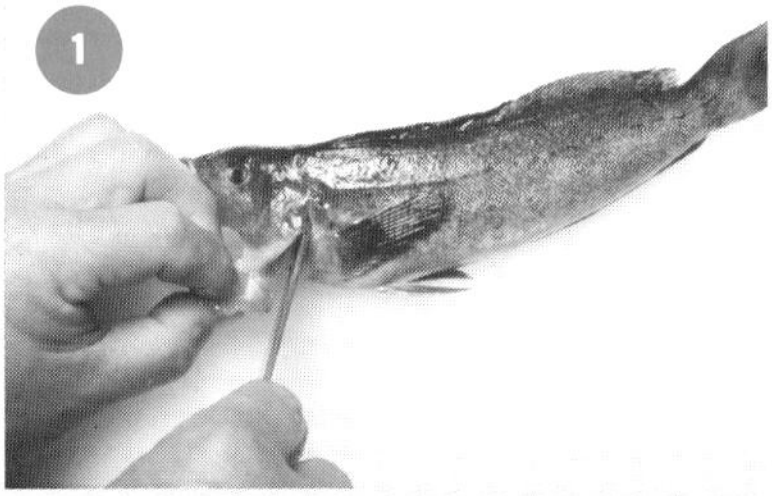

腹の少し右寄りに浅く包丁を入れたのち、小出刃の先で中のエラを引っ掛て取り出す。残った内臓は始めに入れた腹の包丁目からかき出す

流水で洗ったらよく水気を拭き、身の両側からやや細かい包丁目を入れて、全体に薄く塩、コショウをしたら冷蔵庫に30分ほどおく

180度で一度に2～3尾ずつ揚げる

甘酢あんはベーコンを炒めてから野菜類を入れ、中華スープの素を入れたら最後に甘酢、水溶き片栗粉を入れる

TARGET

アジ、イワシ

AJI/IWASHI

アジはボートのサビキ釣り人気ターゲット。好ポイントを見つければ束釣りも！

夏〜秋はボートのアジ釣り最良の時期。水温が高いシーズンは、正月を過ぎても狙える所もある。7月ごろ水温がぐんぐん上昇してくると、湾内の浅瀬に大きな群れで集まってくるため、釣りやすくなる。

ひと口に湾内といっても、岩礁のある根周りが中心となっており、イケスの入っているような場所では、その周りがよいポイントとなる。

ボート釣りでアジの集まる根を見つけるには、ある程度その海に通って海底の状況をよく知っていなければならない。好ポイントを見つけたら、山ダテで正確にその場所を覚えておき（メモをしておくことも大切）次回のアジ釣りに役立てたい。

アジは毎年決まった根に集まってくる。ボートで狙うアジは、10〜18センチ級の小アジが主であるが、場所と時期によっては、浅い湾内でも中アジが集まってくることもある。水深のある湾内では

アジ仕掛け

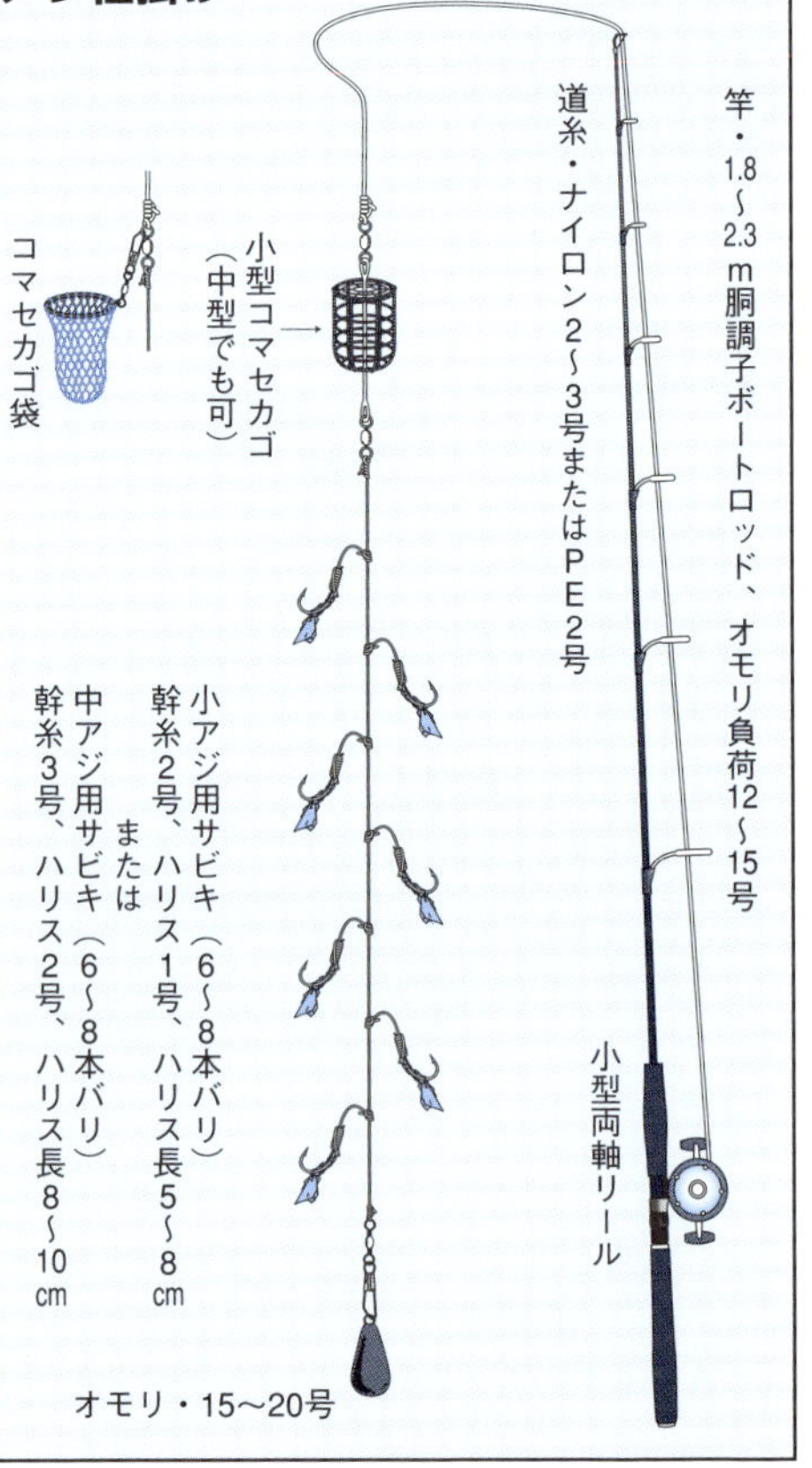
竿・1.8〜2.3m胴調子ボートロッド、オモリ負荷12〜15号
道糸・ナイロン2〜3号またはPE2号
小型両軸リール
小型コマセカゴ（中型でも可）
コマセカゴ袋
小アジ用サビキ（6〜8本バリ）幹糸2号、ハリス1号、ハリス長5〜8cm
または
中アジ用サビキ（6〜8本バリ）幹糸3号、ハリス2号、ハリス長8〜10cm
オモリ・15〜20号

大アジが釣れることもある。

釣り方と仕掛け

　仕掛けはアミコマセを使ったサビキが主流で、小型のビシ仕掛けを使った手釣りもなかなか釣趣がある。食い渋りのときなど、ビシでも思わぬ好釣果が得られることがある。コマセを詰めて手返しよく釣るのが、数をのばす一番のコツだ。

アジ釣りはサビキ釣りの人気魚種。お土産にも喜ばれるおいしい魚だ

　サビキ釣りの場合、オモリとハリは海中にたらした状態でコマセの詰めかえをする。たくさん付いているハリをいちいちボートの上に上げていると、絡まったりすることがあり、能率が悪くなってしまう。

　8～10月ごろは、ほとんどの釣り場で、アジのタナは中層である。底近くでも釣れるが、ネンブツダイ、スズメダイ、ベラといった外道が多くなる。これらの外道はアジほど上層にはこない。中層に仕掛けを止めてコマセをまいて、アジの群れだけを高めのタナに寄せるようにして狙うとよい。

　仕掛けを入れたら、水深の確認のため1度はオモリが着底するまで沈めるが、2回目からは水深の3分の2～2分の1を集中的に狙う。アジが食ってきたらさらに少し上に仕掛けを止め、群れを上へ上へと誘うようにすることが大切である。

アタリと合わせ

　タナで仕掛けを止めたら、胴調子の軟らかい竿であれば1～2度大きく手いっぱい竿をあおり、先調子の竿ならもう少し小さめに竿をあおってコマセを振り出す。潮下方向へコマセが流れ出ているので、潮流をよく読んで、いくらかでもその方向にサビキが入っていくように竿をゆっくり下げていく。

　アタリがなければ、少し竿を上下させてアジを誘う。10～15秒したら再び竿をあおりコマセを振り出して、同じ動作を繰り返してアタリを待つ。2～3分するとコマセも出つくすので、仕掛けを上げてコマセを詰めかえる。

　アジのアタリはガクガク、グーングンと小気味よく竿に伝わってきて、向こう合わせでハリ掛かりする。アジは口が弱く、口切れでバレてしまうことがあるので決して合わせはしないこと。

リールの巻き上げも、ゆっくりと行う。1尾目のアタリの後で待っていると2尾、3尾とハリ掛かりするが、あまり待ちすぎると、せっかくハリ掛かりした最初のアジが外れてしまうのでほどほどに。群れが大きく食いが立っているときは、ハリ全部に一気に掛かってくることも珍しくない。

イワシは群れに当たると入れ食いになることも多い

エサ

サビキ仕掛けには、ハモ皮などの魚皮で作った擬似餌が付いている。ハリスの太さは小アジの場合1～1.5号。20センチ以上の中アジが多い場合は1.5～2号程度で、長さは5～10センチのものが向いている。ハリスの長さが1.5センチとかなり短いサビキ仕掛けもあるが、イワシにはよくてもアジ狙いには不利である。

ビシ釣りには、イカを薄い短冊や5ミリ角ぐらいに切ったものをハリに刺して使うとよい。

コマセはアミエビを使用する。購入時は冷凍されているので、釣り場に着く前にバケツに海水といっしょに入れて解かしておく。なるべく解けたてを使用したほうがよい。

コマセの詰め方はコマセカゴに7～8割まで。入れ食いになったらほんの一つかみ入れるだけで、手返しよく行う。コマセカゴはサビキ仕掛けでは網製や筒形のプラスチック製のどちらでも使える。ただしフグが多いときは網製は、食いち切られることがあるので、プラスチック製や金属カゴを使用するとよい。

外道

サビキ釣りでは色いろな魚が掛かってくる。ネンブツダイなどの小魚が多かったら、思いきってタナを高く変えること。外道としてウマヅラなども釣れる。大型が寄ってくるとサビキを切られるので、そのようなときはハリスをワンランク太めにする。

7月に入るとワカシが掛かるようになり、9月ごろからは色いろな回遊魚が釣れて、にぎやかな釣りとなる。

このころはワカシがふたまわりほど育って、立派なイナダになっている。30センチ級のカンパチも釣れることがあるし、ソウダガツオなどもうるさいほど釣れてしまう。

このほか、場所と時期でイワシがたくさん釣れたり、ムロアジが入れ食いになったりもする。

アジのタタキ、ナメロウの盛り合わせ

アジの定番タタキは、なんといっても釣れたて新鮮がおいしい

材料（4人分）

18センチ級のアジ10尾。
長ネギ1/2本、ショウガ1片、味噌大サジ1、
飾り野菜適量

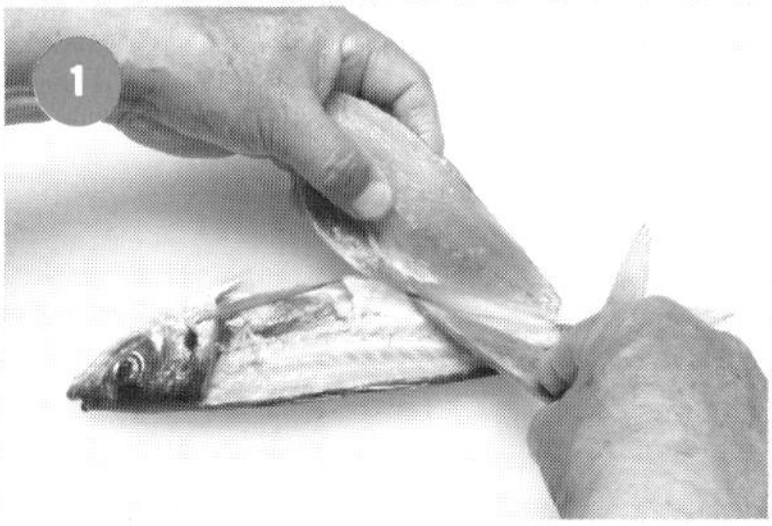

1 アジを3枚におろす。短時間で要領よくさばくのがおいしく作るコツ

2 頭、内臓を取り除いた3枚おろしの状態。まだ、皮とゼイゴはついている

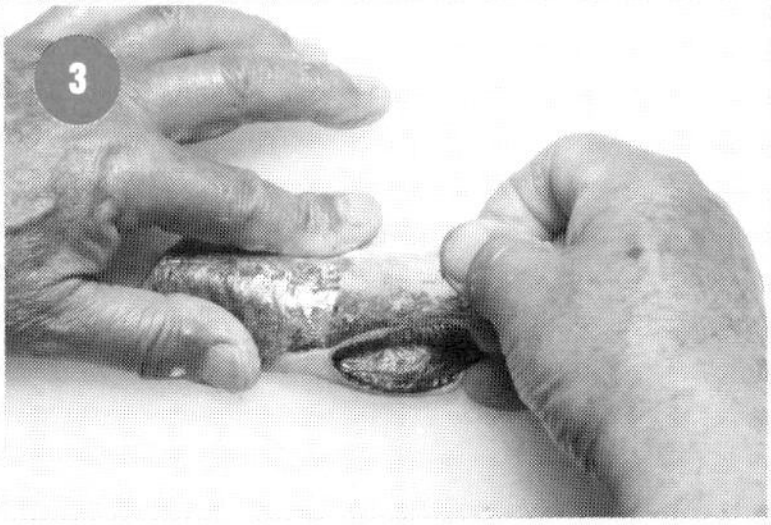

3 腹骨をすき取ったあと、皮を背の部分から指でつまむようにして引くときゼイゴごときれいに取れる

4 何切れかを重ね粗く刻み、ネギの小口切り、刻みショウガを適量混ぜればタタキの完成。半量ほどを別に取り、味噌を混ぜてさらに少しねっとりする程度に叩けばナメロウの完成。飾り野菜を置き、おろしショウガを添える

TARGET

カワハギ

KAWAHAGI

浅場で釣るカワハギの引き味は強烈、合わせの難しさがこの釣りのおもしろさでもある

シロギス狙いの外道としてたまに釣れるが、専門に狙うには、やはりよいポイントを見つけることが肝心だ。ボート釣りではカワハギ狙いの乗合船などの入ってこない所で釣ることが多く、意外と大型がそろうのがうれしい。

比較的浅い所を攻めるため、オモリも竿も乗合船に比べ、ひと回り軽いものがよく、その分、アタリも取りやすい。それでも相手はエサ取りの名人。いつのまにかエサだけ取られ、釣り人を熱くさせる。

狙うポイントは水深10メートル前後の岩礁周り、深くても20メートルくらいまでだ。夏〜秋の水温が高い時期は、根が近くにある砂地もよいポイントとなる。冬季は深場へ落ちるが、水深15メートルほどの岩礁周りのポイントで冬を越すカワハギもけっこういるため、ボートの冬のターゲットとして人気がある。

仕掛け

胴つき2〜3本バリ式。竿も先調子のいわゆるカワハギ竿がよいが、軽いオモリを使用するケースも多いので、竿先が軟らかいほうが釣りやすい。

仕掛けが着底すると同時にカワハギはエサをついばむように寄ってきていると考え、絶えず竿先に神経を集中する。誘い方としては、底から約50センチオモリを上げるくらいで、ちょっとでも竿先に異常を感じたら、グイッと竿をあおり、

カワハギは好奇心の強い魚。よく光る金属板やビニールダコを仕掛けの上に取り付けると集魚効果がある

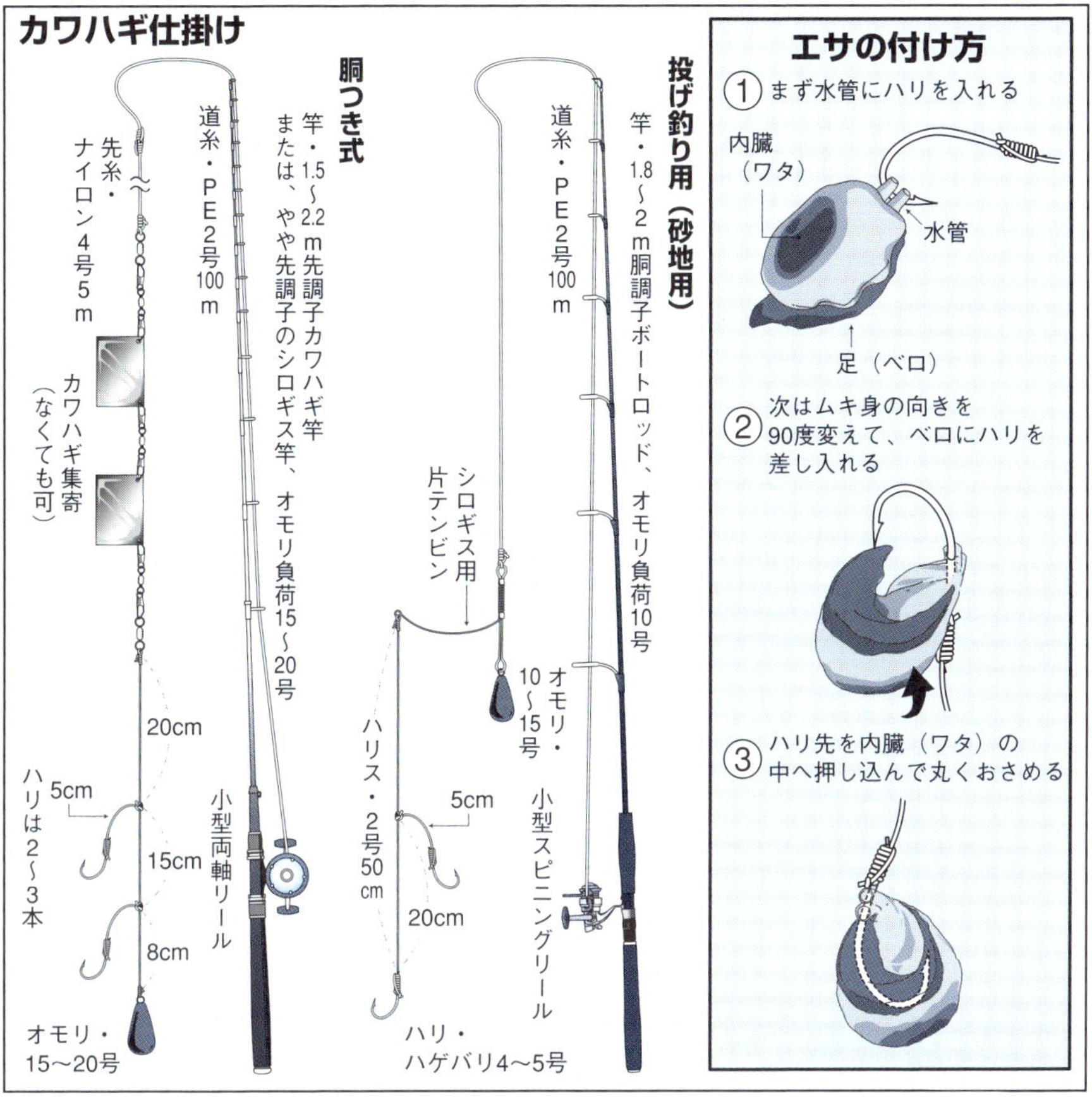
カワハギ仕掛け
胴つき式
竿・1.5～2.2m先調子カワハギ竿 または、やや先調子のシロギス竿、オモリ負荷15～20号
道糸・PE2号100m
先糸・ナイロン4号5m
カワハギ集寄（なくても可）
小型両軸リール
20cm
5cm
15cm
8cm
ハリは2～3本
オモリ・15～20号
投げ釣り用（砂地用）
竿・1.8～2m胴調子ボートロッド、オモリ負荷10号
道糸・PE2号100m
シロギス用片テンビン
オモリ・10～15号
小型スピニングリール
ハリス・2号50cm
5cm
20cm
ハリ・ハゲバリ4～5号
エサの付け方
①まず水管にハリを入れる
内臓（ワタ）
水管
足（ベロ）
②次はムキ身の向きを90度変えて、ベロにハリを差し入れる
③ハリ先を内臓（ワタ）の中へ押し込んで丸くおさめる

合わせてみること。

　うまくハリ掛かりさせることができれば、竿先を叩くような強い引きが伝わってくる。カワハギのアタリは、けっこう頻繁にあるものだが、アタリがあってもなかなかハリ掛かりしないというのがシャクなところだ。

　ググッとしたアタリで合わせ、バッチリハリ掛かりということもあるが、モゾモゾとしたアタリでハリ掛かりしにくいときは、一瞬竿先を送り込む。エサの付いたハリをよりよく食わせ、そこで合わせれば、ガッチリハリ掛かりする。ハリ掛かりした後のカワハギの引きは強力だ。浅場狙いでは竿も細めで、引き味はより楽しいものとなる。

　あるときは直下にグイグイ引き込み、中層で一度軽くなったと思うと激しい横走りを見せる。思わず竿先を送り込むヤリトリは、ボート釣りならではのものである。

　いずれにしても合わせのタイミングの難しさは、釣りのうちでも一二を争うほどである。ベテラン釣り師の釣り方を見たり、色いろ研究をして腕をみがいてほしい。

　仕掛けに集魚板や蛍光玉を連ねて付け、カワハギの好奇心をそそるのも、ある程度の効果はあるようだ。しかしこの釣り上達の第一の秘訣は、アタリの取り方に全神経を注ぎ、合わせのタイミングを習得することである。

エサ取り名人の異名を持つカワハギは、ハリ掛かりさせるのが難しい

エサ

カワハギはイソメ、ゴカイ類やオキアミなども口にするが、やはりアサリのムキ身が一番だろう。ムキ身に塩をして冷凍したものでもよいが、その日に殻を取った新しいもののほうが食いはよい。

　ムキ身にハリに付ける場合は、ベロか水管の硬い所から刺して、ワタの軟らかい部分を、ハリのフトコロにしまうようにしてハリ先をその中にかくす。

外道

カワハギ釣りの外道の代表はウマヅラである。カワハギに劣らぬ美味な魚であるから、釣れたら決して粗末にしないでほしい。

　夏の暑い時期、この魚をクーラーにも入れずに放置すると、キモや腹ワタの生臭さが強くなってしまう。それが料理したとき「ウマヅラは臭くてまずい」と嫌われる原因だと思われる。

　釣れたら生けジメにしてすぐクーラーに入れ、鮮度を保って持ち帰るように心がければ、大変おいしく食べることができる。

　その他の外道としてはベラ（ササノハベラが主）、カサゴや小型のハタ、運がいいと中型のイシダイなどが釣れてくる。

カワハギのちり鍋

冬に釣りの疲れを癒すには鍋が一番。
ちり鍋は魚の持つ旨味が生かされる

材料（4人分）

20〜25センチ級のカワハギ4尾
白菜1/4把、春菊2把、長ネギ1本、ニンジン1/4本、しいたけ4個、舞茸1パック、シラタキ1袋、焼き豆腐1丁、油揚げ2枚、ダシ昆布、ポン酢、もみじおろし、アサツキ、ユズ（皮）……適量

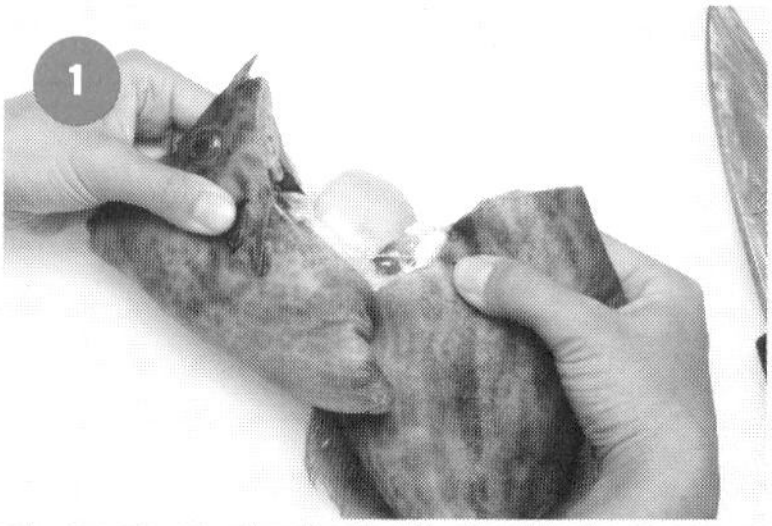

頭から中骨まで包丁を入れたら首を手前に折るように強引にちぎって頭を離す

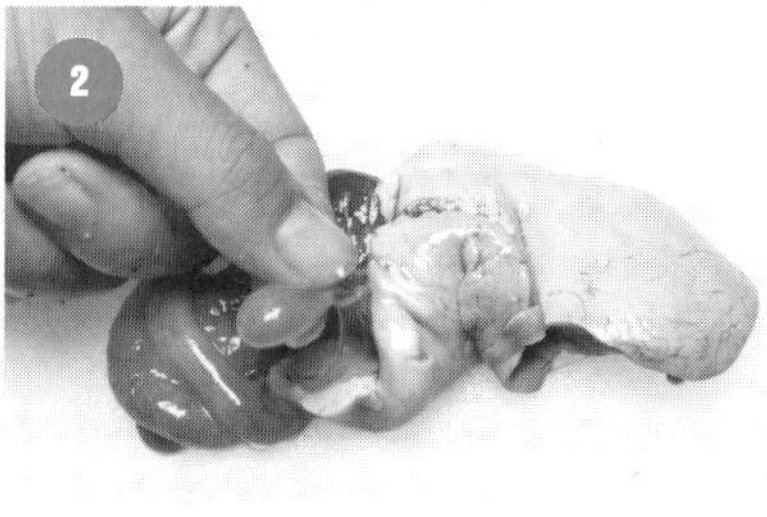

顔の下側をていねいに開くとキモは取りやすい。キモには苦玉が付いているので、つぶさないようにする

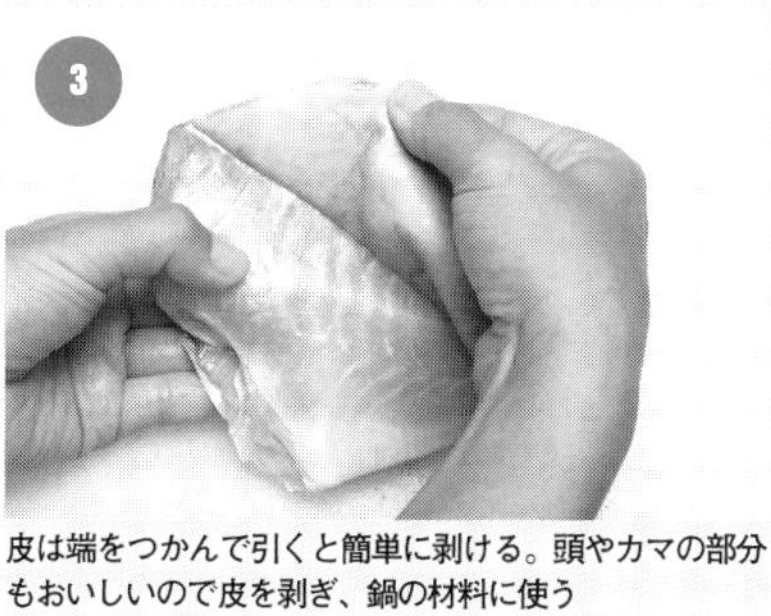

皮は端をつかんで引くと簡単に剥ける。頭やカマの部分もおいしいので皮を剥ぎ、鍋の材料に使う

身は骨付きの一口大、野菜は食べやすいよう切り分け、ここではアサリも使ってみた。土鍋にダシ昆布を敷き、材料の半分を入れ水を張ったら火にかけ、もみじおろしの入ったポン酢ダレでいただく

TARGET

マハゼ

MAHAZE

手軽で簡単なので、子供連れのボート釣りにピッタリ!

ハゼ科の魚は日本の沿岸に数百種いるといわれる。釣りで対象にするのはマハゼで、天ぷらダネとして大変喜ばれる魚だ。夏～秋口は大きな河川の河口付近に多く、陸からもたくさん釣れる時期である。ボートでのハゼ釣りは9～10月ごろが盛期だが、釣り場によっては晩秋～正月にかけてピークを迎える。

仕掛け

竿はシロギス竿なども使えるが、オモリが小さいため、なるべく穂先の軟らかな竿が適している。仕掛けはハゼ用の三徳テンビンで、オモリが着底したら底を小づくミャク釣りが基本。河口の浅い所はウキ釣りもおもしろい。

軽く投げ、ゆっくりとリールを巻きながら誘いをかける投げ釣りもある。投げる場合は仕掛けがテンビンや道糸に絡むのを防ぐため、小型のキス用片テンビンを使用する。

アタリと合わせ

ミャク釣りでも投げ釣りでも道糸は絶えず張り気味にしておく。ググッとか、いきなりブルブルッと明確なアタリがきたら、軽く竿先を立てる程度に合わせる。大合わせは必要ない。

晩秋～冬場のハゼ釣りはやや深い所がポイントとなり、アタリも微妙で合わせ方も難しくなってくる。小さなクックッというアタリかモタレを感じ取り、素早い合わせが必要となる。

ハゼはボート釣りの中でも手軽なターゲット。子供でも簡単に釣れる

ボートのハゼ釣り仕掛け

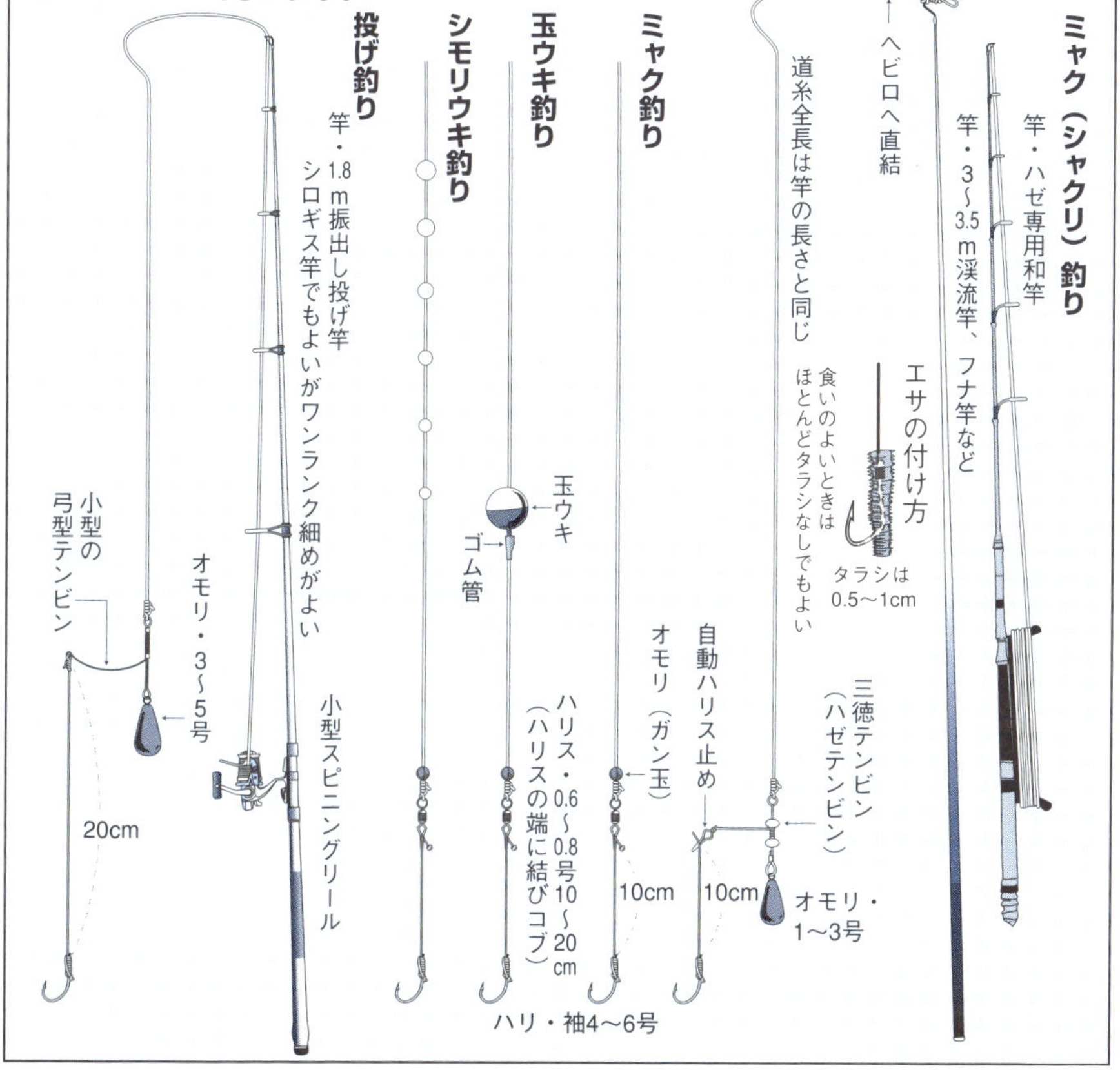
ミャク（シャクリ）釣り
竿・ハゼ専用和竿
竿・3～3.5m渓流竿、フナ竿など
ヘビロへ直結
道糸全長は竿の長さと同じ
エサの付け方
食いのよいときは
ほとんどタラシなしでもよい
タラシは
0.5～1cm
三徳テンビン
（ハゼテンビン）
自動ハリス止め
オモリ・
1～3号
10cm
ミャク釣り
オモリ（ガン玉）
10cm
玉ウキ釣り
玉ウキ
ゴム管
ハリス・0.6～0.8号10～20cm
（ハリスの端に結びコブ）
シモリウキ釣り
ハリ・袖4～6号
投げ釣り
竿・1.8m振出し投げ竿
シロギス竿でもよいがワンランク細めがよい
小型スピニングリール
オモリ・3～5号
小型の
弓型テンビン
20cm

エサ

ほかの環虫類に比べて軟らかいゴカイが、ハゼ釣りの最良のエサである。ただし、ゴカイは近年入手しにくいのでジャリメ、アオイソを主に使う。この場合、細めで軟らかな所を使うのが望ましい。

エサの付け方は浅い所を釣る場合はハリ先から1センチほどタラす程度でよく、深場狙いではちょっと長くするとよい。食いのよいときは小さなエサのほうがよく、一度食ったエサ（口から出てきたもの）でも続けて釣れる。

シーズン初期は小型だが数釣りを楽しめる

ハゼの天ぷら

ハゼは白身で、フワリとした食感が最高だ。とりわけ天ぷらは美味！

材料（4人分）

12センチ級のマハゼ20尾。

天ぷら粉カップ1、冷水カップ1。

野菜は大葉、パセリ、ハスなど好みで適量。揚げ油500cc。大根おろし、おろしショウガ適量

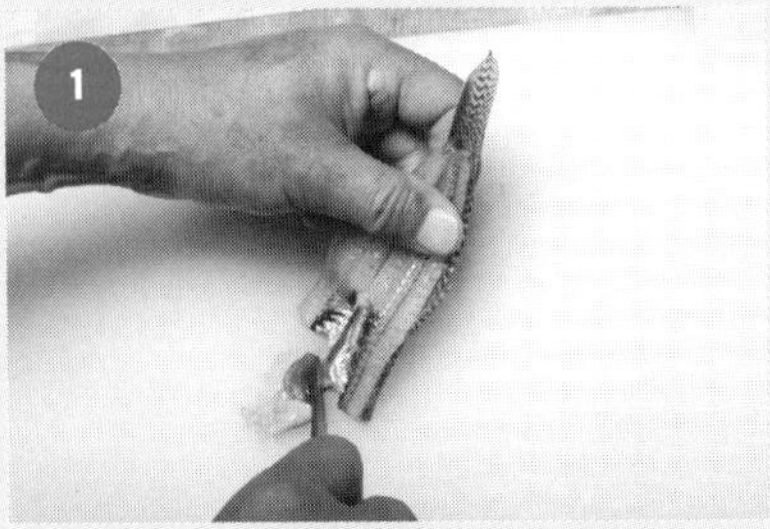

ウロコを落としたら頭を素落としにして開きにする。このとき腹に残っているワタをかき取る

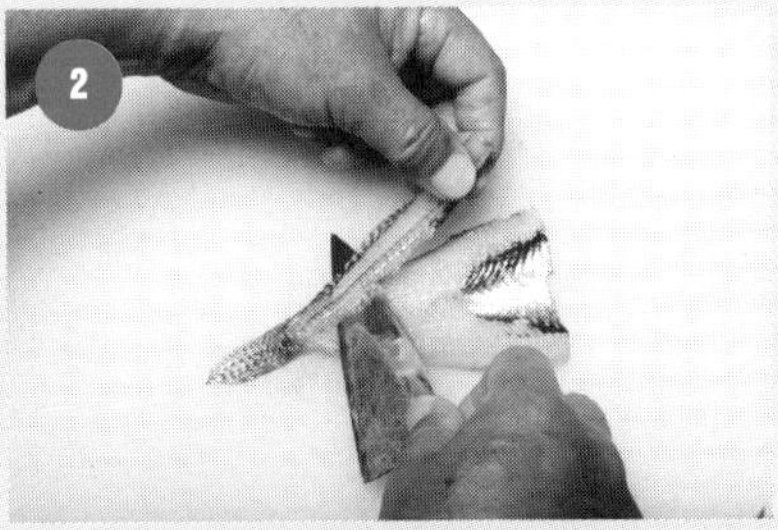

開いたら背を下にして中骨を削ぎ切りで取り除く。汚れがついていたらペーパータオルで拭き取る

油を175度に熱し、溶き衣にサッとくぐらせたら皮面を下にして入れる

一度に揚げるのは４尾程度まで。たくさん入れるとカラリと揚がりにくい。１〜２分でほどよい揚げ色がつき、ハゼが浮いてきたら取り上げ油を切る

TARGET

メバル

MEBARU

ボートでは浅場のクロメバルが中心。釣り場によってはサビキでも狙える

メバルの仲間でも、クロメバルはボート釣りの格好のターゲットである。沿岸に近い岩礁帯が生息場所で、冬〜早春が産卵期となる。産卵期といってもこの魚は卵胎生であり、岩礁近くの藻場内に稚魚を産む。

そのため、小型は藻の多い所でも釣れるが、本格的に釣るには水深5〜20メートル程度の岩礁周りを狙うようにする。

本来は夜行性の魚であり、乗合船の夏の夜釣りのターゲットとして、人気も高い。しかし、昼間でも潮の濁りが強いときはよく釣れる。

メバルが群れている根のポイントを見つけるには、アジの場合と同様に、その釣り場に何度も通って状況を早くつかむことが大切である。

仕掛けと釣り方

メバル釣りの仕掛け、釣り方は色いろあり、生きイワシを使った泳がせ釣りも人気がある。しかし、ボートでは生きイワシの入手は困難なため、死んだシコイワシや小型のワカサギを使用する。

メバル仕掛け

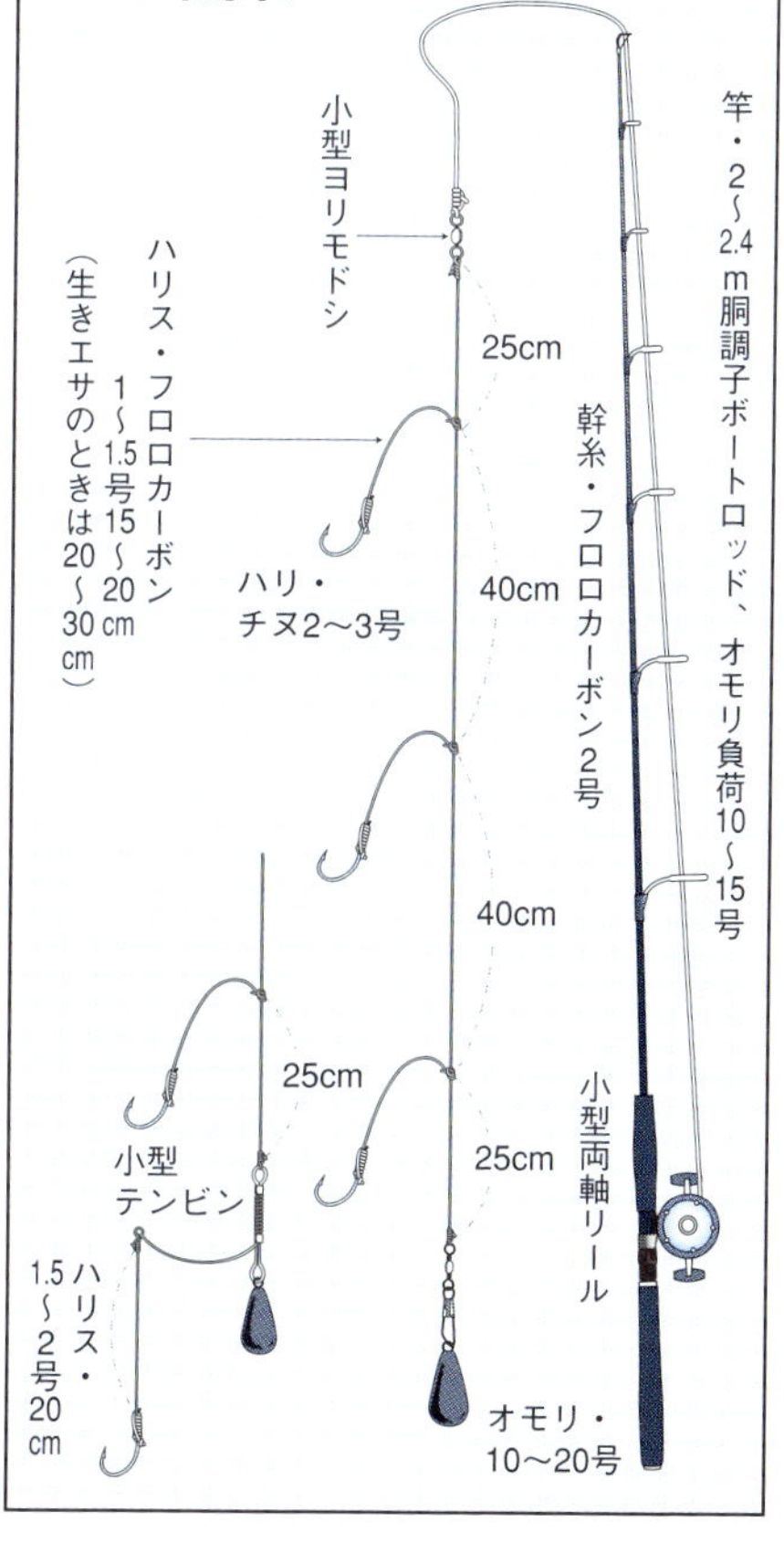
竿・2〜2.4m胴調子ボートロッド、オモリ負荷10〜15号
小型ヨリモドシ
ハリス・フロロカーボン1〜1.5号15〜20cm（生きエサのときは20〜30cm）
幹糸・フロロカーボン2号
25cm
ハリ・チヌ2〜3号
40cm
40cm
25cm
25cm
25cm
小型テンビン
小型両軸リール
ハリス・1.5〜2号20cm
オモリ・10〜20号

大型メバルは生きエサが有利。力強い引きが楽しめる

生きたイワシエサにはかなわないが、うまく誘いをかけて狙えば大型が釣れることもある。

生きたドジョウもよいエサで、この場合あまり誘いをかける必要はない。

一般的には胴つき3本バリ仕掛けに、イソメ類か薄く切ったイカの短冊などを使う。釣り場によっては潮に濁りのあるときは、アミコマセを付けたサビキ仕掛けでもよく釣れる。仕掛けはアジのサビキと同じでよい。

メバルのタナは底から1～3メートル上層で、食いが立つと中層まで上がることもある。

アタリと合わせ

メバルを誘う場合、あまり大きな誘いはしないほうがよい。ハデで大きな誘いは、群れを散らしてしまうことがある。生きたエサで狙う場合の誘いも、ごくゆっくりと、エサを自然に泳がせるといったイメージで行うとメバルは飛びついてくる。

アタリはゴクゴクときて、向こう合わせでハリ掛かりするので、あとはゆっくりとリールを巻けばよい。食いのよいときは追い食いしてくる。ほんの少しリールを巻いて待つと、サビキの場合は鈴なりとなり、メバル釣りの醍醐味が楽しめる。

ドジョウエサや死んだワカサギエサのときは、あまり早合わせはせず、竿先をグーンと引き込んでから、ゆっくりと竿を立てる。

外道

底スレスレに狙うと、同じポイントでカサゴがよく釣れる。並行して狙うときは、仕掛けの下にテンビン式のカサゴ仕掛けを付けるとよい。その他ベラやアイナメ、運がよいとクロダイなどもヒットする。

メバルの塩焼き

白身魚のメバルは、塩焼きのような単純料理が一番美味！

材料（4人分）
23センチ前後のメバル4尾。
塩適量、レモン1/2個

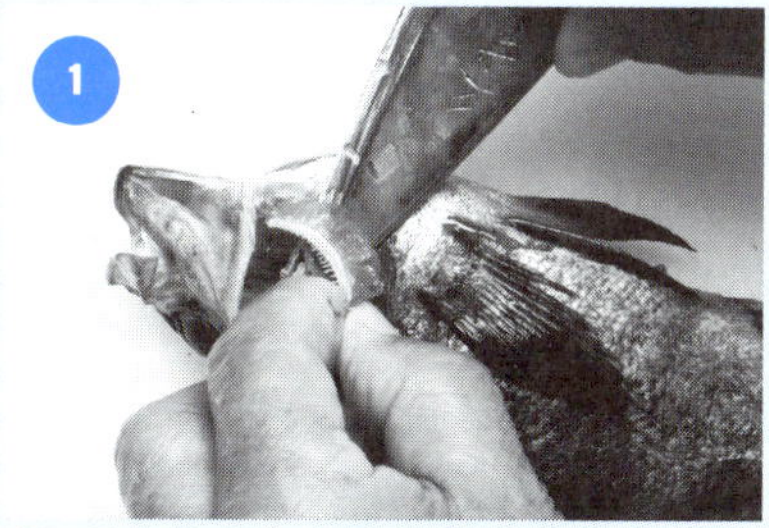

ウロコを落とし内臓、エラの処理をしたらきれいに流水で洗う

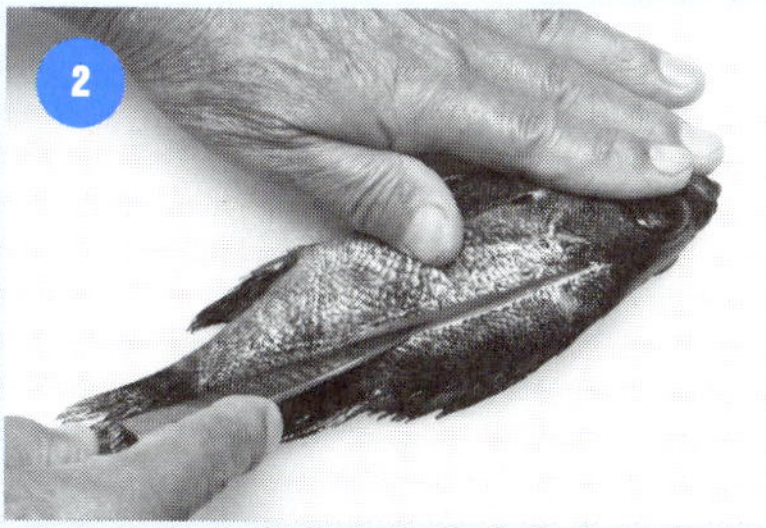

水気を拭いた表面に飾り包丁をやや深く入れる。こうすると火が通りやすく、しかも食べやすくなる

全体に薄く塩を振り、よくなじむよう冷蔵庫に30分ほど置く。焼く直前にはヒレに化粧塩をする

串を打ち、てっきゅうで魚を浮かせ石綿板を間に置いたガスで表から遠火の強火で焼く。美しく焼き上がったらすぐに串を抜くこと。時間が経つと串は抜けにくく、無理に抜くと身崩れの原因となる

TARGET

カサゴ

KASAGO

**カサゴは根掛かり
覚悟の釣り。
まめに誘うことも大切だ**

カサゴにはたくさんの種類があるが、ボートの対象になるカサゴは、いわゆるスタンダードのカサゴとウッカリカサゴ、ほかにオニカサゴと呼ばれるイズカサゴ、フサカサゴなどだ。

根魚の代表格であり、沿岸の水深2メートル程度の浅場から水深30メートル程度までの根周りを狙う。

一年中釣れる魚で、冬季は浅い岩礁かゴロタ石のある所に多く、夏季は砂地の中のちょっとした根に着いたりするため、シロギス釣りの外道で釣れることもある。

仕掛けと釣り方

片テンビンの2本バリ仕掛け、または胴つき2本バリ仕掛けで狙う。胴つき仕掛けの場合、オモリのすぐ上に下バリを付けるようにする。

ハリスの太さにほぼ関係なく食ってくる魚だが、あまり太いと根掛かりしたときに切りにくいので3号程度のハリスを使う。

エサを口にするとすぐに根の中に持っ

カサゴ仕掛け

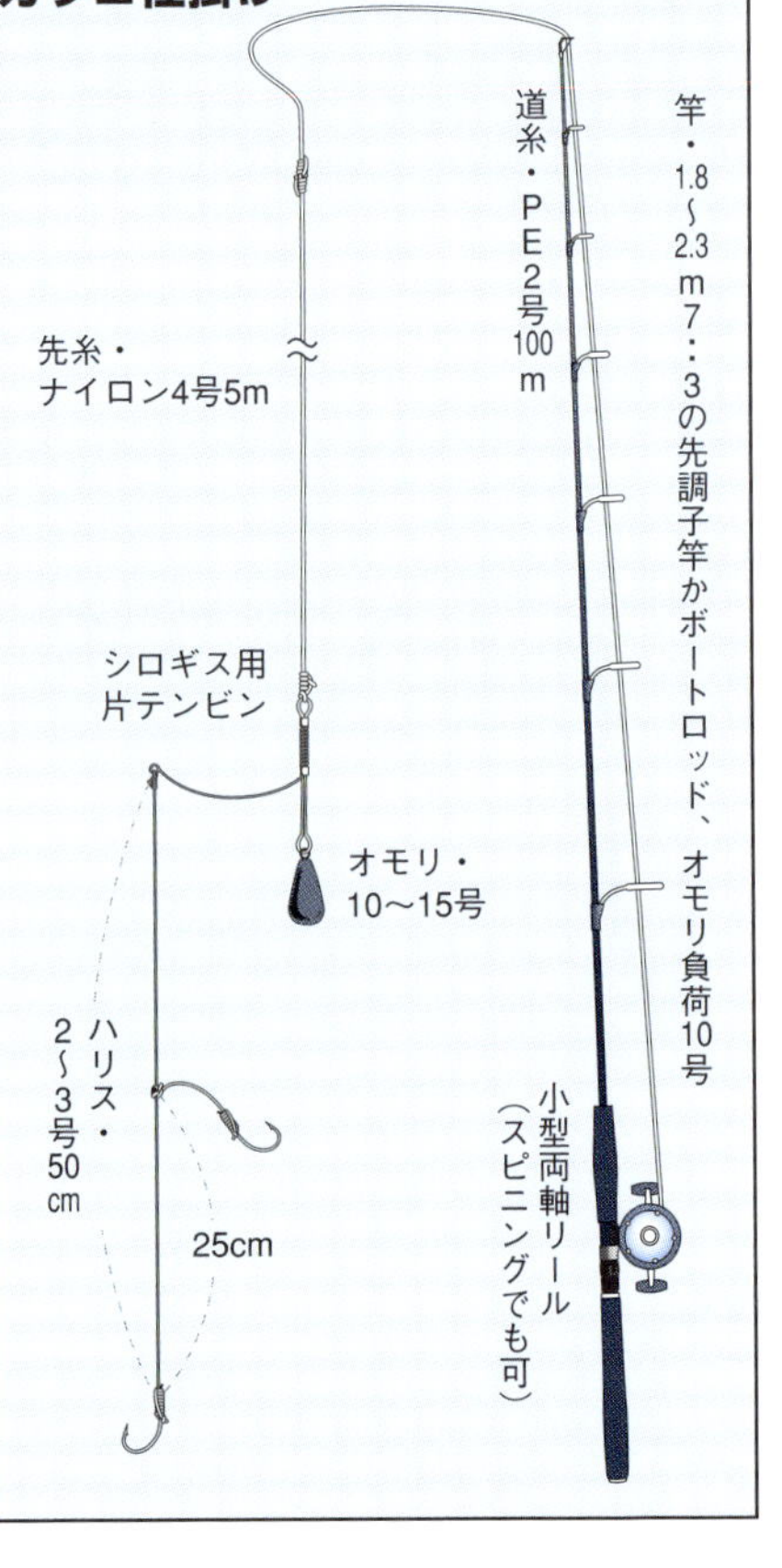
竿・1.8〜2.3m7：3の先調子竿かボートロッド、オモリ負荷10号
道糸・PE2号100m
先糸・ナイロン4号5m
シロギス用片テンビン
オモリ・10〜15号
ハリス・2〜3号50cm
25cm
小型両軸リール（スピニングでも可）

カサゴは大型よりも小〜中型のほうが美味。ボート釣りでは比較的釣りやすい魚だ

ていく習性があり、根掛かりを防ぐためには、仕掛けを底で50センチほど上下させながら釣る。この動作はよい誘いにもなる。カサゴは上からスーッと落ちてくるエサに食いついてくるため、この誘いは大切である。

竿は先調子のほうがアタリは取りやすいが胴調子竿でも、あおり方をやや大きめにすれば同じように使える。

アタリと合わせ

エサを口にすると、ゴツゴツ、ググーッときて、向こう合わせでハリ掛かりするので根掛かりは多いが、大変釣りやすい魚である。いかにうまく誘い、根掛かりを少なくするかというテクニックが

食味最高のカサゴとは

　カサゴ科に属する魚は、日本の近海にはたくさんの種類がいる。沖合の深海に生息するアコウをはじめ、メヌケやメバル、ヒレに猛毒を持つオコゼの類も、すべてカサゴに近い魚である。

　カサゴと名の付く魚だけでも10種以上いるが、ボート釣りの対象となるのは、いわゆるカサゴとウッカリカサゴ、それにオニカサゴである。これらはカサゴのなかでも食味のよさに定評がある。

　狙えるサイズは30センチくらいまでの小～中型になるが、カサゴは大型より小～中型のほうが美味とされている。ボートで釣れるカサゴは、最もおいしいカサゴばかりというわけだ。

●カサゴ

●ウッカリカサゴ

カサゴは非常に美味な魚

●オニカサゴ（イズカサゴ）

釣果を左右する。

　大型のカサゴは底を切るまでかなり強い引き込みを見せるが、3号程度のハリスならまず切られることはない。なるべく早く底から魚を離し、あとはゆっくりとリールを巻けばよい。あまり大きく移動しない魚なので、同じポイントで3～4尾釣ると釣れなくなることがある。このようなときは、少し場所を変えるとよい。

エサ

　イカやサバの切り身やイソメ類、魚皮の擬似餌でも食ってくる貪欲な魚である。持参のエサがなくなったら、釣れた小魚の切り身を使っても釣れる。

外道

　岩礁にいる魚が色いろハリ掛かりする。クロメバルのほか、潮が濁っている朝などは場所によって小型のムツ、ハタなどが釣れることもある。稀にミノカサゴも釣れるが、この魚はヒレに毒を持っているので扱いには注意すること。

オニカサゴのしゃぶしゃぶ

オニカサゴは白身で美味な魚。刺し身もいけるが、しゃぶしゃぶもおすすめ！

材料（3～4人分）

40センチ級のオニカサゴ1尾。

豆腐、シラタキのほか、野菜はハクサイ、シュンギク、キノコ類、長ネギ、など適量。ダシ昆布10×10センチ。もみじおろし、アサツキの小口切り、ポン酢醤油適量

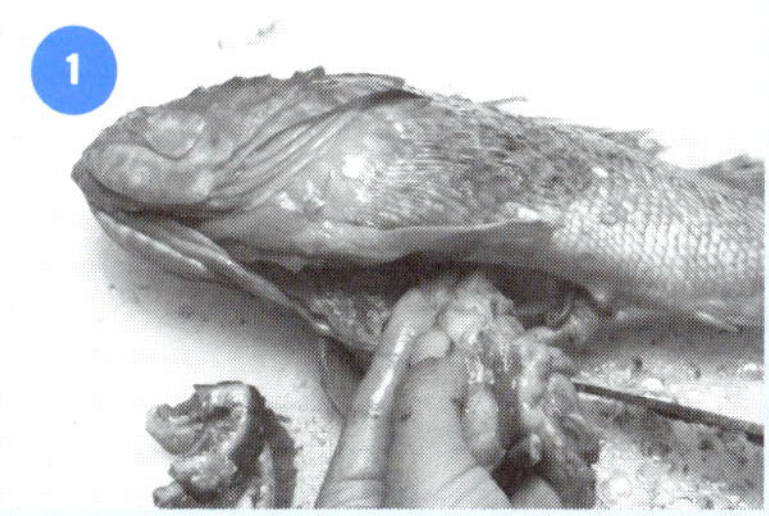

ウロコを落としたら内臓、エラを処理する。ヒレのトゲには強い毒を持つので、キッチンバサミで切っておくと安全

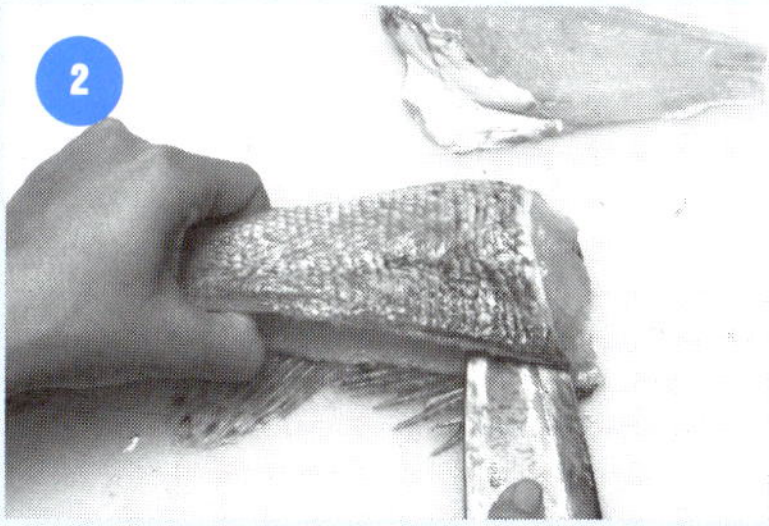

流水で洗ったら水気を拭いてから3枚におろす

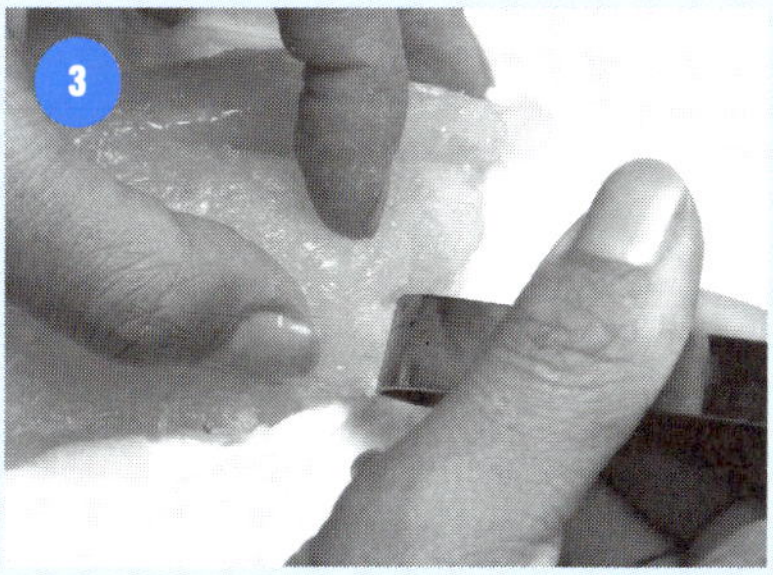

血合骨は毛抜きで抜いて、片身を1サクとして使うとよい

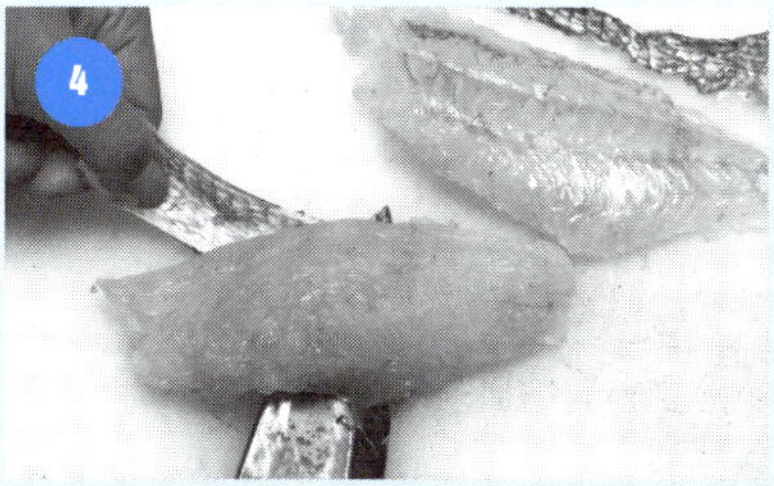

皮付きで薄く削ぎ切りにしてもよいが、皮を引いておくと刺し身としても食べられる。皮はシャブシャブの材料にする。汁は水と昆布だけでもよいが、オニカサゴの頭でダシを取るとよりおいしい

TARGET

イシモチ

ISHIMOCHI

**釣り物の少ない
冬に狙える貴重な魚。
置き竿でのんびり
釣るのがおすすめ**

釣り人からイシモチと呼ばれている魚は、標準和名シログチとニベの総称である。両種とも耳の中に他の魚に比べてかなり大きな耳石《じせき》を持っており、これがイシモチという名称の由来と言われている。

元来は夜行性の魚で、特にニベは夏〜秋にかけて砂浜や堤防からの夜釣りでよく釣れる。

シログチは砂泥地の水深15〜30メートルに生息しており、水深のあるボート釣り場では冬が盛期となる。

仕掛けと釣り方

胴つき2本バリが標準仕掛けで、タナは底スレスレから50センチほど上まで。エサを口にしてもハリ掛かりしにくい魚であり、軟らかい胴調子の置き竿釣法が向いている。ボートの両サイドに2〜3本竿を出し、のんびりと釣るとよい。

アタリと合わせ

イシモチのアタリは、いきなり竿先を叩くように、ゴクゴクと現れる。そのア

イシモチ仕掛け

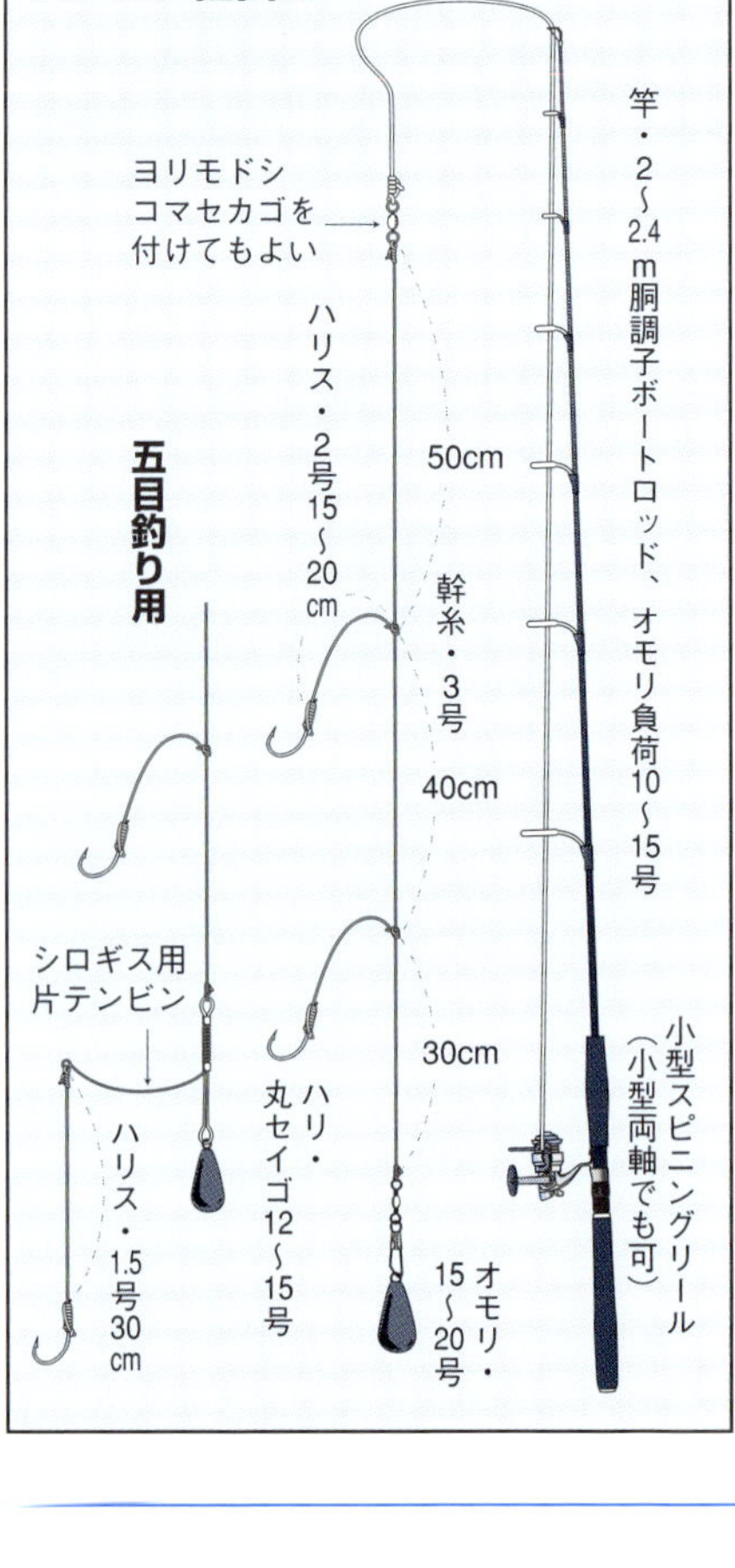

竿・2〜2.4m胴調子ボートロッド、オモリ負荷10〜15号
ヨリモドシ
コマセカゴを
付けてもよい
ハリス・2号15〜20cm
50cm
幹糸・3号
40cm
30cm
五目釣り用
シロギス用
片テンビン
ハリス・1.5号30cm
ハリ・丸セイゴ12〜15号
オモリ・15〜20号
小型スピニングリール（小型両軸でも可）

タリで合わせてしまうとハリ掛かりしない場合があり、そのときはグーンと竿先が持ち込まれてから竿を立てれば、ガッチリとハリ掛かりする。置き竿で待つ場合、風や波があると竿先がはねてしまってハリ掛かりが悪くなる。5割ほどオモリを重くするのも、ハリ掛かりをよくするコツだ。

シログチは水深のある釣り場で狙える冬の人気ターゲット

エサ

アオイソメなどがよく使われ、大きめのものを1匹チョン掛けにするが、食いの悪いときは2～3匹の房掛けがよい。アタリが活発なときは、エサを半分ぐらいにしてタラシを少なくするとハリ掛かりしやすくなる。

外道

砂泥帯を釣るため、シロギスやカレイ、カナガシラなどもハリ掛かりする。外道もいっしょに狙いたい場合は、下に片テンビン式の仕掛けを付けるとよい。

シログチとニベ

イシモチという呼び名は標準和名シログチとニベの総称。いずれも透明度の低い内湾に生息している。

この2種を比べると、イシモチのほうが全体に白っぽく、ニベはウロコに小さな黒点があり、それが背から腹の前方へ、線状の模様になっているのが特徴だ。

●ニベ

●シログチ

イシモチの焼き煮

身の軟らかいシログチは軽く干し、素焼きにしてから煮付ける。最高に美味！

材料（4人分）

25センチ級のイシモチ4尾。

調味料は日本酒、ミリン、砂糖、醤油各カップ2/3（同割と覚える）。付け合わせ野菜はゴボウ、タケノコ、焼きネギ適量（ゴボウなどは別茹でしておく）

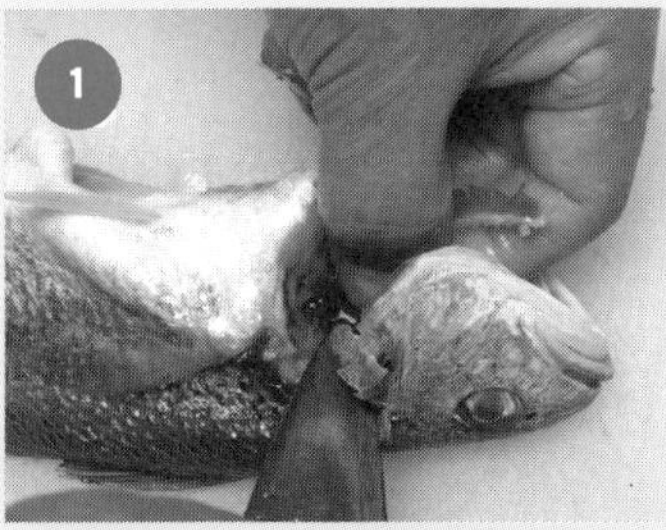

ウロコを引いたらエラと内臓を処理して流水で洗う

水気を完全に拭いたらザルなどに広げ一夜干し程度に乾かす。天気が悪いときや暑い日は冷蔵庫で6時間ほど乾かす

薄く焦げ目がつく程度の素焼きにする。中まで火を通さなくてもよい

分量の調味料を鍋に入れ、少し煮立ってきたら素焼きにしたイシモチを入れ、落とし蓋で8～10分煮る。煮立った泡が落とし蓋を少し持ち上げ、魚の上に汁がかぶる火加減を保つ

TARGET

マダイ

MADAI

マダイは釣り方を問わず人気の高い魚。ボート釣りでも狙ってみたい

コマセ釣りの普及で、マダイ釣りもすっかり大衆的になった感がある。ボートでは昔ながらのマキコボシ釣りというのがあり、この釣り方のマニアも多い。そのほかイサキの項でも簡単に説明している完全フカセ釣りもマダイ釣りに向いた使い方である。

コマセを使ったビシ釣り仕掛けでも釣れないことはないが、ボートでマダイの釣れる海では、圧倒的にマキコボシ釣りに軍配が上がってしまう。

一般にコマセ釣りを行うような釣り場は、ボートでは距離的に無理な所が多い。沼津の内浦、西浦方面や西伊豆のイケスの入った湾が、ボートで狙うマダイのポイントの中心となる。

これらの地区は岸から近い所でも水深があり、潮通しもよいことからマダイが入ってくる。そのうえ養殖イケスの魚に毎日エサを与えているので、イケスの外にこぼれ出るエサにマダイも寄ってきて、釣り場として最高のポイントとなっているわけだ。

これらのマダイは大海にいるときとは異なり、イケスからこぼれ出たエサを取ることに慣れている。マキコボシ釣りという方法がその状況に近いものとなり、この釣り方が有利となる。

仕掛けと釣り方

マキコボシ釣りの仕掛けは、糸とハリ、それに糸巻きだけというシンプルなもので、これ以上簡単な釣りの道具はほかにない。

釣り方は仕掛けをタナまで沈めるために、6~7センチ大の平らな石や瓦の破片を使用するという、いたって原始的な釣り方である。慣れないとなんとも頼りない感じもするが、これで大物をハリ掛かりさせたときの感触は、竿釣りではとても味わえない。

まず、ボートは決められたポイント（イケス）にロープで止める。仕掛けを落とし込むにはタナを決めなければならない。20号ぐらいのオモリをハリに引っ掛け、それを沈める。オモリが着底したら（水深20~30メートルの所が主）、マダイの標準のタナである1メートル分道

マキコボシ釣り

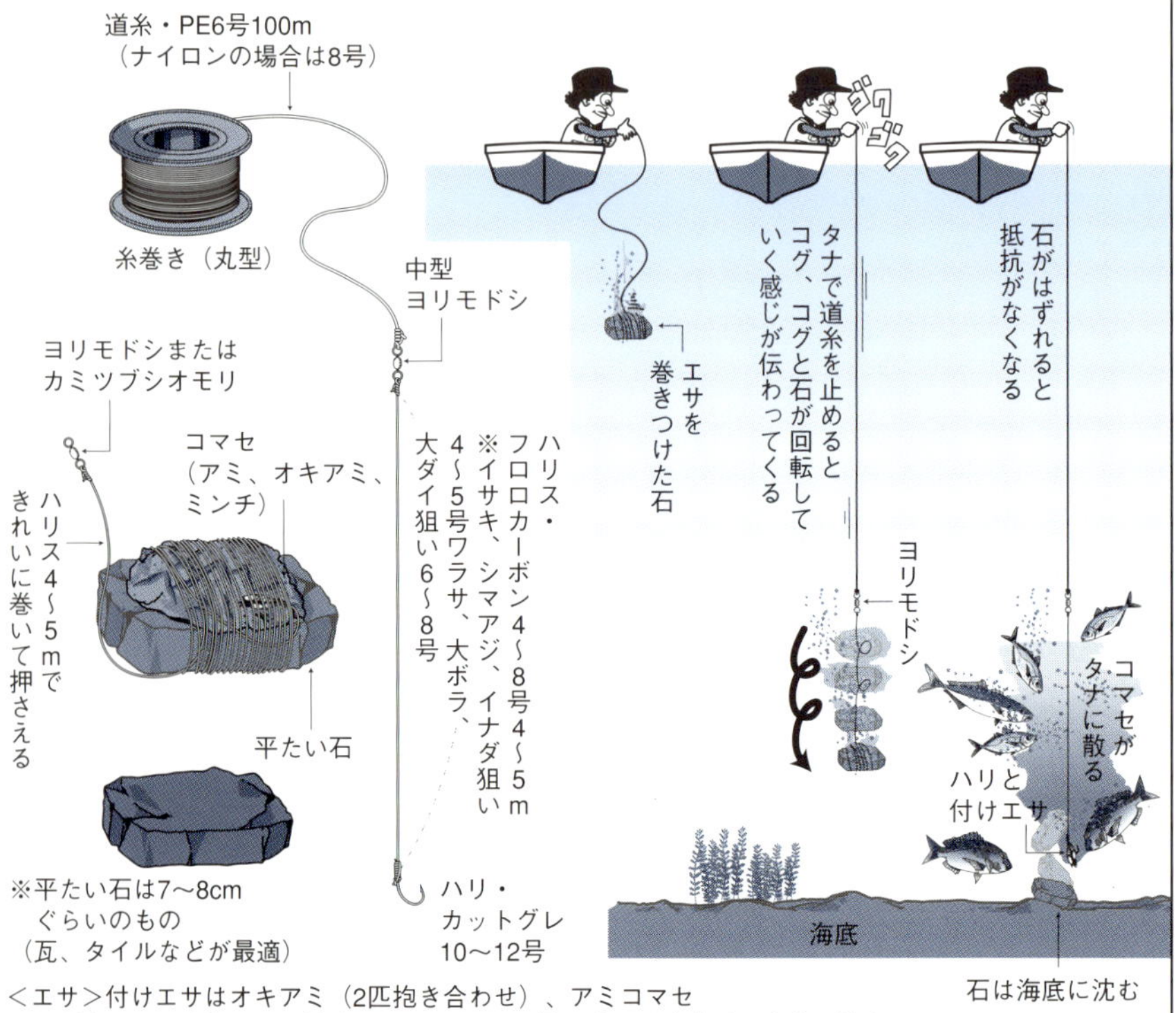
道糸・PE6号100m
（ナイロンの場合は8号）
糸巻き（丸型）
中型
ヨリモドシ
ヨリモドシまたは
カミツブシオモリ
コマセ
（アミ、オキアミ、
ミンチ）
ハリス4〜5mで
きれいに巻いて押さえる
平たい石
※平たい石は7〜8cm
ぐらいのもの
（瓦、タイルなどが最適）
ハリス・
フロロカーボン4〜8号4〜5m
※イサキ、シマアジ、イナダ狙い
4〜5号ワラサ、大ボラ、
大ダイ狙い6〜8号
ハリ・
カットグレ
10〜12号
エサを
巻きつけた石
タナで道糸を止めると
コグ、コグと石が回転して
いく感じが伝わってくる
ゴクゴク
ヨリモドシ
石がはずれると
抵抗がなくなる
コマセが
タナに散る
ハリと
付けエサ
海底
石は海底に沈む

＜エサ＞付けエサはオキアミ（2匹抱き合わせ）、アミコマセ
＜タナ取り＞タナ取りは、始めにハリに20〜30号のオモリを付け、底まで沈め、タナ分だけ道糸を上げ、そこに印をつける。タナはマダイの場合、底から1m、シマアジ、イサキ、イナダ、ワラサは底から1〜3m。

糸を上げ、そこに印を付ける。

ボートの上にはヤリトリに備えて3メートルほど余分に道糸を出し、釣り座の手前に、道糸を水中から上げながらきれいにまとめる。

ハリが上がったらタナ取りしたオモリを外し、付けエサのオキアミをハリに刺して石の板の中央に置き、その上にマキエサ（コマセ）をひとつまみ乗せる。コマセが落ちないようにハリスでグルグル巻いて止める。

この巻き方は慣れないと投入した後で絡まって外れることがあるので、ずれないように一定の強さで（あまりきつくは巻かない）きれいに巻く。

これを海へそーっと投げ入れるとゆらゆらと沈んでいくので、糸が張らないように、道糸を手で送り込みながら沈めていく。道糸が張らなければ石に巻いたハリスはほとんど外れることはなく、コマセも石からほとんどこぼれ出ることなく沈んでいく。

初めにタナの印をした所まで道糸を送り出したら、そこを持って道糸の送り出

マダイ、コマセ釣りライトタックル

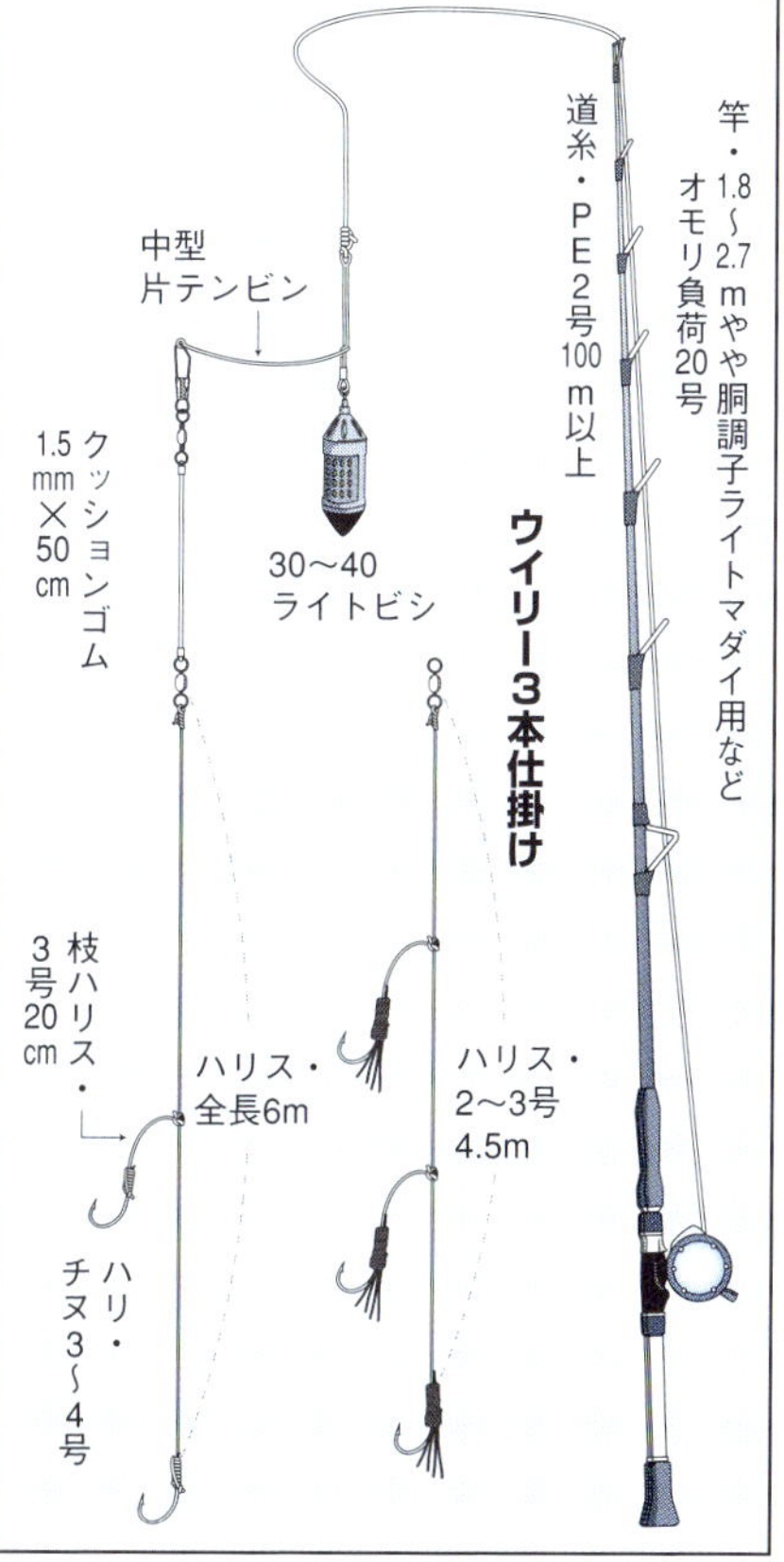
竿・1.8〜2.7mやや胴調子ライトマダイ用など
オモリ負荷20号
道糸・PE2号100m以上
ウイリー3本仕掛け
中型
片テンビン
30〜40
ライトビシ
クッションゴム
1.5mm×50cm
枝ハリス・
3号20cm
ハリス・
全長6m
ハリス・
2〜3号
4.5m
ハリ・
チヌ3〜4号

しを止める。やがて道糸が張って、石がコクコクと回転して沈んでいく感触が伝わってくる。

そのとき初めてコマセも散り出し、まもなく石が完全に外れて沈むと、エサの付いたハリが、まかれたコマセの中に漂うわけである。

アタリがなければ2〜3分で仕掛けを上げ、再び同じ動作を繰り返す。どんな釣りでも根気が必要で、むろんこの釣りでも同じである。やがてマダイもハリ掛かりすることを信じ、とにかく釣り続けることが大切である。

アタリと合わせ

アタリはまずゴツゴツとかグッといった感じで指先に伝わってくる。と同時にグイーッと重さと引きが出るので、反射的に手いっぱいの合わせをすれば、どんな魚もガッチリとハリ掛かりするはずである。

小型の魚なら簡単に取り込むことができるが、大ダイやワラサとなると、それなりのテクニックが必要になる。

走られてイケスの下にでも入られたら、まず諦めなければならない。それに付近にはイケスを止めるロープも入っている。大物がヒットしたらボートを止めたロープをすばやくはずし、イケスの縁を力強く押してボートをイケスから離さなければならない。

ボートは潮に流され、しだいにイケスを離れていくので、あとは慎重にヤリトリすればよいわけだ。

なんとか魚を海面に浮かせ、素早く玉網を使って取り込めば勝利である。

イケスへのボートの係留が禁止されている場合もあるので、必ずボート店で出船前に確かめること。作業しているイケスの漁師に係留をしてもよいか現場でたずねると、快諾してくる場合もある。いずれにせよ、ルールは守ってトラブルが起きないようにしたい。

エサ

マダイ狙いの付けエサとしては、オキ

ボート釣りでも、こんな大ダイが釣れることもある

アミが一般的だが、イワシのブツ切りなども使用でき、マグロの赤身を使うこともある。コマセにはオキアミ、アミ、イワシのミンチなどが使われる。イケスではイワシのミンチをエサに使っているので、魚たちもこのエサに慣れており集魚効果が高い。

外道

夏はワカシ、イナダもイケス周りに多く寄り、特にワカシの時期は釣れすぎて困ることもある。

秋にはイナダ、ワラサの釣れる確率も高い。10〜11月は場所により中型のシマアジの群れが集まる。大釣りができることもあり、カンパチなども交じる。

イサキ、中〜大アジ、ムロアジなどのほか、イシダイなどもたまに釣れる。2〜3キロ級のボラも多く、イケス周りの釣りは実ににぎやかな釣りになることがある。

マダイの釣期は5〜11月ごろで、ゴールデンウイークから夏にかけては大ダイが釣れる確率も高い。

マダイの兜煮

うま味成分が多いマダイの頭を使った兜煮は人気料理のひとつだ！

材料（2人分）

2キロ級マダイの頭(兜)1つ。

ゴボウ1/2本、木の芽適量。

日本酒、ミリン、砂糖、醤油各カップ2/3（基本は同割、薄味好みなら水を加えるか醤油、砂糖を適宜減らすこと）

下処理が済んだマダイの頭を胸ビレ付きで切り落とす

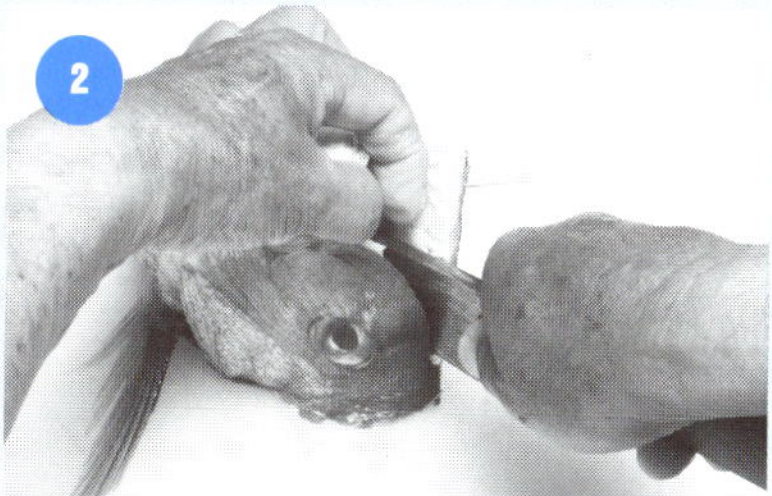

頭を立て、大きめの出刃で鼻先から真下に向けて切る。切り口を指で強く広げながら強く出刃を押すとうまく割れる

流水で洗ったら熱湯をサッとかけ、分量の調味料を軽く煮立ててから頭を表にして鍋へ。真子があればいっしょに入れる。煮る時間は12〜15分ほど

落とし蓋をして、蓋が持ち上げられ煮立った泡が、頭の面にかぶる状態の火加減を保つ。ゴボウは別茹でし、火を止める2〜3分前に脇へ入れる

TARGET

イサキ

ISAKI

夏の人気ターゲットであるイサキは、タナを発見することが重要

イサキは夏になると湾内のやや険しい岩礁帯やイケス周りに群れで集まってくる。ボート釣りでそのポイントを見つけるのはアジよりも難しい。

小アジの集まっているポイントで、いっしょに入れ食いになることもあるが、12〜13センチのいわゆるウリンボがほとんどである。小型の場合、ハリを外して海に戻してやりたい。

中型以上のポイントとなると、アジよりもう少し沖合になる。ポイント探しには、携帯魚群探知機があると便利である。

仕掛けと釣り方

サビキ仕掛けと片テンビンを使ったビシ仕掛けがあるが、良型狙いにはビシ釣りに分がある。サビキの場合、アジ狙いよりハリスを長めにしたほうが良型イサキに向いている。

タナは底から2〜3メートルから、ときに中層まで、群れが上がってくることもある。釣れるタナを早く発見することが好釣果につながる。

タナを取ってコマセを振り出し、ゆっくりと、0.5〜1メートル程度あおるように誘って狙う。

近年ひそかに人気が高まってきた完全フカセ釣りも、イサキには効果がある釣り方。ハリと糸（竿とリールを使っても可）だけでオモリなど付けず、ただエサの付いたハリを流すように沈めるだけ。時どきコマセを少量、手で糸の近くに流すだけの釣りだ。

ボート釣りでイサキのポイントを見つけるのは難しいが、群れで動いているので、数尾まとめて釣れることもある

イサキ仕掛け

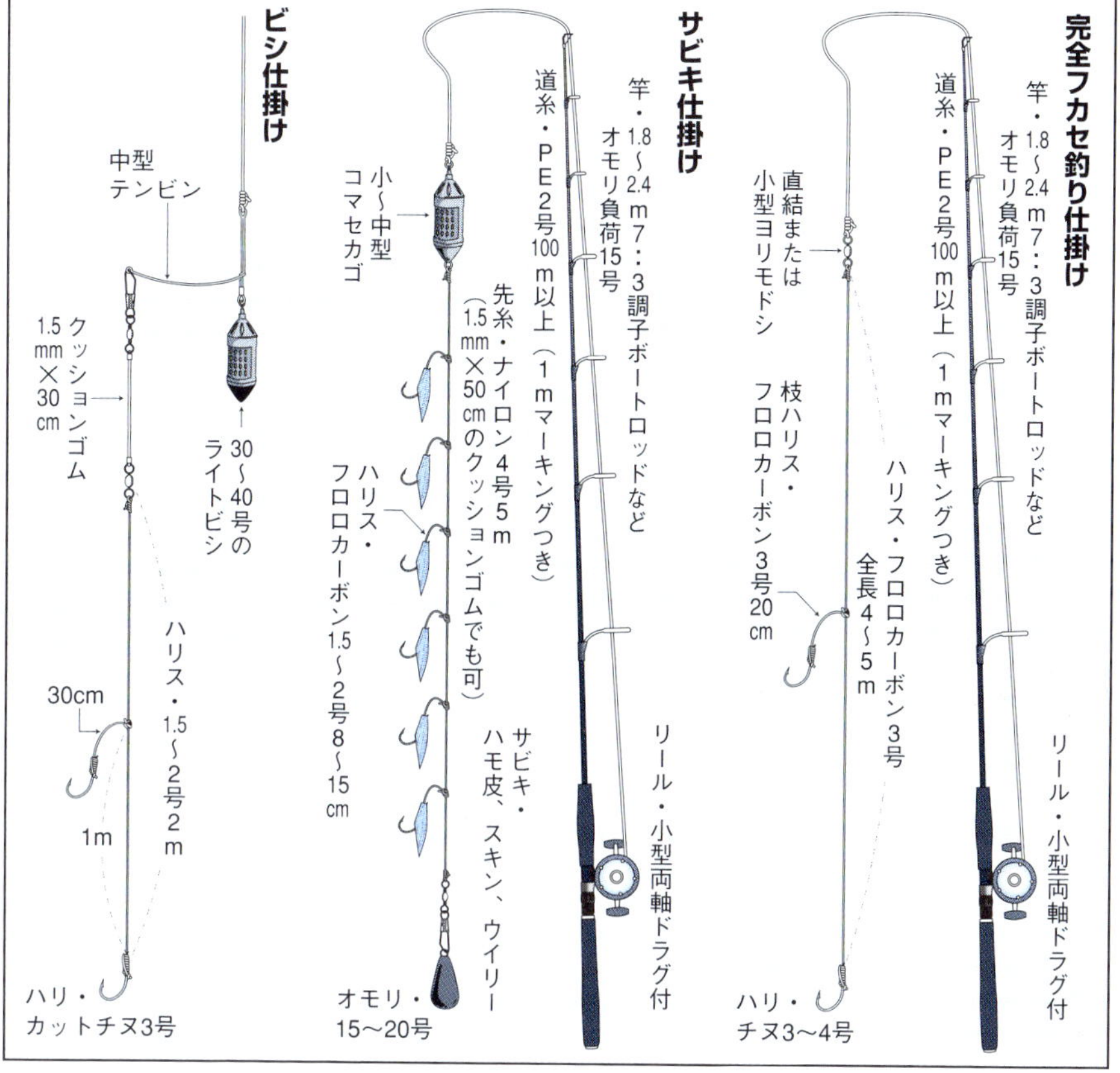
完全フカセ釣り仕掛け
竿・1.8〜2.4ｍ7：3調子ボートロッドなど
オモリ負荷15号
道糸・PE2号100ｍ以上（1ｍマーキングつき）
直結または小型ヨリモドシ
ハリス・フロロカーボン3号 全長4〜5ｍ
枝ハリス・フロロカーボン3号20cm
リール・小型両軸ドラグ付
ハリ・チヌ3〜4号
サビキ仕掛け
竿・1.8〜2.4ｍ7：3調子ボートロッドなど
オモリ負荷15号
道糸・PE2号100ｍ以上（1ｍマーキングつき）
小〜中型コマセカゴ
先糸・ナイロン4号5ｍ（1.5mm×50cmのクッションゴムでも可）
ハリス・フロロカーボン1.5〜2号8〜15cm
サビキ・ハモ皮、スキン、ウイリー
リール・小型両軸ドラグ付
オモリ・15〜20号
ビシ仕掛け
中型テンビン
30〜40号のライトビシ
クッションゴム 1.5mm×30cm
ハリス・1.5〜2号2ｍ
30cm
1m
ハリ・カットチヌ3号

アタリと合わせ

イサキがエサに飛びつくと、ほとんど向こう合わせでハリ掛かりする。

サビキの場合は、いきなり竿先にガクガク、グーンといったアタリがくるので、リールをゆっくりと1〜2回巻いて追い食いを待つ。群れが大きければ次から次へとハリ掛かりするアタリがあるから、あとはゆっくりとリールを巻けばよい。

ビシ釣りの場合は、サビキのアタリとは少し感じが異なる。竿釣りの場合はキューン、キュンと竿先を絞り込んでくる。手釣りの場合は指先に、モゾモゾときた後、グッグーッと感じる。いずれも向こう合わせでハリ掛かりするため、合わせは行わなくてよい。

ビシ釣りでも追い食いを期待し、最初はごくゆっくりと、魚を誘うような要領で、あとはリズミカルに仕掛けをたぐる。取り込みのときはハリから外れやすいので、ハリが口の端に掛かっていたりしてあぶないと思ったときは、玉網を使ったほうが賢明だ。

中型以上のサイズを狙うなら、アジのポイントよりも、沖目のほうが有利だ

エサ

サビキに付いている擬似餌は、ハモ皮など白色のものがイサキには向いている。チモトに蛍光玉を付けると、潮濁りが強いときは有利なようだ。

　ビシ釣りの場合、付けエサとしてはオキアミが最高である。ウマヅラなどのエサ取りに狙われることも多いので、ハモ皮を3センチくらいに切った細い短冊をチョン掛けにし、オキアミと併用するとよい。イカの短冊を使ってもよい。

外道

サビキ釣りでは小アジやサバ、ウマヅラなどが外道として釣れてくる。底近くを狙っていると、スズメダイやサクラダイも掛かってくる。

　ビシ釣りの場合も同じような外道のほか、ときには中型のマダイ、シマアジ、カンパチといった高級魚からワカシ、イナダなども釣れてくる。季節によりソウダガツオがうるさいほど交じることもある。

イサキの姿造り

形の美しいイサキは身もしっかりしているので姿造りに挑戦したい！

材料（2〜3人分）

35センチほどのイサキ1尾。
大根のツマ、大葉、パセリ、紅タデ、穂ジソなど適量。
ナメロウ用に味噌、ショウガ、長ネギ適量。
おろしワサビ適量

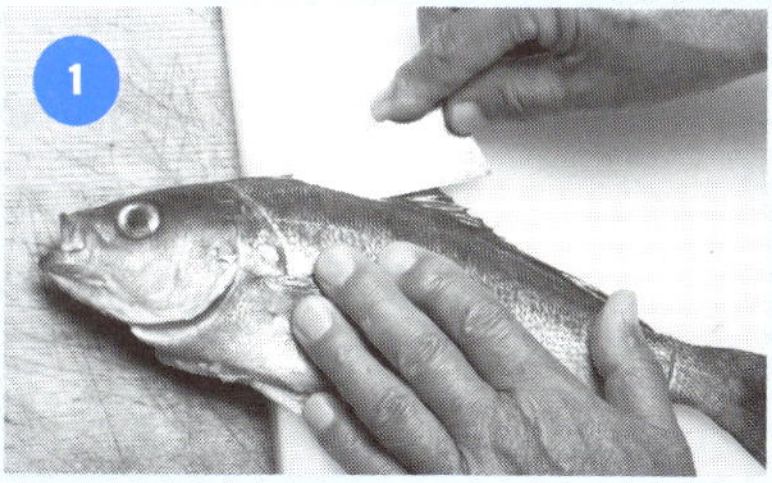

ウロコと内臓など下処理を済ませたら、水気を拭いて頭を付けたまま3枚におろす。右面をさばいたのち左面にかかるが、頭をまな板の端から外し、中骨をまな板にピタリとつけるとさばきやすい

身は血合骨を除くように背と腹の2サクずつに分けて皮を引く

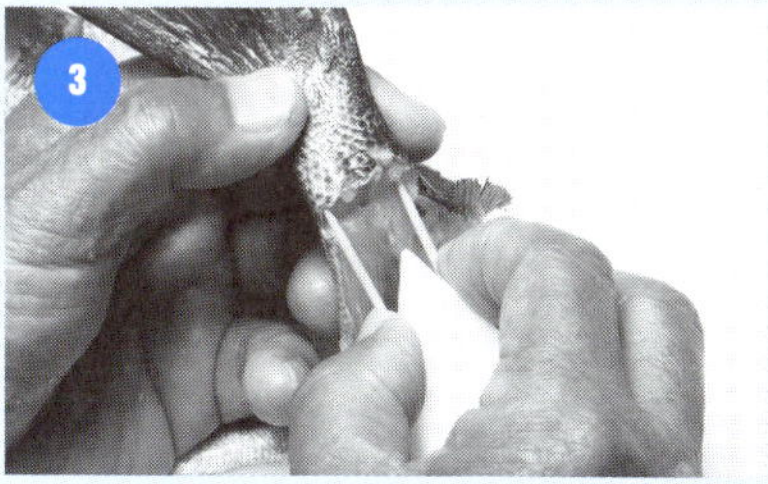

尾頭の尾は大根の切れ端に楊枝を刺し、斜め上を向くようにする

大根のツマで形を整えるように尾頭を皿に置き、刺し身を平切りで5〜7切れずつ盛る。サクの端など形の悪いところを集めて叩き、味噌とショウガを混ぜたナメロウを手前に盛って完成

TARGET

ワカシ、イナダ

WAKASHI／INADA

夏に釣れるワカシも
秋にはイナダに出世。
秋が深まるほど
サイズアップする

20～30センチ級をワカシ、35～45センチ級をイナダ、60センチ、2キロを超えるとワラサ、80センチ以上をブリと呼ぶ。育つにつれて名前が変わるので、出世魚といわれる。

場所によっては6月末ごろからポツポツとワカシの群れが入ってきて、アジのサビキ釣りの外道に掛かってくることがある。

ただし、このころは15センチにも満たないモジャコクラス。ワカシでも25センチクラスがそろう8月になってから釣るようにしたい。

この魚の成長は非常に早く、ひと潮（約15日）ごとに数センチ大きくなるといわれる。8月末ごろはそろそろイナダクラス、9月末～10月になると40センチ級に育ち、やがて、脂の乗ったおいしいイナダになる。40センチオーバーのイナダを3～4尾ボートで釣ったら、もう大満足である。

この魚は水温の高い時期ほど、沿岸に近い所に群れを作って集まってくる。最良のポイントは岩礁やイケス周りだが、逃げまどうイワシなどを追って、湾内いたる所に回遊してくるため、思わぬ場所で釣れることがある。

ワカシクラスのほうが回遊する範囲は広く、イナダクラスになるとポイントは岩礁周りに狭まってくる。このクラスになると小アジなどの群れを追っているため、そのようなアジの集まる所が好ポイントとなるわけである。

仕掛けと釣り方

ワカシやイナダでも小型のうちは、サビキ釣りが釣りやすい。ワカシクラスでもハリ掛かりした後の引きは強烈なので、ハリスは2号以上を使用する。

この釣りで威力を発揮するのは、なんといってもバケ（擬似バリ）を使ったカッタクリ釣りで、比較的良型がヒットする。

遊泳しているのは上層で、サビキ釣りでは水深の中央付近からさらに上層、カッタクリ釣りではせいぜい仕掛けを10メートル程度まで沈め、そこから上を探ってくる。食いのよいときはコマセに誘わ

ワカシ、イナダ仕掛け

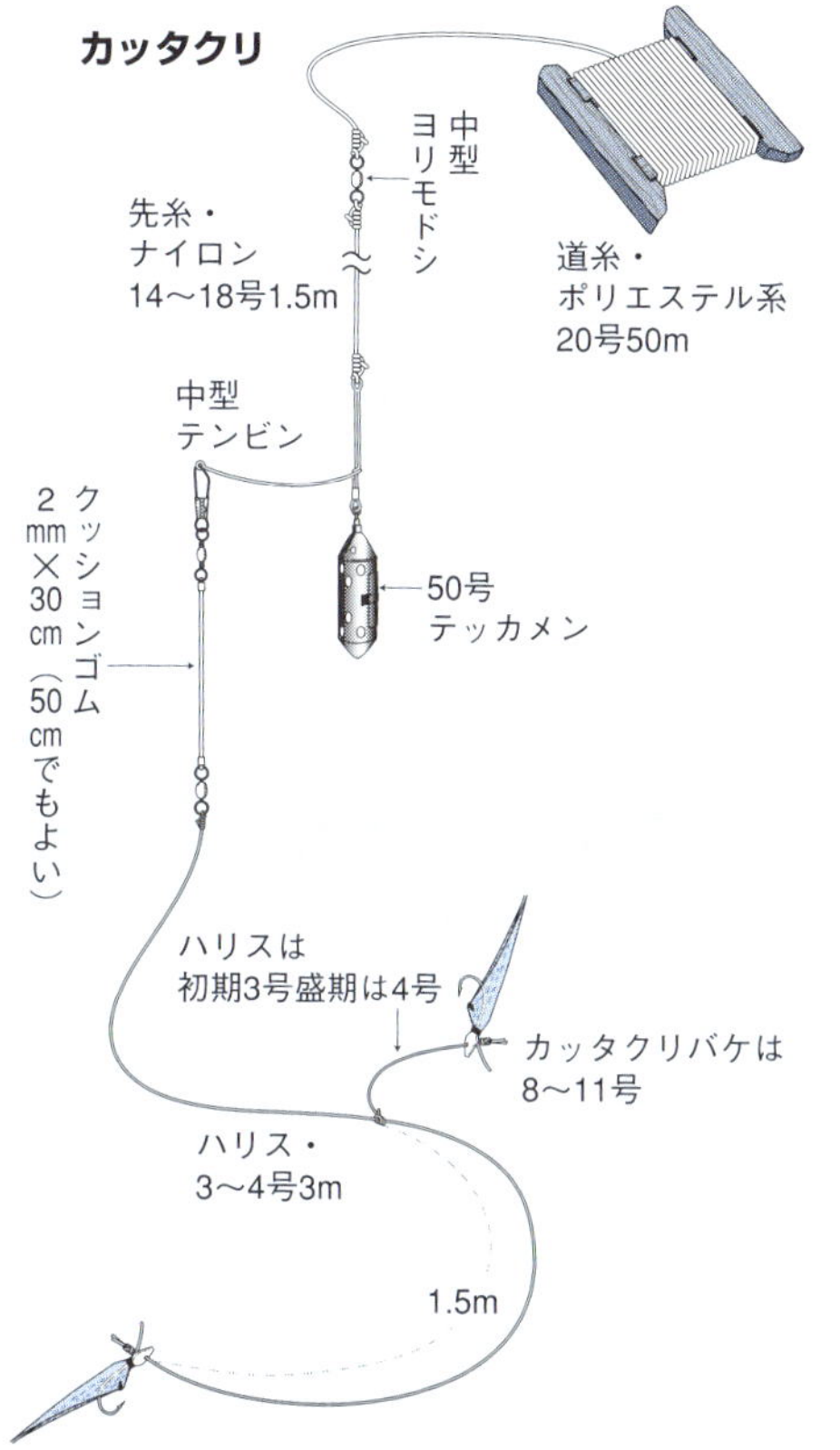
カッタクリ
中型
ヨリモドシ
先糸・
ナイロン
14〜18号1.5m
道糸・
ポリエステル系
20号50m
中型
テンビン
クッションゴム
2mm×30cm（50cmでもよい）
50号
テッカメン
ハリスは
初期3号盛期は4号
カッタクリバケは
8〜11号
ハリス・
3〜4号3m
1.5m

カッタクリ釣りにチャレンジ!!

中小型の回遊魚を効率的に釣るにはカッタクリ釣りがおすすめ。比較的簡単にマスターできるので挑戦してみよう。

①

利き手で鋭く道糸を引き上げる。このとき指ゴムをはめておくと痛くない

②

もう一方の手で道糸をボート内へたぐり込みながら利き手を滑らせつつ船べりへ。①②の連続動作を繰り返して上へ上へとたぐる

れてどんどん上層に上がってきて、水面下2メートルぐらいでヒットすることもある。

　サビキ釣りの場合、ほとんど向こう合わせでハリに掛かり、いきなりガクガク、ときにはフワーッと食い上げた後で、一気に竿先を引き込む。

　カッタクリの場合は、両手を頭上に持ち上げ、次の動作に移るときに、グッと道糸を押さえられたようなアタリがきて、次いで、指先にグイッグイッと強い引きが伝わってくる。

　手釣りの場合は魚の引きが指先にダイレクトに伝わってくるため、竿釣りとは違った感触が魅力である。

　カッタクリは、一定のリズムで行う。初めはぎこちない形になりがちだが、上手な釣り人をまねて練習すればすぐに上達する。リズミカルに格好よくカッタクる人には、次つぎにヒットしてくるものである。

　バケには色いろな種類があるが、白っぽいハモ、黒っぽいバラフグなど、天候や潮色でその日の当たりバケを早く見つけることが重要だ。

ワカシや小型のイナダクラスのときは、ピンクに染めた鳥の羽に小さめのハモ皮が付いたものや、蛍光パイプ付きのバケなどによくヒットする。

その他の仕掛けとしては片テンビンを使ったビシ仕掛けがある。一定のリズムでコマセをまいて群れを寄せ、アタリを待つ。この場合は中層から下（海底から4～5メートル上）を狙うと、思わぬ外道も釣れてくる。カッタクリ釣りに疲れたら、置き竿のビシ釣りで、のんびり楽しむのもよいものだ。

できればイナダクラスに成長してから釣りたい。引きも楽しく、食べてもおいしい

アタリと合わせ

合わせはほとんど必要としない。魚がエサを口にし、反転して逃げようとするとき、向こう合わせでハリ掛かりするので、あとは道糸を緩めないように取り込めばよい。

ただし横走りする魚であり、他の仕掛けや良型の場合ボートの前方へ走るとアンカーロープに引っ掛かるので、十分注意する必要がある。

エサ

ビシ釣りの場合、ハリにはオキアミやイカの短冊を付けるが、その他はすべて擬似餌なので、コマセだけを用意する。コマセはアミコマセを使用し、分量はその日の食いの状況でずいぶん違ってくる。アジのサビキ釣りよりやや多めとなり、一日たっぷり釣るのなら、レンガ状の大きさのもの4～5個以上は必要かもしれない。

しかしよく釣れるからといってクーラーに入りきらないほど釣ってしまうのは、釣り人のモラルに反することと思う。入れ食いのときはせいぜい5～6個のアミコマセがなくなる程度で釣りを終了し、他の魚を狙うか、早揚がりもよしと考えるべきだろう。

外道

サビキ釣り、カッタクリ釣りとも外道によく掛かるのはソウダカツオ。ソウダカツオはヒラソウダとマルソウダがあり、前者は刺身、タタキで大変おいしい。後者は生で食べると下痢を起こすことがあるので注意する。いずれも傷みの早い魚であり、生けジメにして早めにクーラーへ入れるか、持ち帰らないなら海へ戻してやろう。

そのほかにもシイラが海面スレスレでハリ掛かりしたり、中層付近ではカンパチ、その下層でシマアジやイサキ、マダイなどがヒットすることもある。

ワカシ・イナダの煮付け

ワカシやイナダはサッパリしているので煮付けがおすすめ！

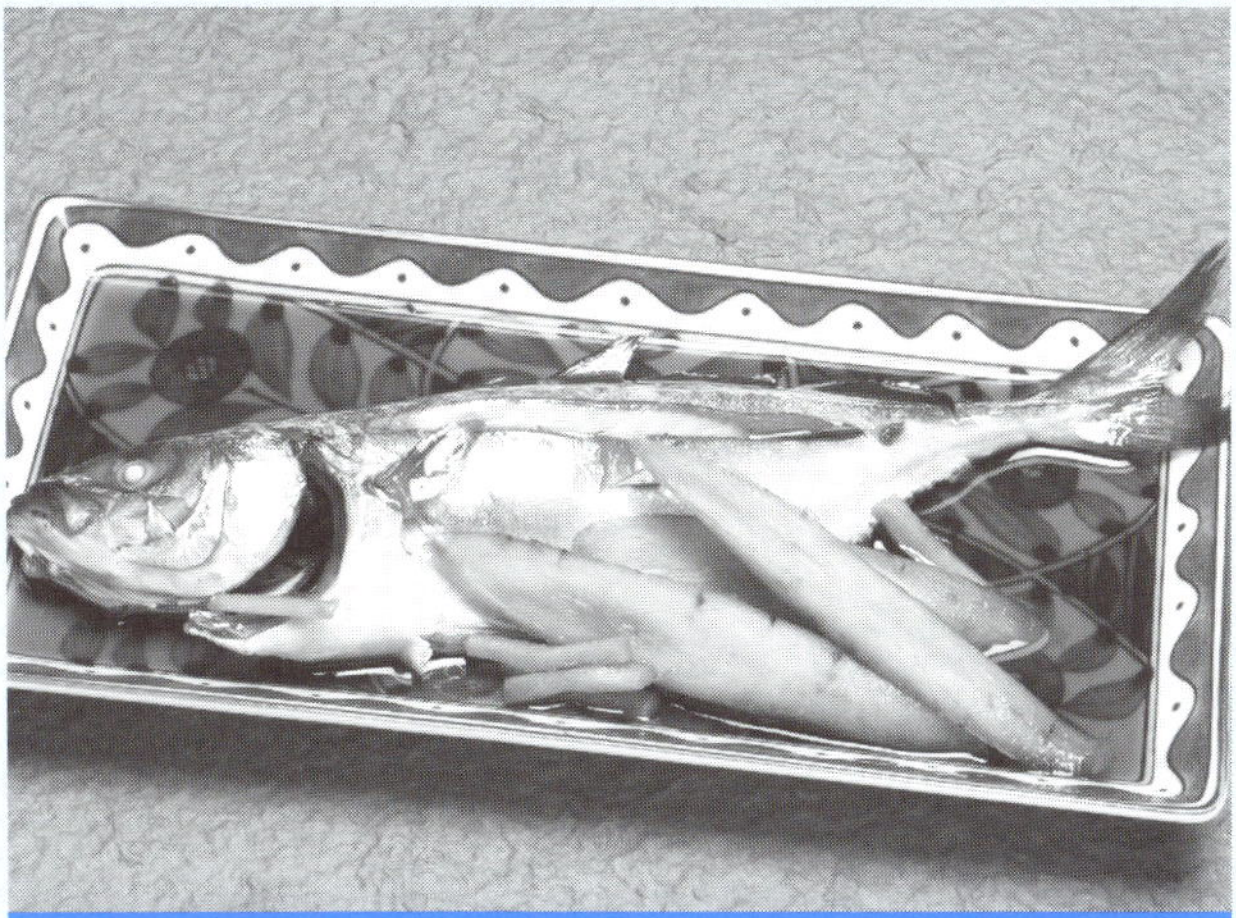

材料（4人分）

30センチ弱のワカシ４尾。

35センチ級なら２尾を２切れずつに分ける。調味料は日本酒、ミリン、砂糖、醤油、各カップ2/3（同割と覚える）付け合わせにゴボウ１本

ウロコ、エラなどの処理が済んだら流水で洗い、水気を拭いてから飾り包丁を入れる

日本酒、ミリンを入れて火にかけ、アルコール分を飛ばしてから魚を鍋へ

少し火が通ったら砂糖、醤油を入れて落とし蓋をして10〜15分煮る

煮魚を上手に煮上げるコツは、途中で魚を裏返したり箸で触ったりしないこと。火加減は落とし蓋がほどよく持ち上がり、魚の上に泡がかぶる程度がよい。吹きこぼれは火が強すぎ

ワラサ、青物

WARASA／AOMONO

ボートの向きを変えるほどの強烈な引きに、思わず興奮！

イナダがさらに育ち、60センチ級になるとワラサである。ワラサが沿岸に一番近寄るのは10〜11月で、当然そのころがボート釣りでの狙い目となる。

釣れる可能性があるのは、比較的水深のある釣り場。いずれも、ワラサは湾内の小アジを中心とした小魚の群れを追うため、小アジがよく釣れる所がポイントである。

また、イケス周りもワラサの寄り場となる。釣り方はまず生きエサにするアジを釣り、それを胴つき1本バリの仕掛けに付けた泳がせ釣りである。置き竿にすることも多いので、竿は胴にやや張りのある、胴調子のヒラメ竿などが使いやすい。あまり長竿だとボートでは扱いにくい。

生きのよい15センチぐらいのアジを背掛けでハリに刺し、素早くタナへ沈める。タナは小アジが釣れていた付近がよく、水深の2分の1〜3分の2程度である。タナを決めたらドラグをゆるめにし、クリックのスイッチを入れておく。尻手ロープを付けることを忘れないように。

ワラサ・青物仕掛け

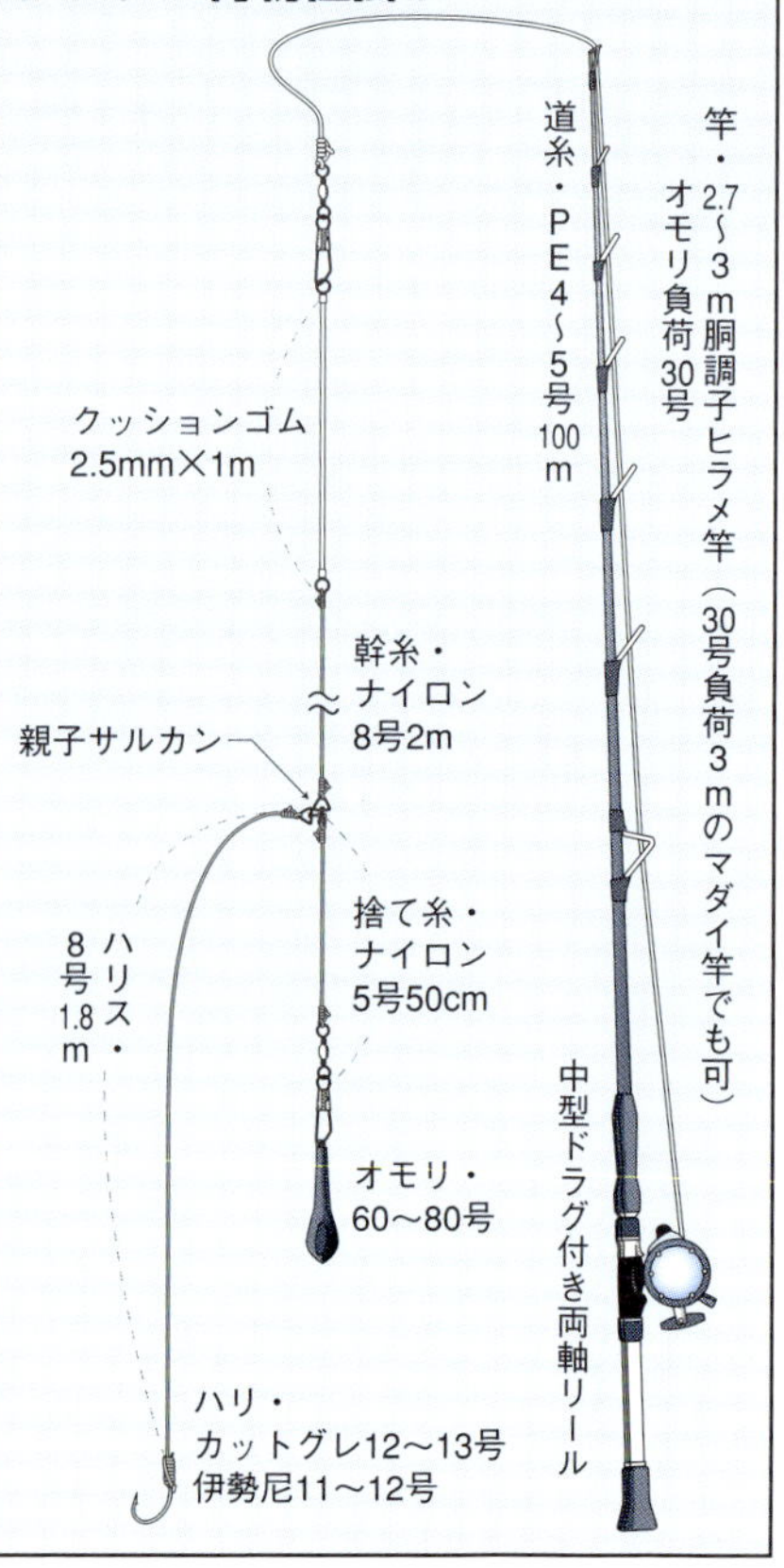
竿・2.7〜3m胴調子ヒラメ竿（30号負荷3mのマダイ竿でも可）
オモリ負荷30号
道糸・PE4〜5号100m
クッションゴム
2.5mm×1m
幹糸・
ナイロン
8号2m
親子サルカン
捨て糸・
ナイロン
5号50cm
ハリス・8号1.8m
オモリ・
60〜80号
中型ドラグ付き両軸リール
ハリ・
カットグレ12〜13号
伊勢尼11〜12号

生きエサの刺し方

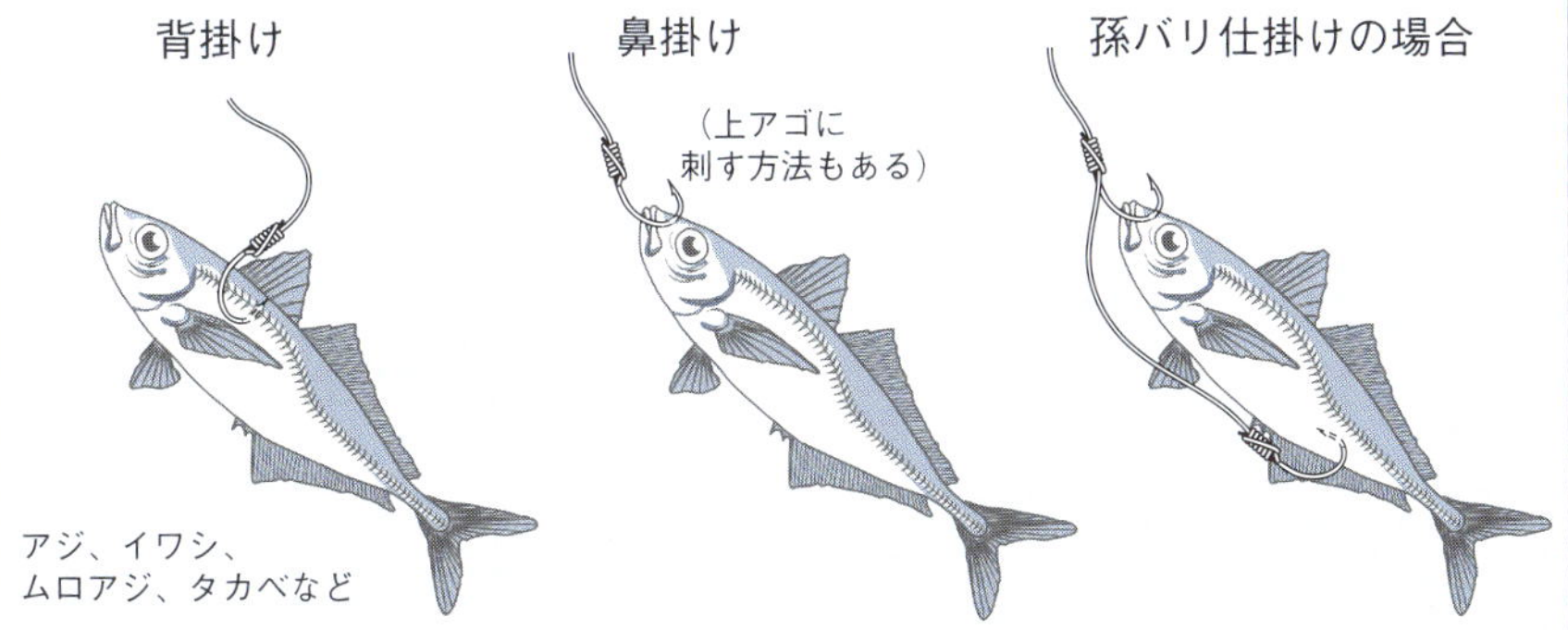
背掛け
鼻掛け
（上アゴに
刺す方法もある）
孫バリ仕掛けの場合
アジ、イワシ、
ムロアジ、タカベなど

生きエサはその場で釣れた様ざまな小魚でよい。アジ（左上）、ネンブツダイ（右上）、イワシ（左下）、トウゴロウイワシ（右下）など

アタリと合わせ

ワラサが仕掛けに寄ってくると、まずエサのアジが驚いて逃げ回る動きが竿先に現れる。このときが一番緊張するときで、一瞬その動きが止まったと思うと、モゾモゾとか、ガクガクといったアタリが出る。

このときはまだワラサがアジをくわえただけで、それを飲み込む前の状態である。ここからがテクニックの見せどころで、この状態のときは決して道糸を張らないことが重要だ。

ボートの揺れなどで道糸が張って、ワラサがその抵抗を感じると、せっかくくわえたアジをパッと放してしまうことになる。

道糸を手で少しずつ送り込むか、竿先を少し海面に近づけるようにしながら竿を手にする。抵抗さえ与えなければ、数秒か長くても7〜8秒で竿先は大きく曲がり出し、続いて一気に海中に刺さるはずだ。

ここで大きく竿を立てればガッチリとハリ掛かりし、強烈なワラサの突っ込みが始まる。このときドラグはわずかに糸が出る程度まで締め、竿で強烈な引きをためるようにする。

10号程度のハリスなら、一気に切られ

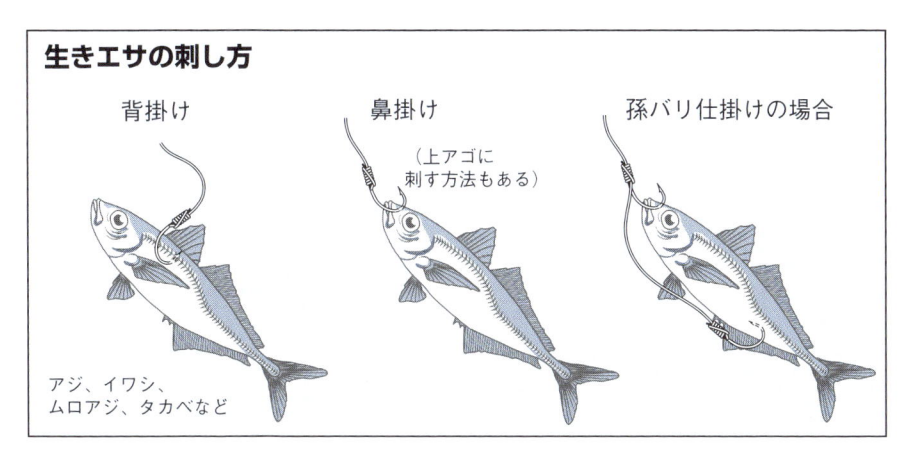

てしまうということはないが、さらに強く走られたときは、道糸を少しずつ送り出すことも必要だ。

魚が少しでもボートに向いているときは、ポンピングしながらリールを巻き、逆方向へ走ったときは無理に巻かないことが重要である。

3〜4分このスリリングなヤリトリを続けていると、ワラサの引きも少しずつ弱まり、リールを巻ける量が多くなってくる。

やがて海面にその姿が現れたら、竿を立て、ヨリモドシ、そしてハリスを手にし、取り込みに入る。ここで驚いたワラサは反転し、海底を目がけて逃げようとすることもある。こんなときはあわてずに糸をうまく押さえながら送り込まねばならない。そのため、たぐった糸は絡まないよう、うまくさばくことも重要である。

生きエサを使った釣りでは、カンパチなど青物を中心に様ざまな魚がヒットする

最後は玉網ですくうわけだが、ワラサ狙いには大型の玉網が必要だ。5キロ近いワラサとなると、ボートの向きを変えてしまうほどの引きの強さを見せる。乗合船で釣ったときよりもはるかに大きな喜びであり、最高に興奮できる釣りである。

エサ

エサは小アジが一番泳ぎがよく、弱らない。10センチ前後の小アジを使えば、1キロ級の良型のイナダが釣れることも多い。

小サバやシコイワシも生きエサとして優れており、このほかネンブツダイなども意外に元気に泳いでくれる。

外魚

ワラサ狙いの仕掛けは、いわゆるハモノ狙いの万能仕掛けでもあり、低層を狙えばハタ、モロコ、ヒラメなども狙える。ただし、サメや大型のエイなどにがっかりさせられることもある。

カツオの叩き

釣れたての新鮮な本ガツオやヒラソウダは、叩きが最高！

材料（4人分） 2キロ以上のカツオ（本ガツオorヒラソウダ）片身。薬味はニンニク、ショウガ、アサツキ、長ネギ、大葉など適量。ポン酢醤油適量

背ビレ周辺のウロコ（有鱗帯）をそぎ取り、胸ビレ周りも同じ要領でそぎ取りつつ胸ビレ後ろの両側からタスキに頭を切り落とす

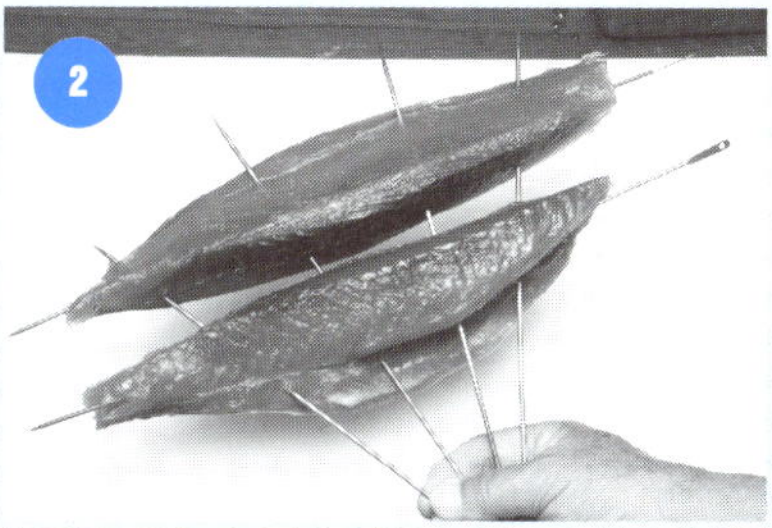

腹の汚れを洗ったら水気を拭き、3枚におろして腹骨をすき取る。血合骨を除くように背と腹の2サクに切り分け、串を縦に1本、横から3～4本扇型に刺す

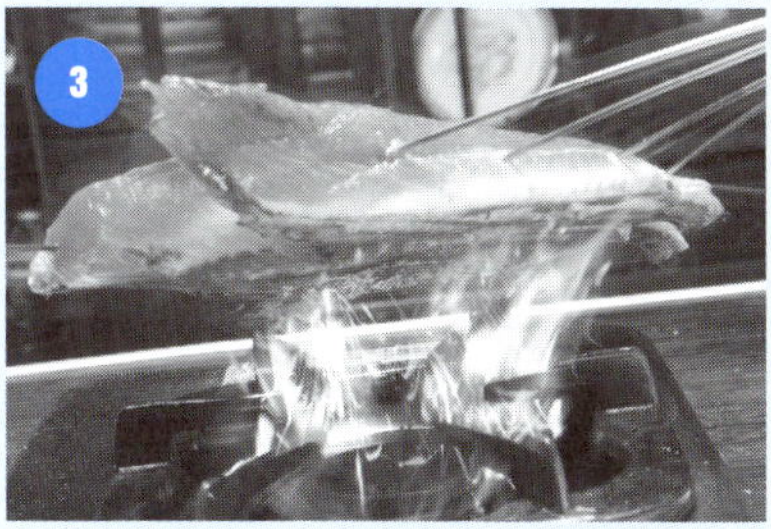

皮目を30秒前後、ほかは15秒ほどガスの直火にさらしてほどよく焦がしたらすぐに串を抜き、氷水で粗熱を取る

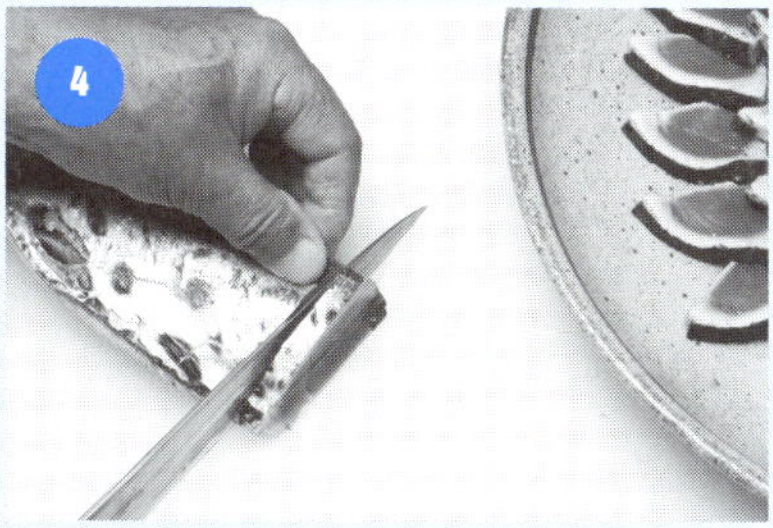

水気をよく拭き、皮目を上にして5ミリ程度の厚さに切って皿に盛る。薬味にニンニクのスライス、アサツキの小口切りなどを散らして完成

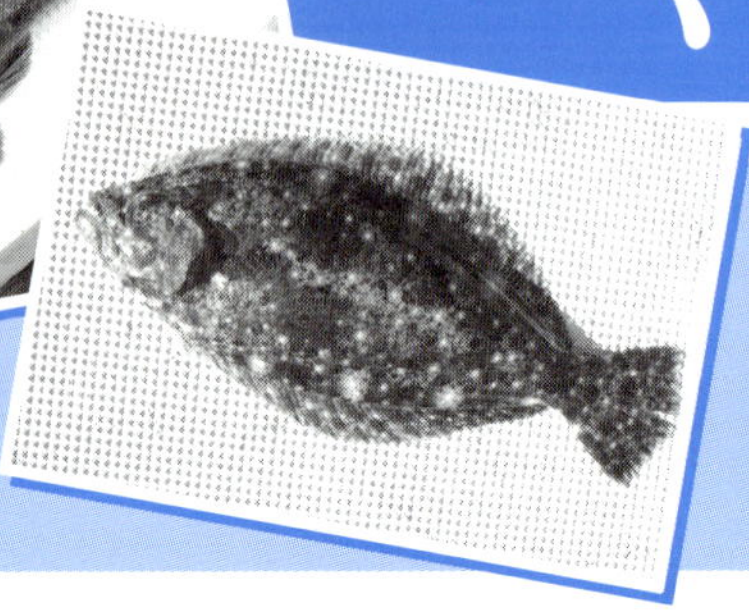

マゴチ、ヒラメ

MAGOCHI／HIRAME

ボートで狙える手軽な大物。シロギス釣りのおりに狙ってみよう！

マゴチは夏、ヒラメは冬が旬の魚である。しかし、意外に釣期は長い。「ヒラメ40、コチ20」という言葉があるように、アタリがあっても早合わせは絶対にしてはいけない。

ヒラメは40、コチは20ぐらい数えてから合わせろということで、ハリの生きエサを、なかなか飲み込んでくれない魚であることが分かる。

マゴチは沿岸に近い砂地に多く生息する。ヒラメは春〜初夏ごろ産卵のため浅場に乗っ込んでくるので、ボートではそのころが狙い目である。

いずれも水深10〜20メートル付近を狙うが、さらに浅い所で釣れることもある。

仕掛けと釣り方

マゴチは15号程度のオモリを鋳込んだ片テンビン仕掛け、ヒラメは胴つき1本バリ仕掛けで狙う。

ボートでは、まずエサにする小魚を釣ってからということになる。マゴチ狙いはメゴチかシロギス、ハゼ類、イワシなどなるべく小型のもの、ヒラメにはアジやイワシ、ネンブツダイ、シロギス、ヒメジなどが使える。季節によってはボート店で生きイワシ（カタクチイワシとマイワシ）を用意していることもある。

いずれもオモリが着底したら、ハリス分だけタナを切って狙う。ボートの場合、シロギス釣りなどのついでに置き竿で狙うということが多いので、なるべく胴の軟らかい竿を使用する。

マゴチは比較的浅い所で狙える大物だ

アタリと合わせ

いずれも魚がエサを口にすると、ゴツ

ゴッとかグイーッといった感じが竿先に伝わってくる。このとき慌てて合わせると間違いなく逃げられてしまう。

　ここでしばし待って、エサをよく飲み込ませなければならないが、その時間はいつも同じとは限らない。どこで合わせるかがこの釣りの難しいところであり、おもしろいところでもある。

　アタリがきたら、道糸に抵抗が加わらないように少し送りながら竿を手にするか、海が静かなときは置き竿のまま待っていると、竿の曲がりがだんだんと大きくなっていく。さらに竿がグーンと海中へ突っ込んだら、このときが合わせどきである。

　40センチ級までなら、それほど強烈な引き込みがないまま、海面へ浮かせることができる。2キロを超えると初めの引きはかなり強いので、決して無理はしないこと。

　最後のタモ取りは、ヒラメの場合ひと暴れがあるので、くれぐれも慎重に行うこと。

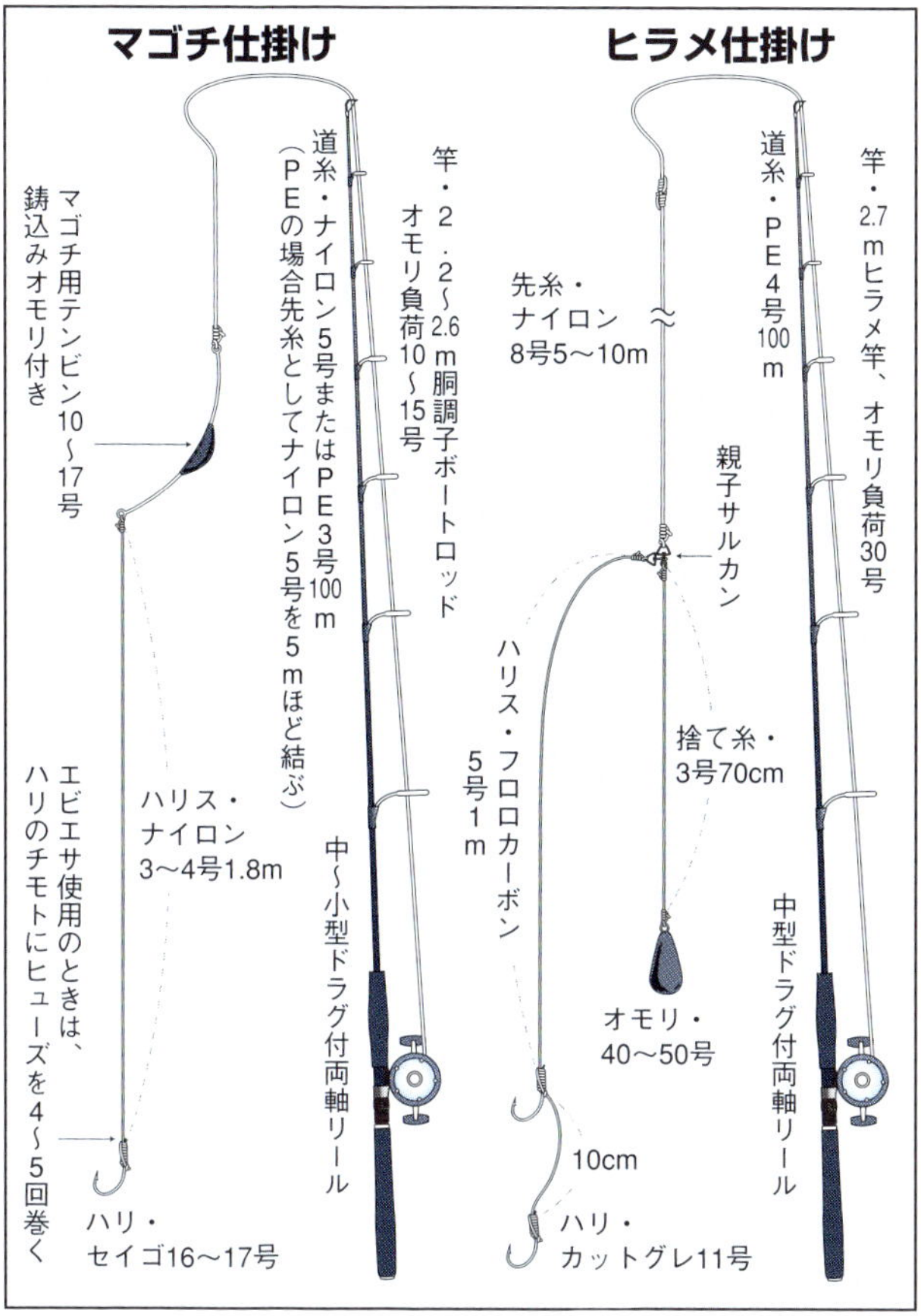
マゴチ仕掛け
竿・2.2〜2.6m胴調子ボートロッド
オモリ負荷10〜15号
道糸・ナイロン5号またはPE3号100m
（PEの場合先糸としてナイロン5号を5mほど結ぶ）
マゴチ用テンビン10〜17号
鋳込みオモリ付き
ハリス・ナイロン
3〜4号1.8m
エビエサ使用のときは、
ハリのチモトにヒューズを4〜5回巻く
ハリ・
セイゴ16〜17号
中〜小型ドラグ付両軸リール
ヒラメ仕掛け
竿・2.7mヒラメ竿、オモリ負荷30号
道糸・PE4号100m
先糸・
ナイロン
8号5〜10m
親子サルカン
ハリス・フロロカーボン
5号1m
捨て糸・
3号70cm
オモリ・
40〜50号
中型ドラグ付両軸リール
10cm
ハリ・
カットグレ11号

外道

ヒラメ狙いでは根際を狙うと大型が釣れる確率が高く、このような所ではハタや良型のカサゴなども釣れる。

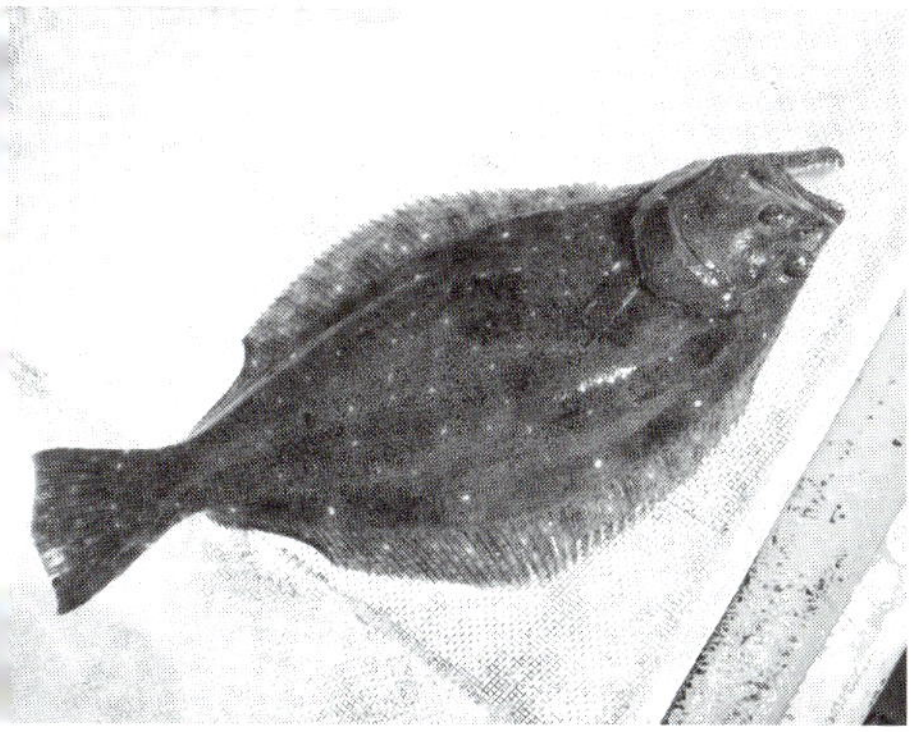
ヒラメは浅場に乗っ込んでくる春〜初夏がボート釣りの時期

マゴチの洗い

マゴチは生かして持ち帰り、生けじめにして
すぐに洗いや薄造りにすれば超美味！

材料（4人分）

40センチ級のマゴチ１尾(50センチ級なら片身)。

長ネギ１本(白髪ネギにして器に入れた氷の上に敷く)。

大葉５枚、おろしワサビ、紅タデ、穂ジソ、レモンなど適量(もみじおろしにポン酢醤油もよく合う)

生けじめ、血抜きをしたらすぐに下処理を済ませて3枚におろす。特殊な体形の魚なので、腹を下にしてさばくと上手にさばける

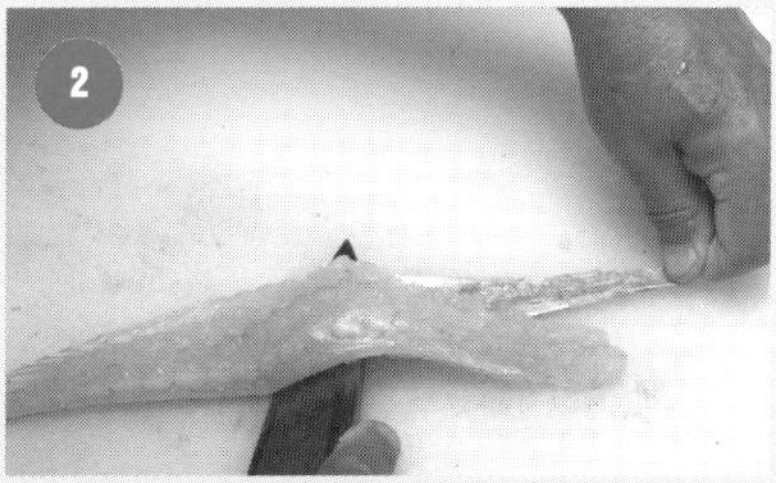

腹骨をすき取り、毛抜きで血合骨を抜いて片身を１サクとし、皮目をまな板に付け、皮の端をつまみ包丁をまな板に沿うようにして皮を引く

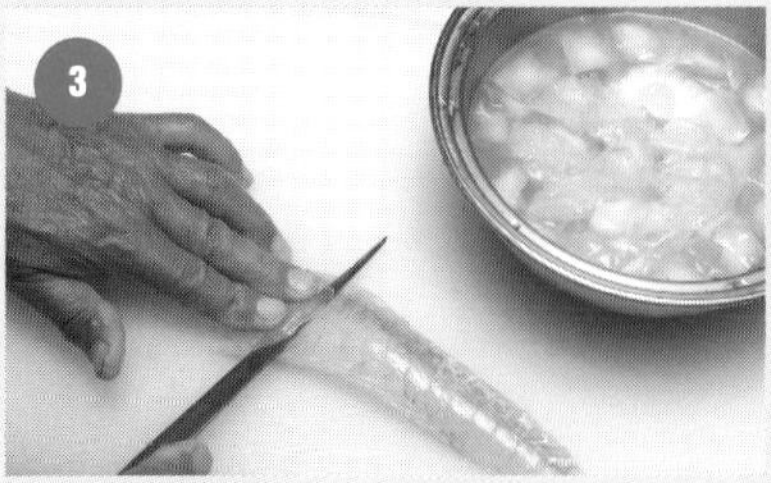

タップリの氷水を用意して、削ぎ切りで薄くさばき次つぎに氷水に放つ

全部入れたら20秒ほどかき混ぜ、チリッと硬直させ、ペーパータオルなどで水気をさっと拭き、用意した器に盛る

TARGET

シマアジ

SHIMAAJI

強烈な引きが魅力のシマアジ。ボートでぜひ釣ってみたい高級魚の一つだ

シマアジの引きは強烈だ。食味も最高で、ボート釣りでぜひ狙ってみたい高級魚である。この魚がボートで釣れるのは夏の終わり〜秋。どこでも釣れるというわけではないが、狙える釣り場は確かにある。

仕掛けと釣り方

シマアジのポイントは比較的浅くて険しい岩礁の上やその付近。さらにイケス周りに寄ってくることもある。

マダイの項で紹介したマキコボシ釣りでも、イケス周りでシマアジが釣れることがある。タナはマダイと同じかもう少し上層である。

一般には竿を使った片テンビンのビシ釣りで狙うが、マダイ釣りと異なる点はハリスの長さぐらいである。

竿はボートの場合あまり長いものは扱いにくいので、2.4〜2.7メートルくらいの胴調子竿がよく、やや短めのヒラメ竿などがちょうどよい。

シマアジ仕掛け

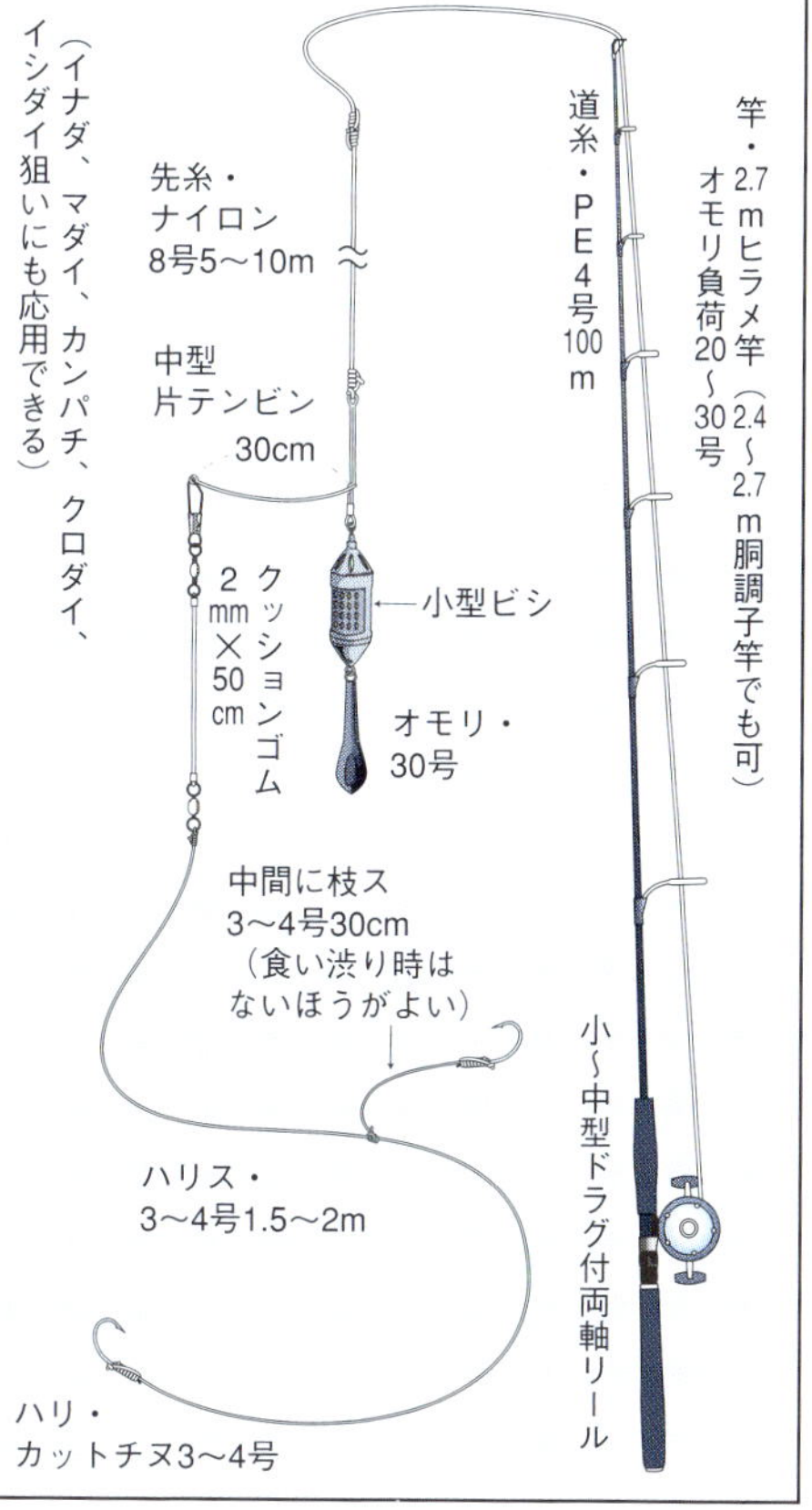

竿・2.7mヒラメ竿（2.4〜2.7m胴調子竿でも可）オモリ負荷20〜30号
道糸・PE4号100m
（イナダ、マダイ、カンパチ、クロダイ、イシダイ狙いにも応用できる）
先糸・ナイロン8号5〜10m
中型片テンビン
30cm
小型ビシ
クッションゴム2mm×50cm
オモリ・30号
中間に枝ス3〜4号30cm（食い渋り時はないほうがよい）
小〜中型ドラグ付両軸リール
ハリス・3〜4号1.5〜2m
ハリ・カットチヌ3〜4号

仕掛けを沈めたらタナを決め、マダイのコマセ釣りよりも多めにコマセをまくようにする。タナは底からハリス分プラス1メートル上げた所から、状況により、もう少し上層となることもある。

アタリと合わせ

シマアジがエサを口にすると、ゴクゴクとかググーッときた後、一気に竿を絞り込んでくる。その引きはマダイ以上で、下へ下へと強烈な引きをみせる。

向こう合わせでハリ掛かりするので、アタリがきたら竿を立てる程度でよい。シマアジは口切れでバラしやすいので強引にリールを巻かないこと。

小型でもシマアジは釣れるとうれしい魚。食味抜群の高級魚だ

エサ

コマセはアミかオキアミ、付けエサはオキアミがよく、小型のものはサビキ仕掛けでも食ってくる。エサ取りに悩まされることも多いので、根気よくエサの付け替え、コマセの詰め替えを繰り返すこと。

外道

カンパチやマダイ、それにイナダ、底近くを狙っているとイシダイやクロダイ、ハタなどの高級魚が釣れてくるので楽しい。

底近くを狙っていると、ハタがヒットすることもある

シマアジのカルパッチョ

シマアジの刺身は和風、洋風いずれにもよく合う！

材料（3〜4人分）

1キロ級のシマアジ半身。塩、コショウ適量。カルパッチョドレッシング適量。ハーブ野菜はルッコラ、イタリアンパセリ、チャイブ、長ネギなど適量。ケイパーピクルス、ニンニク（スライスしてやや多めのオリーブオイルを敷き弱火で炒め揚げにする)適量、レモン1個

1 シマアジはウロコが小さいので出刃包丁で落とし、ゼイゴは薄くそぎ落とす。内臓、エラを処理したら水洗いして3枚におろす

2 血合骨を切り取る要領で、背と腹の2サクに分けたら皮を引く

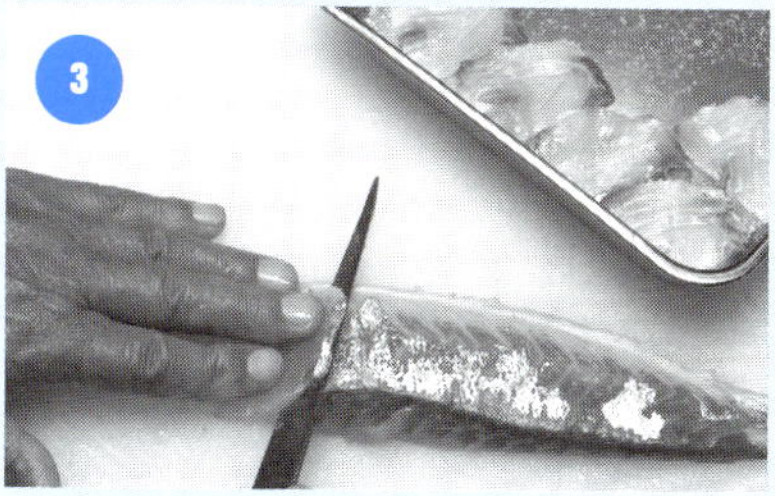

3 サクの左から削ぎ切りで薄い刺し身にする

4 薄く塩、コショウを振り、さらにレモンの絞り汁をかける。皿にはハーブ野菜、白髪ネギを敷きシマアジを広げるように置く。その上にニンニクのスライスを乗せ、チャイブ、ケイパーなどを散らし、カルパッチョドレッシングをかける

TARGET

アマダイ、イトヨリ

AMADAI／ITOYORI

ボートの深場狙いの代表的なターゲット。穏やか日の流し釣りで狙いたい

アマダイ、イトヨリともに冬の魚であり、水深40メートル以上を狙う必要がある。40〜50メートルの水深だとアンカーの上げ下げが大変なので、風のない日で潮がトロトロと流れているときにノーアンカーで釣ることになる。パラシュートアンカーの用意ができれば、さらに釣りやすくなる。

アマダイもイトヨリも砂地に生息しているが、近くに根が点在している所やカケ上がりが最高のポイント。

アマダイはアカアマダイが中心だが、水深40〜50メートルの所では、アマダイの中でも一番高級とされるシロアマダイが釣れる可能性もある。

イトヨリはピンクの魚体に鮮やかな黄色のストライプが入った美しい魚で、近似種のソコイトヨリも同じポイントで釣れてくる。

仕掛けと釣り方

片テンビン仕掛けで、オモリが時どき底を叩くようにベタ底を狙う。コマセは必要ない。使用するとエサ取りの小魚が

アマダイの中でも滅多に釣れないシロアマダイ。これを釣ったら自慢できる

アマダイ、イトヨリ仕掛け

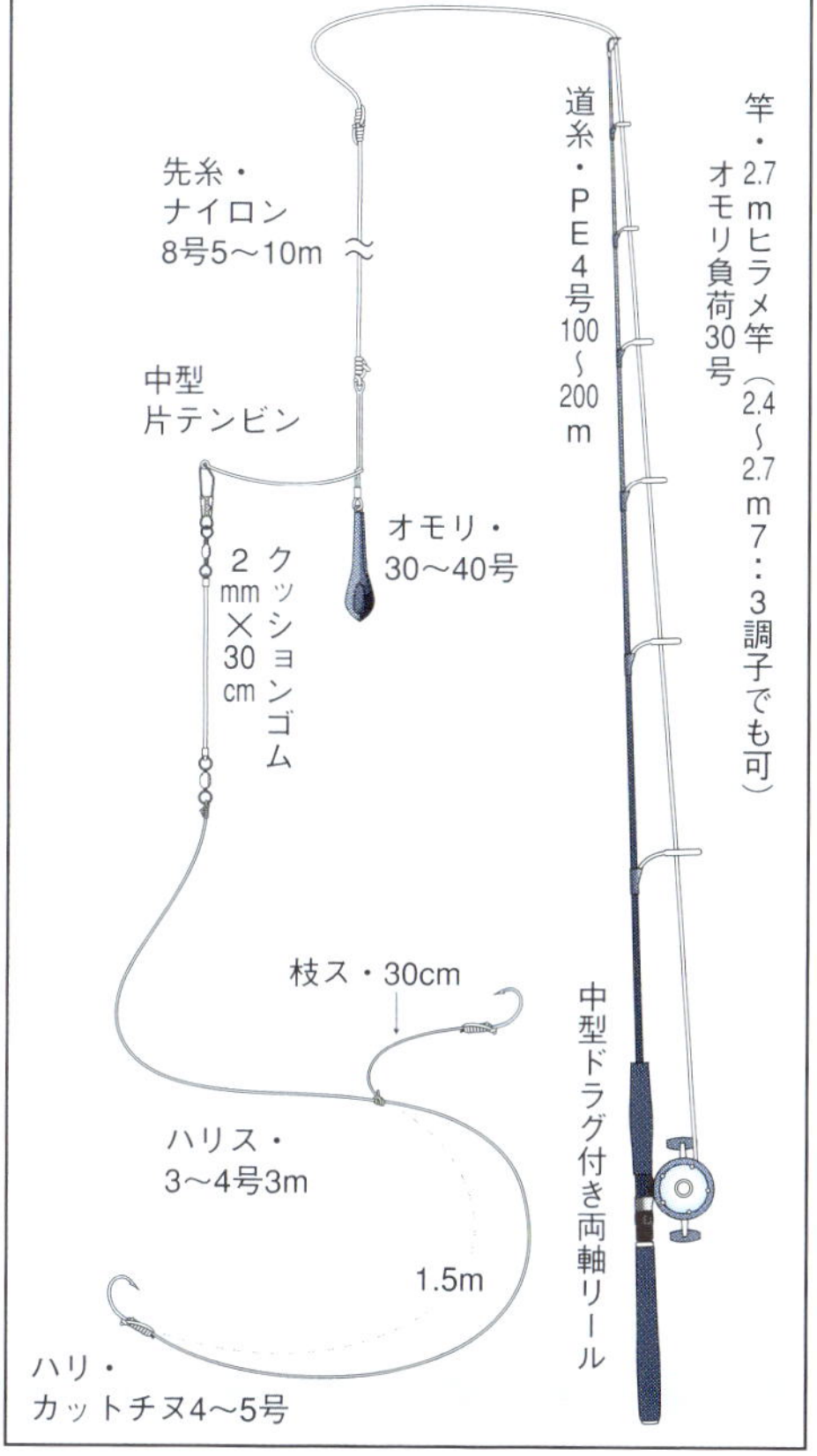
竿・2.7mヒラメ竿（2.4〜2.7m 7：3調子でも可）
オモリ負荷30号
道糸・PE4号100〜200m
先糸・ナイロン8号5〜10m
中型片テンビン
オモリ・30〜40号
クッションゴム2mm×30cm
枝ス・30cm
ハリス・3〜4号3m
1.5m
ハリ・カットチヌ4〜5号
中型ドラグ付き両軸リール

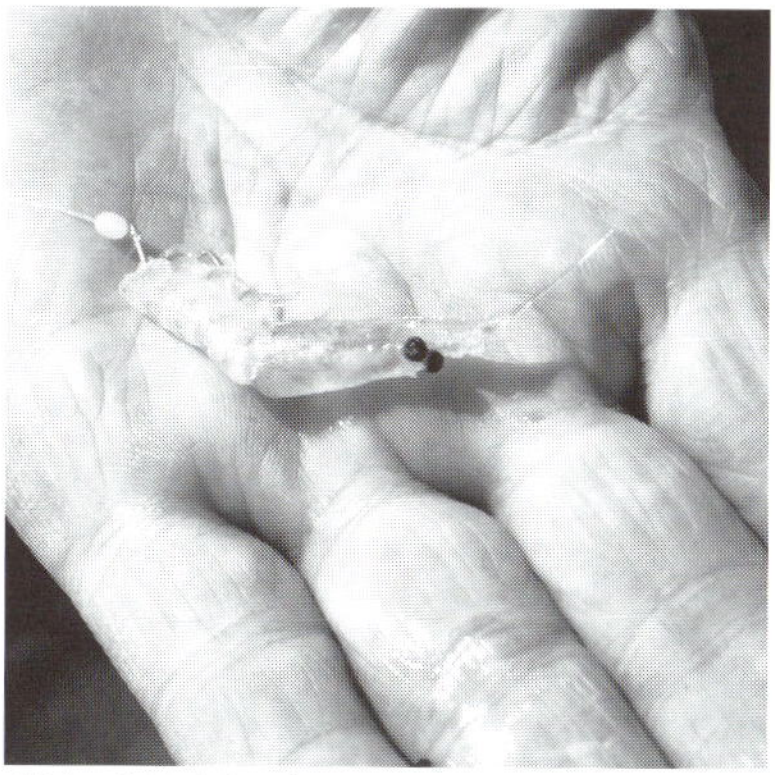
付けエサはオキアミ。コマセは不要だ

寄り、ハリのオキアミを取られる確率が高くなってしまうからだ。

アタリはゴクンとか、グイーッとくるので、そこで竿を軽く立てればガッチリとハリ掛かりする。アマダイはその後の引きはあまりなく、釣り味に欠けるが、イトヨリは途中で2〜3度、やや強い引きを楽しませてくれる。ハリ掛かりしたらバレにくい魚でもある。

ハリに付けるエサはオキアミでよいが、イワイソメもよいエサである。

外道

近くに根があるような所はカサゴ、運がよければハタなども釣れる。ムシガレイなどもハリ掛かりし、場所によっては高級魚の五目釣りが楽しめる。

ボートを流して釣る場合は、その流れ方に十分注意しなければならない。沖へ流されるような潮流や風の場合は、早めに岸の方向へ潮回りをすること。夢中で釣っているうちに、いつのまにか沖へ出てしまったりすると、色いろ危険をともなう。安全第一を忘れないようにしたい。

ソコイトヨリもアマダイと同じエリアで釣れてくる

アマダイの興津干し（一夜干しの焼き物）

開きを一干ししたもので、ウロコ付きで作るのが特長。この皮も美味！

材料（2～3人分）

35センチ級のアマダイ１尾。
粗塩適量。
食べるときレモンかカボスの絞り汁をかけるとよい

ウロコは落とさずに内臓とエラを処理し、流水で洗って水気を拭いたら腹開きにかかる。中骨から上は腹側の身を持ち上げ気味にして、骨すれすれに包丁を進める

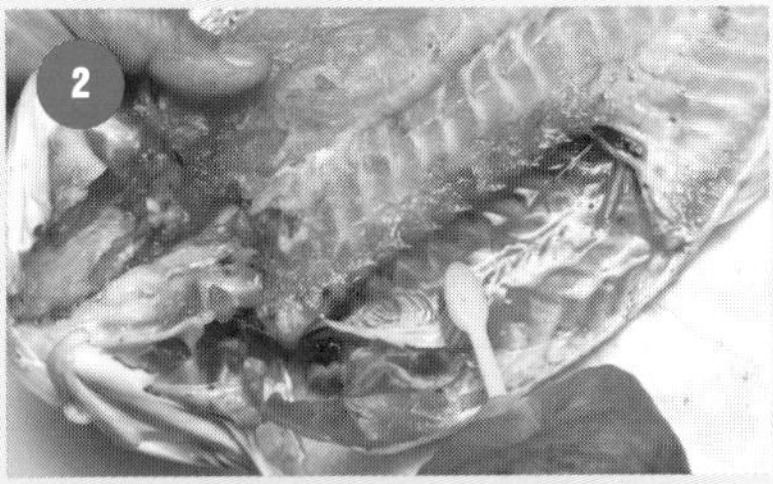

形よく開いたら腹の部分の汚れを歯ブラシなどで落とし、この部分だけを流水で洗う

皮目、身側を平均に、塩焼きよりもやや多めに塩をふる

身側を7割、皮目は3割ほど夕方から翌朝9時ごろまで干す。暖かい日や悪天候のときは冷蔵庫内で24時間ほど乾かす

TARGET

マダコ、イイダコ

MADAKO／IIDAKO

早合わせは禁物。小づき方、テンヤの踊らせ方でも釣果に差がつく

マダコは沿岸の岩礁地帯を中心に生息しており、浅い所にもいるためボートでも狙いやすい。

釣れる時期は釣り場によりまちまちのようで、言い換えれば釣期の長い釣り物でもある。

イイダコはシロギス釣りの外道にもときどき顔を見せる、砂地に多い小型のタコである。この釣りの最盛期は秋から冬で、特に冬は米粒状の卵を胴内にいっぱい持っていることから、“飯（イイ）”ダコの名がつけられている。

タコはいずれも海底をはうように行動しており、エサを捕らえるときの動作はゆっくりしている。動くエサをまず足の先で触ったりして様子を見ながら、だんだんに抱きかかえていく。このため、タコがテンヤに乗った感触があっても早合わせはしないこと。

仕掛けと釣り方

なるべく遠くにテンヤを投げ入れ、着

マダコ、イイダコ仕掛け

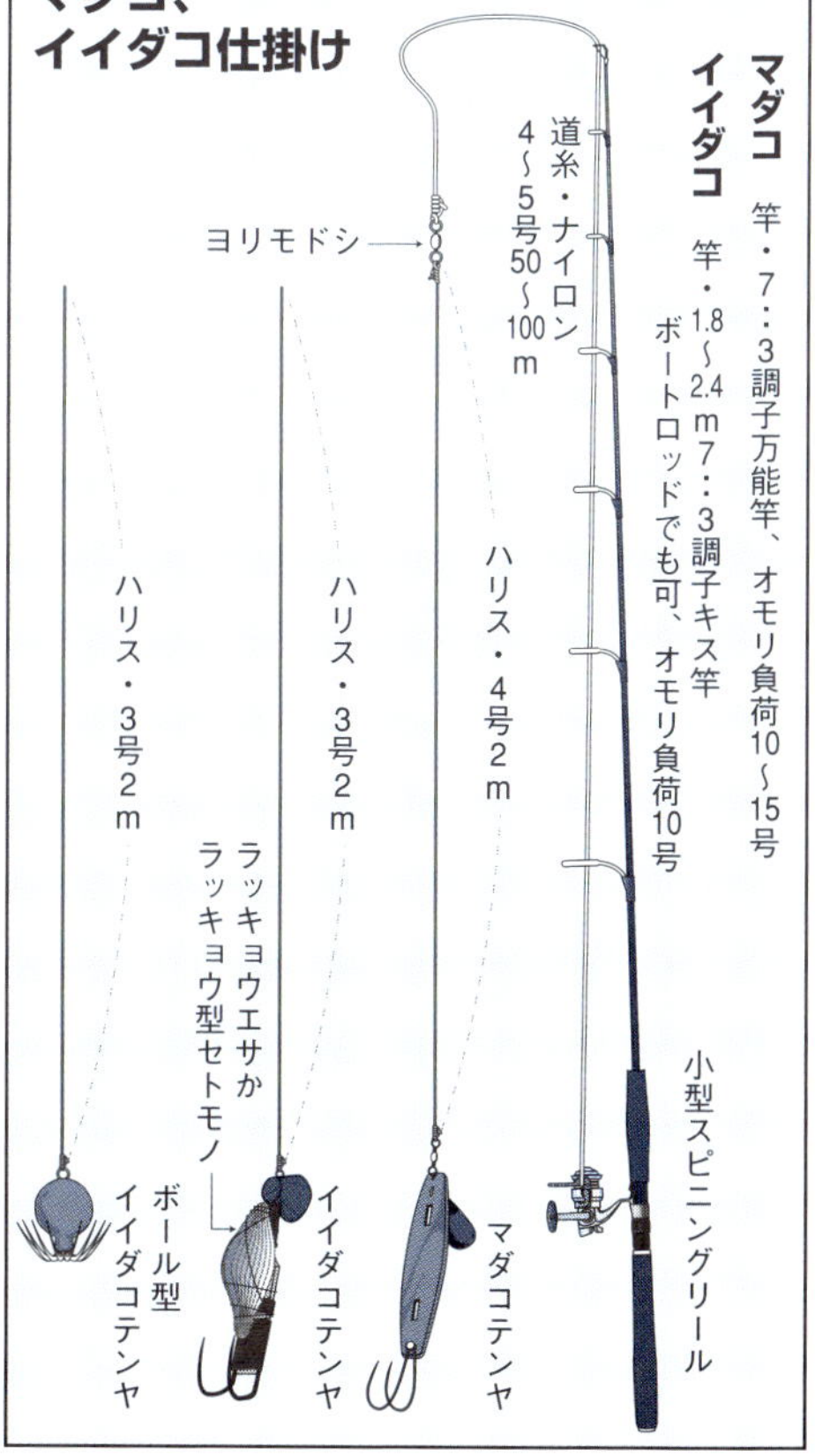
マダコ　竿・7：3調子万能竿、オモリ負荷10～15号
イイダコ　竿・1.8～2.4m7：3調子キス竿
ボートロッドでも可、オモリ負荷10号
道糸・ナイロン4～5号50～100m
ヨリモドシ
ハリス・4号2m
ハリス・3号2m
ハリス・3号2m
小型スピニングリール
マダコテンヤ
イイダコテンヤ
ラッキョウエサかラッキョウ型セトモノ
ボール型イイダコテンヤ

底したら道糸を張って、小づくようにテンヤを踊らせて誘いをかける。この小づき方の善し悪しが釣果を大きく左右してしまう。

手首で軽く踊らせるような小づきを5〜10秒行った後、聞くように（乗りを確かめるように）少しテンヤを引いてみる。テンヤは決して浮かさないようにし、あまり大きな誘いはしないこと。この動作を何度も繰り返す。

タコが乗るとジワーッと重みを感じるが、すぐには合わせない。道糸を張ったままちょっと待つか、さらにエサがあたかも逃げるように小さく小づくとタコは逃がすまいとギュッとテンヤを抱きかかえてくる。このとき大きく合わせ、感触を確かめながら、ゆっくりと一定のスピードで巻き上げる（手釣りの場合はたぐる）。

マダコの場合、ボートの下に入れられると、ボートの底にピッタリと吸い付いてしまって取り込めなくなるので注意すること。大型の場合は素早く玉網で取り込む。

タコは浅い所にも生息するので、ボート釣りでは比較的狙いやすい

イイダコはシロギスの外道としてよく掛かる

タコは白い物に興味を示す

エサ

マダコの場合、カニ（イシガニ）エサをテンヤに木綿糸でしっかりとくくりつける。生きたカニが最良とされるが、カニのほか、タチウオの切身、アジ、サンマなど白っぽく光る魚や大きめの有頭エビを使っても効果がある。

ビニール製のタコの付いたテンヤも市販されている。それなりの釣果は期待できるが、さらにその上にブタの脂身をしばり付けるとよい。

イイダコはテンヤにラッキョウを付けて釣ることで有名である。丸型のプラスチックや瀬戸物の玉を付けたテンヤも市販されており、これでもイイダコはよく乗ってくる。

タコはいずれも、白いものは何でもエサと思って興味を示すというおもしろい習性があるようだ。

釣ったタコはバケツなどに入れておくと、いつの間にかはい出してしまうので、袋などに入れてクーラーにしまうとよい。

マダコの刺し身

マダコの身は、やや硬いけれどかめばかむほど美味しさが出る

材料

1キロ級のマダコ1杯
たっぷりの塩

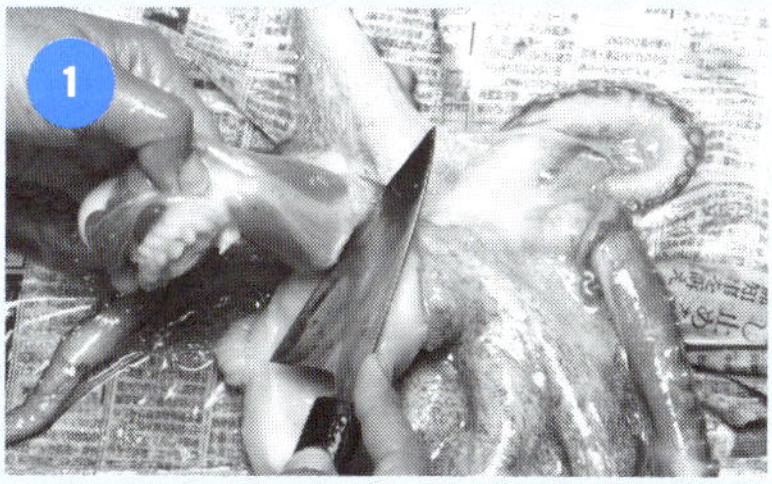

頭を裏返し、墨袋をつぶさないように内臓を口の所で切り離す。口ばしと目玉は包丁でくりぬくようにして外しておく

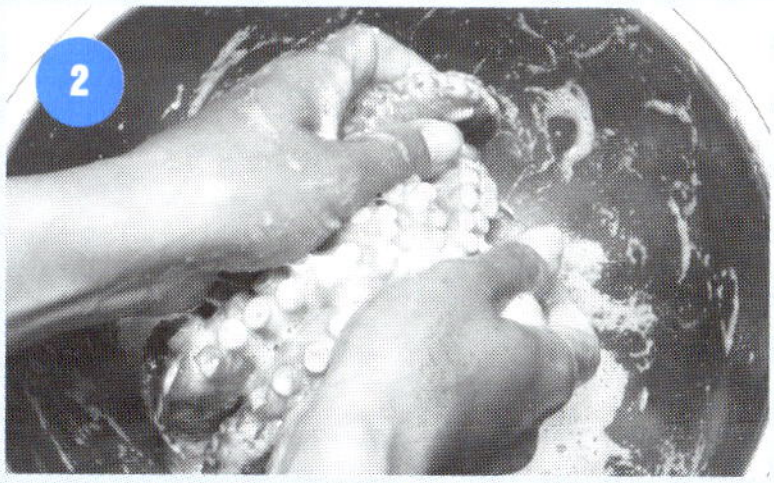

足をすりこぎなどでよくたたき、たっぷり塩をまぶし、力を入れてよく揉みほぐす、これで軟らかくなりヌルが取れる

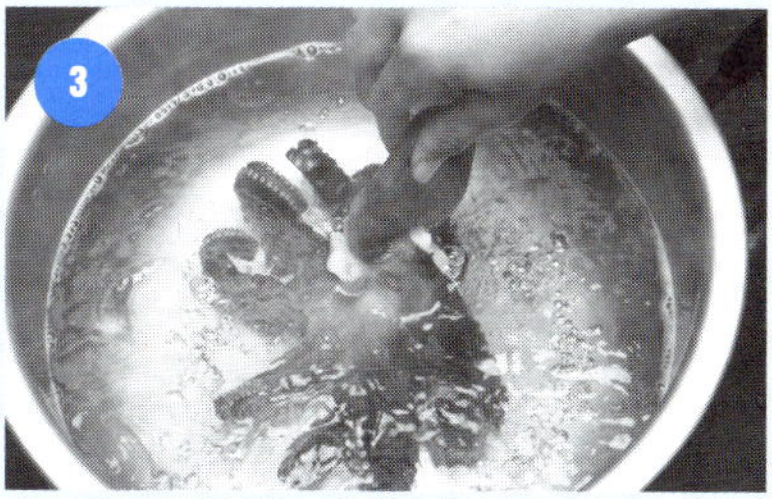

タップリの湯を沸騰させ足先からそっと入れる。茹で時間は1キロ級なら1分半ほど

茹で終えたらザルに取り自然に冷ます。足を1本ずつ切り取り引き切り、ぶつ切りなどにして皿に盛る

TARGET

アオリイカ、マルイカ

AORIIKA/MARUIKA

イカの中でも一番人気は最高級のアオリイカ。マルイカも美味！

ボートで狙うイカは、イカのなかでも最高級として扱われるアオリイカが中心である。それにマルイカも比較的浅い所で釣ることができる。アオリイカの釣期は長く、釣り場を選べばほぼ一年中狙える。

仕掛けと釣り方

アオリイカは主にエギを使って釣る。赤、青、緑など色いろあるが、その日の潮色などで当たりエギを早く見つけることが大切だ。

岩礁周りがポイントで、潮具合によりタナは下層～中層まで変化する。

エギを海底まで沈め、根掛かりしないよう1～2メートル底を切る。そしてエギをシャクリながら狙うが、シャクリ方は手いっぱい、かなり鋭く段を付けずに行う。

また、最近はボートエギングも人気だ。これは根の周りなどアオリイカのポイン

最近はボートからのエギングも流行。手軽さが受けているようだ

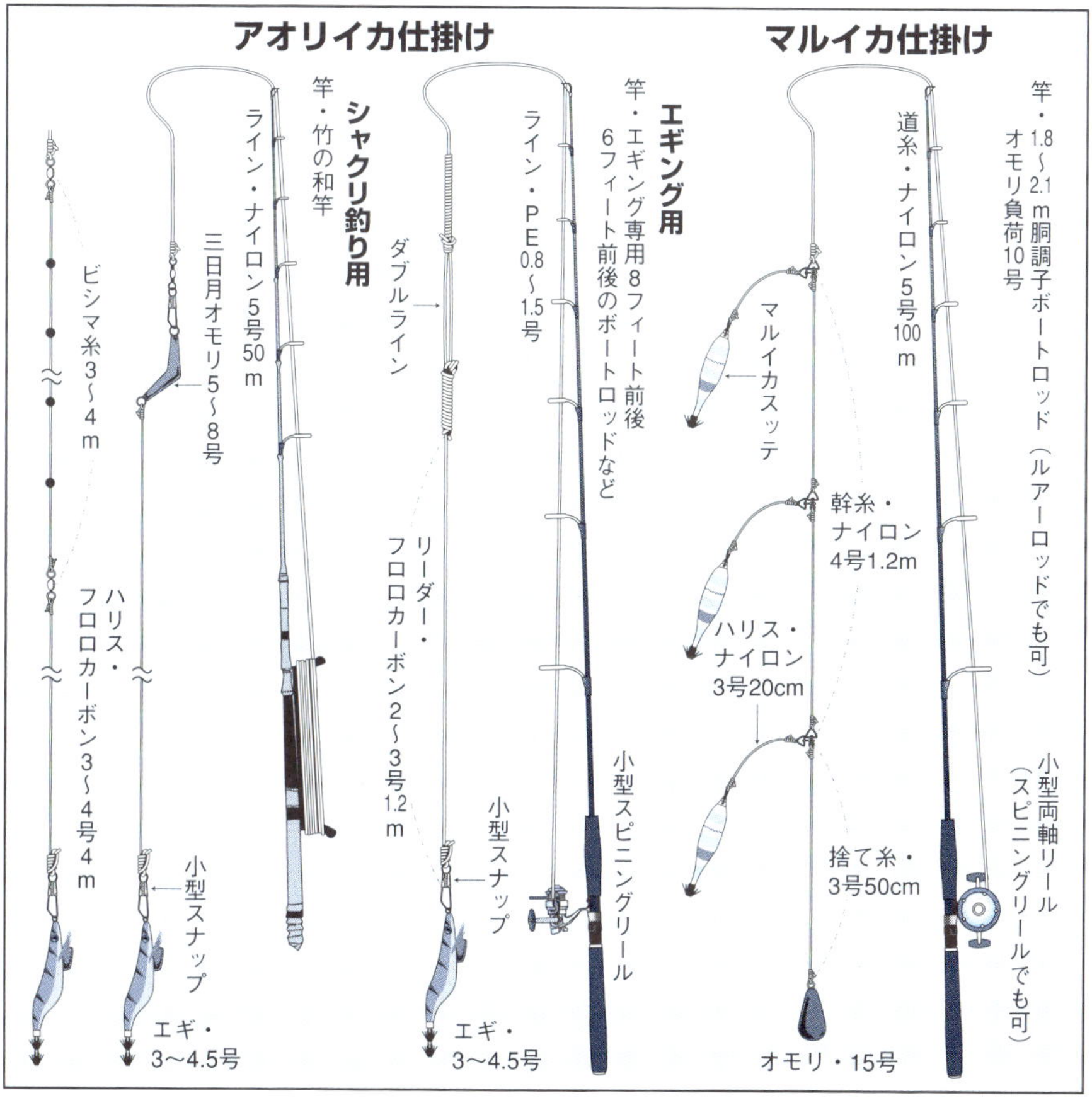
アオリイカ仕掛け
シャクリ釣り用
竿・竹の和竿
ライン・ナイロン5号50m
三日月オモリ5〜8号
ビシマ糸3〜4m
ハリス・フロロカーボン3〜4号4m
小型スナップ
エギ・3〜4.5号
エギング用
竿・エギング専用8フィート前後6フィート前後のボートロッドなど
ライン・PE0.8〜1.5号
ダブルライン
リーダー・フロロカーボン2〜3号1.2m
小型スナップ
小型スピニングリール
エギ・3〜4.5号
マルイカ仕掛け
竿・1.8〜2.1m胴調子ボートロッド（ルアーロッドでも可）オモリ負荷10号
道糸・ナイロン5号100m
マルイカスッテ
幹糸・ナイロン4号1.2m
ハリス・ナイロン3号20cm
捨て糸・3号50cm
オモリ・15号
小型両軸リール（スピニングリールでも可）

トにアンカリングし、エギをキャストして狙う釣り方。要するに堤防からの釣りの延長である。

釣り方の基本は堤防からのエギングと同じ。エギをキャストして海底近くまで沈め、ラインを張ったら2〜3度の小刻みで激しいシャクリを入れてエギを踊らせ、フォール。4〜6秒でこれを繰り返し、ボートの近くまで探る。

イカがエギに抱きつくと、竿をグーッと押さえられるような重さが伝わり、ギュン、ギューンと絞り込んでくる。

アオリイカは1キロを超す大型も多い。2キロ近いものになると、これがイカ？ と思うような引きを見せる。

エギのカンナ（ハリ）にはカエシがないので、掛かったら決して道糸をタルませないように注意。ゆっくりとリールを巻くか道糸をたぐる。イカが水面に浮いてきたら、慌てずにイカをボートの近くに寄せて、玉網を使って取り込む。

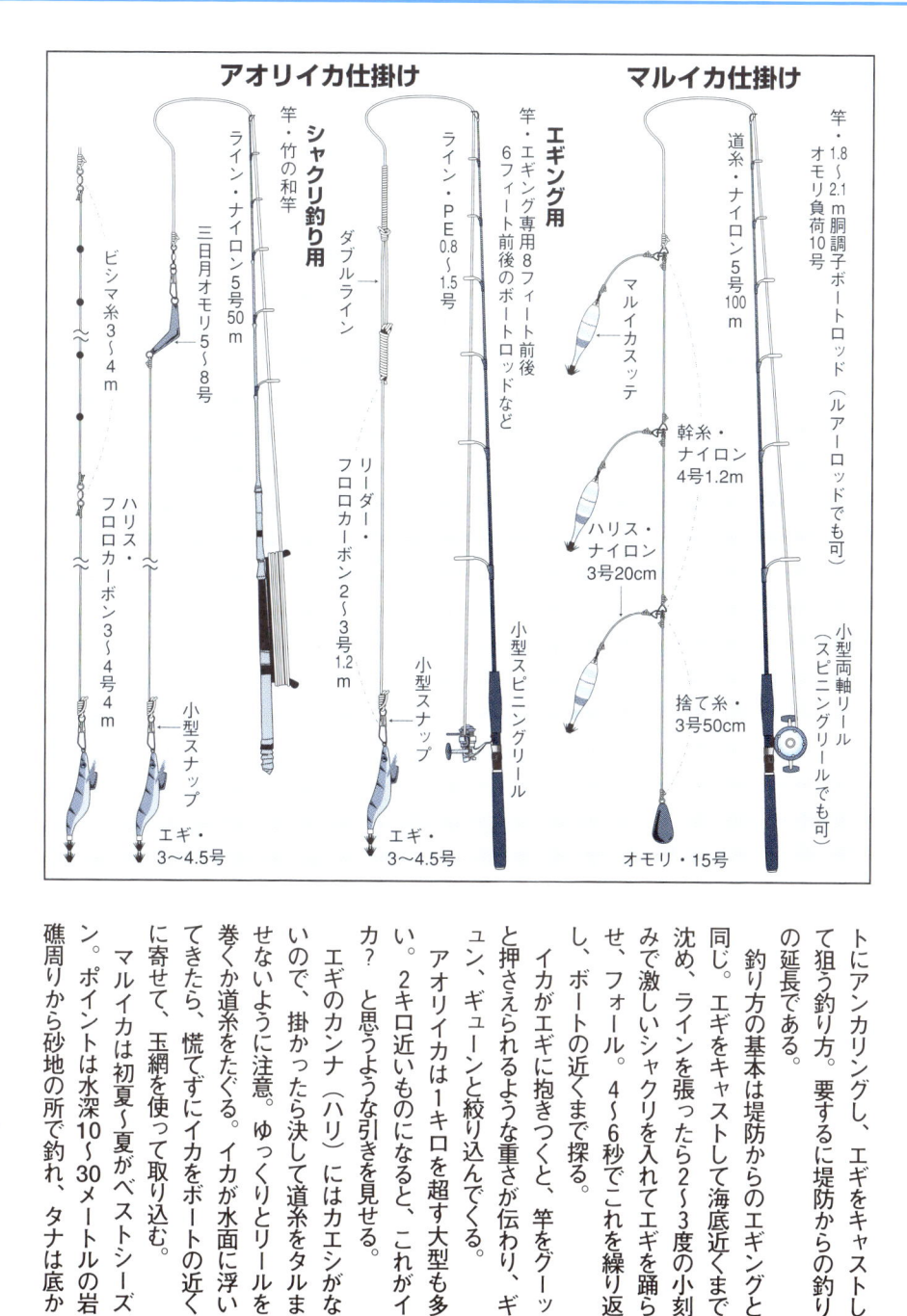

マルイカは初夏〜夏がベストシーズン。ポイントは水深10〜30メートルの岩礁周りから砂地の所で釣れ、タナは底か

シャクリ釣りの釣り方

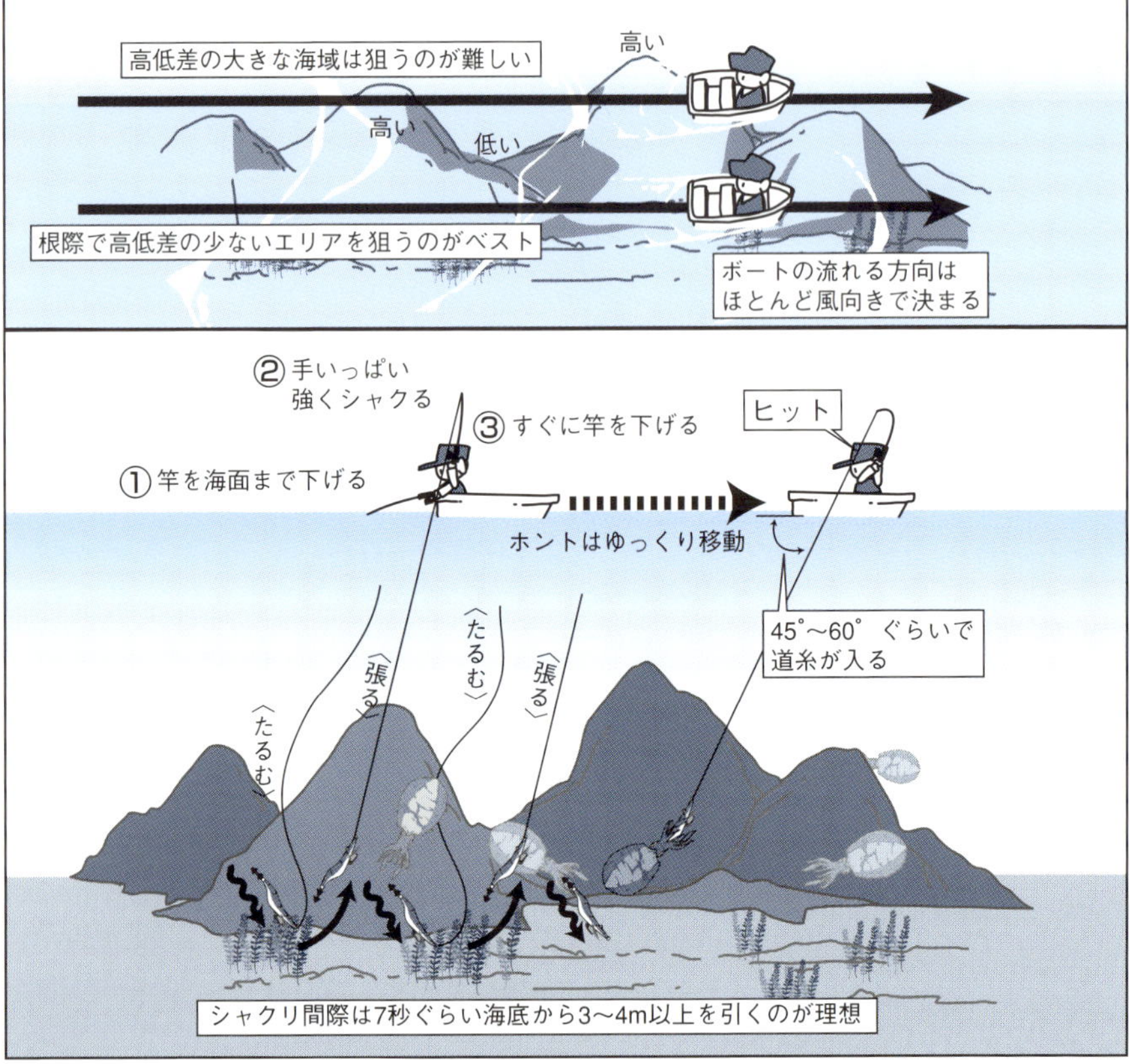
高低差の大きな海域は狙うのが難しい
高い
高い
低い
根際で高低差の少ないエリアを狙うのがベスト
ボートの流れる方向は
ほとんど風向きで決まる
②手いっぱい
強くシャクる
③すぐに竿を下げる
①竿を海面まで下げる
ヒット
ホントはゆっくり移動
45゜〜60゜ぐらいで
道糸が入る
〈たるむ〉
〈張る〉
〈たるむ〉
〈張る〉
〈たるむ〉
シャクリ間隔は7秒ぐらい海底から3〜4m以上を引くのが理想

ら1〜3メートルといったところが中心である。

　このイカは、あまり誘いをかけなくてもツノに乗ってくる習性がある。したがって、ボートが自然に揺れる程度で十分な誘いになるので、アジ釣りやシロギス釣りのときにマルイカ仕掛けの竿を1本置き竿にしておいても釣れてくる。

　スッテにマルイカが乗ると、大きなアタリを示し、竿先がガクガクッと揺れたり、グーンといきなり絞り込まれる。軽く竿を立てて、重さを感じたら道糸をたるませないように、ゆっくりとリールを巻いて取り込む。

　アオリイカ狙いの仕掛けにも、よくマルイカが乗ってくることがある。いずれも身切れしやすいイカである。せっかく乗ったイカはバラさないよう、リーリングは慎重に、ゆっくりと取り込むことが大切だ。

　なお、伊豆方面など一部の地域ではアオリイカ釣りを禁じている所もあるので、釣行前に確認してから出かけることをおすすめする。

マルイカのイカそうめん

イカは釣りたてが一番。
マルイカなら身が軟らかく大変美味！

材料（4人分）

胴長20センチ級のマルイカ4杯。大根のツマ適量、大葉5枚。おろしワサビ、おろしショウガ適量。醤油と濃い目のそうめんつゆ（そばつゆで可）。ほかに海藻サラダ、紅タデ、アサツキの小口切り適量

1 背の部分に浅く包丁を入れ、身を開いてその下にある軟骨を取り除く

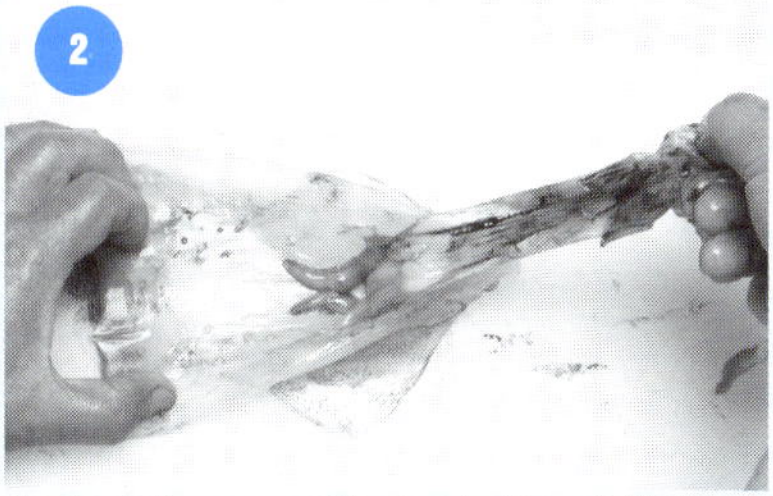

2 足または頭をつかみ、上側にゆっくり引いて内臓ごと外す

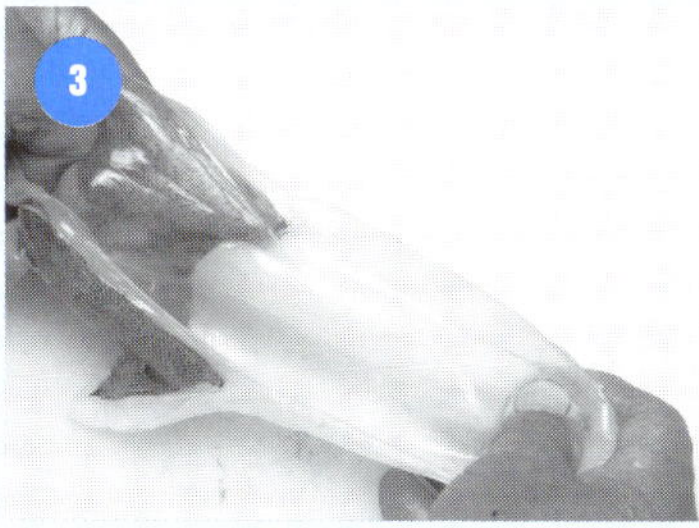

3 いったん流水で洗ったら表の皮をエンペラごと引いて取る。さらに乾いたペーパータオルでつまむように丹念に薄皮もはがす

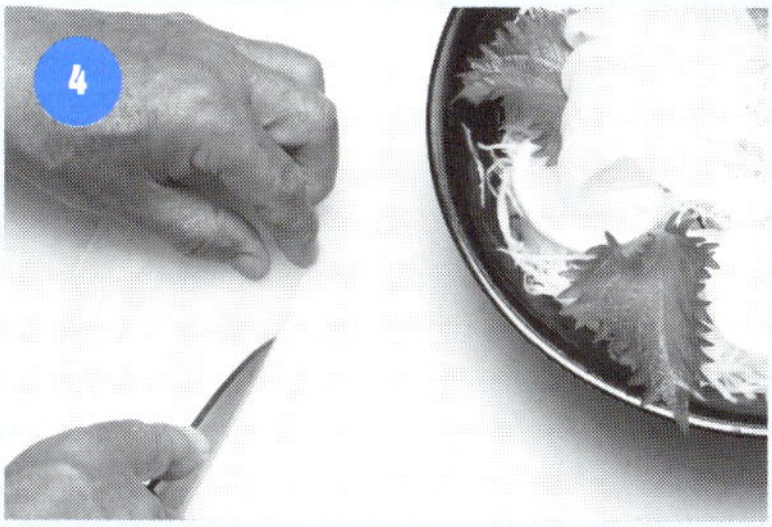

4 縦方向やや長めに3～4ミリ巾で切りそろえ、ツマと大葉を敷いた皿に形よく盛る。ワサビ醤油でもよし、そうめんつゆよりやや濃い汁におろしショウガを効かせても美味

BOAT

釣った魚はおいしく食べよう

持ち帰り方次第で魚の味は激変する。鮮度を保つには工夫が必要だ

生けジメ（野ジメ）のしかた

①エラの中（付け根）を切って血抜きをする

②切って血が出たら海水を入れたバケツに2〜3分入れておく

③バケツの中の海水が血で染まり、魚が絶命したら、たっぷりの氷と海水を入れたクーラーにしまう

釣った魚をおいしく食べるためには、できるだけ鮮度を保って家へ持ち帰ることも大切である。そのためには魚を釣ったら、まずボートの上でいかに鮮度を保つかということから考えなければならない。

　たっぷりと氷の入ったクーラーに少量の海水を入れ、その中に魚を入れるのが基本だが、この入れ方にしてもも、ちょっとした工夫でずいぶん鮮度が違ってくる。

①刺身にする魚は生けジメ（野ジメ）にして、絶命させてから入れること。特に青物であるソウダガツオやサバなどは、絞めずに入れるとクーラーの中で暴れ、早く氷が解けてしまったり、エラから血が流れ出て、クーラーの中が生臭くなってしまう。

　生けジメにして、血がすっかり止まってから入れるようにしたい。

②たくさんの魚を詰め込むと、クーラーの上側の魚は蓋に触れてしまう。蓋の付近は意外に温度が高く、魚が傷みやすいので注意したい。

③頭や腹ワタを取ってクーラーに入れるときは必ずビニール袋などにいれ、切り口が水に触れないようにする。

④釣り上げても比較的に元気よく生きている種類の魚は、スカリなどに入れて納竿まで生かしておくのがよい。

⑤スカリに入れた魚はまめに点検し、弱っているものは早く取り出してクーラーに入れる。

⑥メゴチ、カワハギ、ウマヅラなど、トゲ（ツノ）がある魚は、スカリに引っ掛かりやすいので、トゲをニッパなどで切り取るか、なるべくスカリには入れないようにする。

⑦メゴチのように体にヌルがある魚は、ビニール袋などにまとめて入れるようにする。

覚えておきたい ボート釣り用語

あ

【青物（あおもの）】アジ、サバ、イナダなど、背の色が青味がかった魚の総称

【アタリ】魚がエサを食っていることを伝える振動。魚信とも言う

【合わせ（あわせ）】アタリに対して竿をあおることにより、魚の口にハリを掛ける行為

【一荷（いっか）】一つの仕掛けに2尾の魚が釣れてくること

【入れ食い（いれぐい）】仕掛けを投入するたびに次つぎに魚が釣れてくること

【ウイリー】ハリに巻いて擬似バリを作るための化学繊維の糸

【上物（うわもの）】カツオやシイラなど海面近くを泳ぐ魚

【枝ス】モトスから枝状に出ているハリスのこと

【沖揚がり（おきあがり）】釣りを終えて港またはボート店に戻ること

【落ち（おち）】浅場に入ってきた魚が、深場に去って行く直前または途中の状態。秋の「落ち」ギスや冬の「落ち」ハゼが有名

【オデコ】まったく釣果の得られなかったこと。「あぶれる」や「ボウズ」と同義語

【オマツリ】他人と自分の仕掛けや道糸が絡むこと

か

【カカリ釣り（かかりづり）】ボートをアンカーなどで固定して一定の場所で釣りをすること

【カケ上がり（かけあがり）】深場から浅瀬に向かって傾斜している海底の地形のこと

【片テン（かたてん）】片テンビンを略した言い方

【カッタクリ】段を付けるように糸をたぐり上げながら魚を誘う釣り方

【空合わせ（からあわせ）】アタリがないのに、合わせを行って魚を掛けるテクニック

【聞く（きく）】魚がハリに掛かったかどうか、道糸をそっと張って確かめてみること

【擬似餌（ぎじえ）】魚のエサに似せた人工物のこと

【擬餌バリ（ぎじばり）】擬似餌を付けたハリのこと

【口切れ（くちぎれ）】魚の口に掛かっていたハリが、口が切れることによって外れてしまうこと

【外道（げどう）】目的以外の魚のこと

【小づく（こづく）】オモリで海底を叩くことによって魚を誘うこと

さ

【先糸（さきいと）】道糸の先に結んだ糸のこと

【下げ（さげ）】満潮から干潮に向かう潮。下げ潮を略した言い方

【サビキ】アジ釣りなどに使われる擬餌バリを数本結んだ仕掛け

【時合（じあい）】魚が積極的にエサを食う時間帯

【シーアンカー】流し釣りをするときに水中に張る帆。パラシュートアンカーのこと

【潮変わり（しおがわり）】上げ潮から下げ潮などへの潮の変わり目

【潮止まり（しおどまり）】最満潮または最干潮の前後で、潮の動きが止まってしまうこと

【潮回り（しおまわり）】流し釣りで同じエリアを釣る場合、元の位置にボートを戻すこと。または大潮、小潮などの潮汐のこと

【締める（しめる）】釣り上げた魚のエラをナイフで切って、血を抜いて絶命させること

【シャクリ】竿先を大きくあおって、海底で仕掛けを大きく上下させる動作

【スレ】魚の口以外の部位にハリが掛かること

【瀬（せ）】海底が隆起して浅くなっている所。九州では海面に浮かぶ岩礁や小島のことを指す

【束釣り（そくづり）】束は100を表す言葉。つまり魚を100尾釣ること

【ソコリ】最干潮の状態のこと

た

【高（たか）】瀬（根）の頂上で、水深の浅い所

【高切れ（たかぎれ）】何らかのアクシデントにより、道糸が途中から切れてしまうこと

【タチ】水深のこと

【タナ】魚の泳層や就餌層のこと

【チモト】ハリスの、ハリの結び目に近い部分

【デキ】当歳魚（生まれて1年以内の魚）のこと

【テンヤ】オモリとハリが一体になっている道具。タコテンヤなど

な

【ナギ】海が穏やかな状態

【二枚潮（にまいじお）】潮の流れる方向が海面と海底で異なる状態

【根（ね）】海底にある岩礁帯のこと

【根掛かり（ねがかり）】ハリやオモリが、海底に引っかかること。岩礁だけでなく、海藻やロープのこともある

【納竿（のうかん）】竿をしまうこと。釣りの終了や沖揚がりと同じ意味

【乗っ込み（のっこみ）】産卵を目前にした魚が、浅い所に回遊してくること

【乗り（のり）】タコやイカのアタリを意味する言葉

は

【ハエ根（はえね）】磯場が地続きで海中に張り出している岩礁帯

【バケ】擬餌バリのこと

【ハモノ】本命以外の大物のこと

【バラシ】ハリ掛かりした魚に逃げられること

【ビシ】オモリのこと

【ヒロ】両手を左右いっぱいに広げた長さ。約1.5メートル

【フカセ】軽いオモリまたはオモリを使わずに仕掛けを自然な状態で潮に乗せる釣り方

【フケ】道糸のたるみのこと

【ボウズ】目的の魚がまったく釣れないこと。オデコの同義語

ま

【マヅメ】日の出前後や日没前後のように、太陽が地平線近くにあり薄暗い状態のときを指す

【澪（みお）】港内などで船が航行できるように掘られた水路

【身切れ（みぎれ）】スレで掛かった魚の身が切れること

【向こう合わせ（むこうあわせ）】釣り人が合わせを行わなくても、魚がハリ掛かりしてしまうこと

や

【矢引（やびき）】思いっきり伸ばした片方の手と、脇の下に持ってきたもう片方の手の間の距離。約1メートル。弓矢を射るときの格好に似ていることに由来する

【山ダテ（やまだて）】陸上の構造物や山などを頼りに海上の位置を知る方法。根の位置や魚のポイントを記録するとき使う

【ヨブ】波や潮の動きによってできる砂底の凹凸

supervisor 石川皓章
editor 松本伸自
illustrator 堀口順一郎
photographer 井坂英樹
art associates TOPPAN DTP STUDIO TANC
cover design Cycle Design
planning 株式会社つり情報社
〒101-0021
東京都千代田区外神田5-2-3 6F
TEL.03(5818)4511
FAX.03(5818)4510

つり情報BOOKS
基礎から始める ボート釣り入門

2008年5月15日 初版第1刷発行
2009年5月20日 初版第2刷発行

編者●「堤防磯投げつり情報」編集部
発行者●穂谷竹俊
発行所●株式会社 日東書院本社
〒160-0022 東京都新宿区新宿2丁目15番14号 辰巳ビル
TEL●03-5360-7522(代表) FAX●03-5360-8951(販売部)
振替●00180-0-705733 URL●http://www.TG-NET.co.jp

印刷所・製本所●凸版印刷株式会社

 ISBN978-4-528-01199-1 C2075